KB144827

취한 날도 이유는 있어서

취한 날도 이유는 있어서

박미소

어느 알코올중독자의
회복을 향한 지적 여정

반비

1부   술꾼, 제 발로 병원에 가다

2부 나는 왜 마시는가

3부 중독을 만드는 사회

나는 달콤하고도 해로운 단 하나의 사랑에 평생을 사로잡혀 있었다. 그 사랑은 언제나 내 곁에, 손을 뻗어 잡아당겨 품에 안을 수 있을 만큼 가까운 곳에서 기다리고 있었기에 삶이 무료하고 지칠 때, 두렵고 화가 날 때마다 나는 그를 찾아 붙잡고 허겁지겁 탐닉하곤 했다. 허기진 욕망을 실컷 채우는 사이 허물어진 마음 한구석은 몽롱하게 잊혔고, 결국 꿈도 없이 나른한 잠으로 빠져들며 괴로운 하루를 끝낼 수 있었던 것이다.

　가끔은 불안했다. 다분히 자기소모적인 이 연애에 몰두한 나머지 내 삶에 충실하지 못한 것은 아닌가 해서. 하지만 고단하고 우울한 삶 속에서 그가 선사하는 도취의 순간들에 기대어 매일을 살아가는 것 외에 어떤 선택을 할 수 있었겠는가? 나 자신은 초라하기

짝이 없지만 적어도 우리가 함께일 때만은 나를 초월한 더 나은 존재가, 사랑받을 만한 사람이 된 듯한 기분을 느꼈다. 그가 곁에만 있으면 두려움 없이 강해졌고, 전에 없이 유능해졌으며 누구에게든 호감을 살 만큼 매력적인 사람으로 변신했다. 그 전능함의 환상이야말로 내가 그를 떠날 수 없었던 가장 큰 이유였다.

하지만 나는 알아채지 못했다. 환상에 취한 와중에 정작 현실의 나는 주저앉아 안주하거나 무책임하게 도피하기 일쑤였다는 것을. 사랑이 주는 안온함 뒤에는 몰락이 도사리고 있었다. 흥분과 희열의 순간이 끝나면 찾아오는 허탈함, 그 감정의 낙차가 반복되면서 나는 서서히 변해갔다. 그가 없는 시간 동안은 늘 우울했고, 초조함을 못이겨 곧잘 분노를 폭발하곤 했다. 지고의 행복을 선사하는 듯했던 사랑이 나의 내면을 닳고 상하게 만들었다. 그럼에도 내 삶이 온통 해로운 사랑을 중심으로 돌아가는 것을 느낀 순간 사랑이 아닌 집착임을, 고쳐야 할 병증이 되어버렸음을 인정하고 내 발로 병원을 찾았다. 알코올중독이었다.

술꾼들의 집착을 표현하기에는 사랑이라는 말이 가장 적절할 것이다. 그것이 얼마나 자기파괴적인지, 소모적인지 알면서도 절박한 열망으로 원한다. 다만 나는 호기심 많은 술꾼이었다. 금주를 도와주는 약을 입안에 털어 넣으면서 왜 내가 이 모양으로 속절없이 술에 빠져들었는지 궁금해했다. 대대로 술꾼인 집안 내력이었을까? 기자라는 직업 특성상 매일 술을 달고 살아서인가? 지극히 알코올 친화적인 술 권하는 한국 사회 때문일까? 이곳은 왜 한없이 술에 관대한가?

나는 여러모로 취약한 상황에 놓이곤 하는 젊은 여성이었고, 고도의 스트레스에 시달리는 직장인이었고, 울타리 안에서도 외로움을 느끼는 가정의 한 일원이었다. 각각의 위치에서 극한으로 몰아붙여져서 지쳐 나가떨어지곤 했기에 무언가에 의존하지 않기가 쉽지 않았다. 결국 삶의 중심에 내가 아닌 술이 위치하며 음주로 인생이 온통 휘청이게 된 순간, 빠져나오기 힘든 중독의 경로에 들어서고 만 것이다.

이 책은 내 치유의 여정을 담은 사적인 고백인 한편 왜 내가 그토록 술에 대한 사랑에 빠져 헤어나오기 힘들었는지 나름대로 내린 해답의 기록이다. 또 '나는 왜'라는 물음을 확장해나가면서 우리 모두가 은은하게 품고 있는 중독 성향이 어떤 사회문화적 맥락을 배경으로 갖는지 어렴풋하게나마 파악할 수 있었다. '앎'은 인식과 깨달음에 그치지 않았다. 원인과 결과로서 실체를 갖고 내 앞에 모습을 드러난 병은 더 이상 막연하게 두려운 존재가 되지 못했고 해결의 실마리를 드러냈다.

알코올과의 격정적인 사랑을 끝내고 건강한 거리를 유지하게 된 내 경험이 중독을 인지하면서도 인정하기가 두려워, 의존을 중단할 자신이 없어서 머뭇거리는 사람들에게 치료를 결심하게 될 계기가 되길 기대한다. 속에서 곪아가는 마음의 병을 낫게 하려면 중독자에 대한 냉엄한 시각을 관대하게 바꿔야 한다는 점을 알아주길 바란다. 공허하고 외로운 시간을 즐거움으로 채워주는 의존 대상에 대한 욕망을 당신의 통제 아래 놓을 수 있도록 '적당히'를 설정하는 데 도움이 되길 바란다.

1부

술꾼,

제 발로 병원에 가다

지각 있고 상식적인 알코올중독자?

병원은 집에서 전철로 한 정거장 거리다. 지갑 하나만 달랑 들고 걸어가기로 했다. 봄기운이 완연한 5월의 햇볕 아래 낡은 거리마저 희게 빛나고 있었다. 심란하고 우중충한 내 심경과 정반대의 화창한 날씨다.

검색 사이트에서 주소를 찾아낸 병원은 홈페이지도, 의사 소개도 없었다. 가는 동안 나는 열심히 의사의 신상을 유추했다. 여자일까, 남자일까. 젊을까, 나이가 많을까. 젊은 여성 의사면 좋겠지만 구태여 여성 의사를 찾으러 멀리까지 갈 만한 열의는 없었다. 일단 누구에게든 빨리 진료를 받고 싶었다.

병원은 구청 근처의 깨끗한 신축 건물에 있었다. 10분 정도 대기한 후 그날의 첫 환자로 진료실에 들어섰다. 널찍한 진료실 안쪽

구석 책상에 나와 비슷한 연배의 여성이 가운을 입고 앉아 있었다.
안도의 한숨이 나왔다.

"정신과는 처음이신가요?"

"네."

나는 동네 내과라도 온 듯 최대한 아무렇지 않은 표정으로 말했다. 여기에 오기까지 몇 번이나 반복해서 생각했다. 이건 감기나 생리통처럼 지나가는 질병이다. 지금의 고비만 넘기고 엉망진창인 상태에서 빠져나오면 다시 평소의 모습으로 되돌아갈 수 있을 거다. 다만 그러기 위해 약물의 도움이 절실하니 적당히 대답하고 적절한 약을 처방받아 돌아갈 심산이었다.

그런데 진료는 내 예상보다 한참이나 길어졌다. 꼼꼼한 인상의 의사는 '알코올의존 성향'이라고 쓴 내 문진표를 보고는 얼마나 자주, 몇 병이나 마시는지 물었다. 나는 수치심으로 끙끙 앓으며 대답했다.

"일단 매일 마시고요. 마시는 양은 그렇게 많지 않아요. 한 번에 소주 한 병 반이나 와인 한 병 정도인데…… 자주 마시는 게 문제예요. 낮에도 마시고 저녁에도 마셔요. 얼마 전부터는 아침부터 마시게 됐고요."

"최근에 심경이 힘들 만한 일이 있었나요?"

아, 이런 것까지 물어볼 줄은 몰랐는데…… 나는 쭈뼛거리며 최대한 간략하게 설명했다.

　5년 전, 나는 10년간의 기자 생활을 뒤로하고 퇴사했다. 원래는 책을 쓰겠다는 야심 찬 포부가 있었는데 어영부영 지내다 보니 시간이 훌쩍 지나 있었다. 그러나 지난해 초, 큰마음 먹고 친한 선배와 함께 유튜브 콘텐츠 제작을 시작했다. 전직 산업부 기자 출신이라는 점을 살려 우리 나름대로 최신 트렌드와 비즈니스에 관해 진단하고 견해를 이야기하는 영상이었는데 생각보다 반응이 좋아 적지 않은 구독자 수를 모았다.

　유튜브 채널이 흥하자 잔뜩 고무된 나는 유튜브를 같이 만들던 선배와 식당 사업까지 시작했다. 내 나름으로는 큰돈을 투자한 터라 열심히 사업에 매달렸지만 초짜 사업가에게 외식업은 결코 녹록치 않았다. 개업 후 몇 달 동안 수익은커녕 적자만 쌓여갔고, 결국 몇 달 버티지 못하고 사업에서 손을 떼기로 결정했다. 이제 유튜브에 더 심혈을 기울여야겠다고 생각한 그때, 엎친 데 덮친 격으로 영상 제작을 함께하던 선배의 개인사에 좋지 못한 일들이 생겨 출연이 불가능해졌다. 혼자서도 해봤지만 역부족이었는지 구독자 수와 조회수는 점점 떨어져만 갔다. 불안함과 초조함, 압박감을 견디지 못하고 나는 영상 업로드를 아예 중단하고 말았다.

　그런 연유들로 병원을 찾기 3개월 전부터 나는 사실상 백수 상태였다. 이런저런 일들로 바쁘게 지내던 일상이 갑자기 뚝 멈췄고 아무 할 일이 없는 공백의 시간이 이어졌다. 만사에 실패한 것 같은 느낌에 수치스러웠고 할 일 없는 백수가 된 자신이 말할 수 없이 한심스러웠다.

누군가 어떤 실패를 겪고 괴로워하며 집 안에만 틀어박혀 지낸다면 과연 무엇을 할까? 뭘 하면서 그 공허한 감정과 넘쳐나는 시간을 채울까? 나는 원래도 술을 무척 좋아하는 애주가였는데 상황이 이렇게 되자 낙담한 스스로를 달래려 혼자 술을 마시기 시작했다. 날이 갈수록 음주량과 횟수는 점점 늘어났다.

여기까지 말했을 때 의사가 끼어들었다.

"하던 일들이 한꺼번에 엎어진 탓에 우울해져서 술에 의존하게 됐다는 건데…… 사실 일이 인생의 전부는 아니잖아요. 집안일이나 아이를 키우는 것에 전보다 더 집중하면서 보람과 성취를 느끼는 건 생각해보지 않으셨나요?"

순간 멍해졌다. 청소를 안 해서 먼지 쌓인 거실, 사다 놓은 반찬으로 대충 때우는 저녁상, 아침마다 지지고 볶는 아이의 얼굴이 머릿속을 지나갔다.

가사와 가정에 충실해서 성취를 느낀다니, 한 번도 생각해본 적이 없었다.

"저는…… 그런 것에서 성취를 느끼지는 못하는 것 같아요."

그리고는 변명하듯 덧붙였다.

"사람마다 가치관은 다르니까요."

의사는 동의했다.

"그렇죠. 이건 개인 성향 따라 다른 문제죠. 그럼 혹시 지금의 고민을 나눌 만한 주변 사람은 없나요? 여동생? 엄마?"

나는 두 번째로 멍해졌다.

"동생과는 그렇게 친한 편이 아니고, 엄마에게는…… 어휴, 그런 이야기는 절대 안 하죠."

나는 어릴 때부터 독립심이 강한 편이었고 사춘기 이후로는 엄마에게 고민을 털어놓거나 정서적으로 기대어본 적이 한 번도 없었다. 대학 진학을 위해 고향을 떠나온 뒤로 자주 만나지 못하게 되면서부터는 아예 거리감이 느껴질 정도로 멀어졌다. 아니, 정확히는 내가 엄마를 멀리했다는 편이 맞을 거다. 내 가족관계가 얼마나 소원한지 깨달으며 새삼 스스로 놀랐다.

"남편은요?"

나는 잠시 고민했다. 언젠가부터 남편에게조차 속마음을 말하지 않게 됐다. 이유는 잘 모르겠지만 그에게 진솔하게 내 속내를 털어놓는다는 게 무척 어렵게 느껴졌다. 고민이나 괴로운 일을 하소연하려고 하면 목이 콱 막히면서 말이 나오지 않았다. 하지만 눈물이 그렁그렁한 채 약한 모습을 보이고 싶지 않았기에 차라리 입을 다무는 편을 선택했다.

"자존심이 상하는 게 싫어서…… 힘들다는 얘기는 잘 안 해요."

의사는 표정에 의아함이 스치고 지나갔다. 나도 기분이 이상했다. 자존심 때문에 배우자에게 힘든 심정을 털어놓지 못한다니. 하지만 그게 사실이다. 나는 내 괴로운 속사정을 다른 이에게 드러내는 걸 죽기보다 싫어하는 사람이었다. 언제나 괜찮은 척, 강한 척, 아무렇지 않은 척 가장하며 황폐해진 내면을 감추고 살아온 게 습관으로 굳어졌다.

"일에서만 성취를 느끼는 분인데 일이 중단됐고, 그래서 우울한데 말할 사람도 없고. 이건 뭐, 술에 의지할 수밖에 없겠군요."

의사는 담담하게 말하며 노트북에 뭔가를 빠르게 적어 내려갔다. 나는 처음 본 사람 앞에서 벌거벗은 것처럼 점점 위축됐다.

"술을 자주, 많이 마시는 건 드러난 증상에 불과해요. 우울의 근본적인 원인들이 있으니까 술을 마시게 되는 거죠. 그게 나아지지 않으면 약을 먹더라도 금방 다시 또 술을 마시게 될 거예요."

돌이켜보면 나는 늘 술을 좋아했다. 친구들 사이에서는 못 말리는 주당, 선배들 사이에서는 술을 궤짝으로 마시는 '장비'로 통했다. 하지만 최근 한 달의 음주 패턴은 사람들과 떠들썩하게 어울리며 즐겁게 부어라 마셔라 하던 것과는 완전히 달랐다. 집에서 혼자, 너무 많이, 너무 자주, 그것도 너무 일찍부터 먹고 있었다. 하루라는 시간의 용량을 다른 아무것도 없이 그저 술로만 가득 채워나가고 있었다.

처음에는 밤에 혼자 술판을 벌인 것으로 시작했다. 밤 10시쯤 아이와 남편이 쿨쿨 잠들면 거실은 나만의 술집이 된다. 만두 같은 냉동식품을 데우거나 가끔은 배달음식까지 주문해 술상을 차렸다. 낮에 사서 냉장고에 넣어둔 차가운 술병을 꺼내 거실 탁자로 가져갈 땐 콧노래가 나왔다. 위스키에 탄산수를 탄 하이볼, 찐득한 칠레산 카베르네 소비뇽 와인. 편의점 네 캔 1만 원의 축복을 받은 그 셀 수도 없이 많고 많은 맥주들이 번갈아 내 술상 위에 올랐고, 얼마 지나지 않아 텅 빈 채 재활용품 수거함으로 쑥 들어갔다.

거실 소파에 늘어지게 앉아 애니메이션이나 드라마, 영화를 틀어놓고 정신없이 마시다 보면 맥주 세 캔이나 와인 한 병쯤은 순식간에 없어졌다. 술을 마시는 그 순간만큼은 갈 데 없이 방황하던 마음이 차분해졌고, 취기가 오를수록 기분이 고조되면서 우울한 기운이 싹 물러나는 느낌이었다. 그렇게 곤드레만드레 취하고 나서야 비틀비틀 침실로 가서 쓰러지듯 잠들었다.

매일 밤을 이렇게 보내는 탓에 우리 집 재활용품 수거함은 2~3일 만에 맥주캔과 술병으로 꽉 찼다. 나중에는 쓰레기 양이 눈치 보여 위스키를 탄산수에 타서 마시는 식으로 바꿨는데 그마저도 너무 빠르게 비워버리는 바람에 곤란했다. 원래 재활용품 버리는 건 남편 몫인데 어느 날부터는 다 마신 술병을 감추기 위해 내가 자진해서 버리기 시작했다.

이런 밤들이 몇 주씩, 몇 달씩 지나고 나자 나중에는 한낮에도 술 생각이 났다. 처음에는 집에서 혼자 점심을 먹으며 와인이나 맥주를 곁들였다. 반주로 한두 잔 마시던 수준에서 시간이 지나며 맥주를 세 캔씩, 와인을 한 병씩 해치우는 걸로 바뀌었다. 마시지 않으려고 장을 볼 때 일부러 술을 사두지 않았지만 소용이 없었다. 점심때가 되면 음주 욕구를 이기지 못하고 배달음식과 소주를 주문해서 벌건 대낮부터 혼자만의 거창한 술판을 벌였으니까. 나중에는 오전 내내 시계를 흘낏거리며 초조한 마음으로 술을 마실 수 있는 점심시간을 기다리게 됐다.

그나마 다행인 건 술에 집착하는 와중에도 일상생활을 나름대로 유지했다는 점이다. 아이를 데려다주고 데려오고, 간식과 저녁을 챙겨준다. 숙제를 봐주고 씻긴 다음 아이가 잠들면 다시 또 혼자만의 술판을 벌였다. 싸구려 위스키에 탄산수를 탄 하이볼, 와인, 맥주…….

그래도 최소한의 양심으로 원칙을 세워 적어도 정오는 넘어야 술을 마시자고 결심했지만, 결국은 금기를 깨는 날이 오고야 말았다. 하늘이 물감처럼 새파랗게 화창하던 5월의 어느 날, 아이를 등교시키고 돌아오는 길이었다. 그날도 우울한 생각, 절망적인 망상에 휩싸여 정신을 차릴 수가 없었다.

'앞으로 뭘 하며 살아야 하지? 이 나이가 됐는데 아무것도 할 일이 없는 상태라니. 아무것도 해놓은 게 없다니. 내 인생은 망했어. 나는 무가치한 인간이야.'

술, 술이 필요했다. 취하면 정신이 몽롱해지면 생각이 멈출 거고, 기분이 좀 나아지며 슬픔도 아픔도 사라지겠지. 하지만 내게도 일말의 망설임은 있었다. 학교 근처 편의점 앞에 서서 차마 들어가지 못하고 생각했다.

'아이와 자주 오던 곳인데…… 가게 주인이 내가 아침부터 술을 사는 걸 이상하게 보진 않을까?'

하지만 이번에도 음주 욕구가 이겼다. 고개를 푹 숙이고 들어가 매대에서 가장 저렴한 와인 한 병을 골라 집어 계산대로 갔다.

집에 도착하니 시간은 겨우 9시 반. 와인병을 식탁에 놓고 앉아 한참을 고민했다. 이 시간에 술을 마시는 건 스스로 설정한 마지노선을 넘어버리는 일이었기 때문이다. 마지막 남은 한 줌의 이성이 와인병을 따려는 내 손을 부여잡고 말리는 듯했다. '이러지 말자. 이건 아니야.' 하지만 늘 그랬듯 욕구는 너무 손쉽게 이성을 압도했고, 나는 와인병을 열어 잔에 콸콸 넘치도록 가득 따랐다. 단숨에 절반을 쭉 들이켰다.

미친 소용돌이가 몰아치던 내 속에 알코올의 뜨끈한 기운이 서서히 퍼지면서 고요하게 진정되는 걸 느꼈다. 찐득하게 달라붙어 미치도록 나를 괴롭히던 우울한 생각들도 와인에 씻겨 녹아내린 듯했다. 항상 이런 식이다. 축 늘어진 마리오네트 같던 나는 알코올이 주입되어야만 실을 바짝 당기듯 벌떡 일어나게 된다. 한결 산뜻해진 기분이 되어 콧노래를 부르며 와인잔을 든 채 거실로 갔다.

TV를 켜고 넷플릭스에서 영화 한 편을 틀었다. 소파에 앉아 갈증으로 목이 타는 사람처럼, 잔을 내려놓을 새도 없이 와인을 들이켰다. 오전 10시 반이 되기도 전에 와인 한 병이 바닥났다. 영화는 이따금씩 슬펐고 마지막에는 감동적이었다. (아마도 술기운 때문이었겠지만) 나는 감정이 복받쳐 온 얼굴이 젖도록 엉엉 울었다. 눈물을 닦고 보니 술이 부족했다. 울어서 퉁퉁 부은 얼굴로 마트까지 뛰어갔다. 작은 병에 든 버번과 탄산수 두 통을 사 집으로 돌아와 다시 마셨다. 잔에다 술을 부어 들이키는 사이 시간은 꿀렁꿀렁 잘도 흘러갔고 생각은 흐느적거리며 종잡을 수 없는 방향으로 흩어졌다. 영화 속 인물들의 감정들이 격랑처럼 흘러들어와 속을 온통 헤집었고 과거의 기억과 감정이 불쑥 솟구쳐 나를 또 울게 만들었다. 격렬하게 요동치는 감정의 기복. 취했다는 증거다.

그러고는 소파에 늘어져 누워 몇 시간을 잠들었다. 눈을 뜨니 아이 하교 시간이 다 됐다. 술이 덜 깬 상태인데 어쩌지? 일단은 집을 뛰쳐나가 근처에 있는 작은 공원으로 가서 술기운을 빼려고 무작정 뛰었다. 이 얼마나 한심한 몰골인가! 하지만 그때의 나는 놀랍게도 뻔뻔했다.

'뭐 어때. 어찌 됐건 내가 할 일은 제대로 다 하고 있잖아? 취해서 애를 데리러 가지 못한 것도 아니고, 길에 쓰러져 주정을 부리는 것도 아니고.'

한바탕 뛴 후 아이스커피를 사서 마시고는 아이를 데리러 갔다. 돌아오는 길에 아파트 현관문 유리에 비친 내 몰골이 처참했다. 숙취의 흔적으로 얼굴은 퀭하고 눈동자가 탁했다. 눈 밑에 거무죽죽한 피부색이 죽은 사람 같다. 뭔가 단단히 잘못되어가고 있었다.

사람들은 중독자가 한심한 의지박약이라고 생각하지만 오히려 그 반대다. 중독자는 중독의 대상을 향해 확고한 의지를 품고 그것을 쟁취하기 위해 영리하고 기민하게 움직인다. 평일의 시간 동안은 내 마음대로 마음껏 고주망태가 될 수 있었지만 문제는 주말이었다. 온 가족이 하루 종일 함께 있으니 술을 마실 시간이 없었다. 나는 나름대로 머리를 굴렸다. 집에서는 마시기 힘드니 외식을 하자! 그럼 자연스럽게 술을 주문할 수 있으니까. 대낮에도 갈비나 삼겹살을 먹자고 주장하고 치맥을 시키자고 졸랐다. 남편의 불만스러운 눈빛을 애써 무시하며 태연한 척 술을 주문했다.

그렇게 술에 휘둘리며 살아가던 어느 날, 평소처럼 평일 낮에 혼자 술을 마시고 있는데 뭔가 이상했다. 소주 한 병을 다 비우도록 기분이 전혀 좋아지지 않는 것이다. 익숙하던 그 쾌감, 기분이 고양되고 들뜨는 느낌이 없었다. 망연자실한 기분으로 술을 더 마셔봤지만 머리만 아프고 오히려 불쾌하기까지 했다. 취기를 관장하는 기관이 고장 나기라도 한 것 같았다.

문제는 그 뒤였다. 딱히 기분이 좋아지지 않는데도 나는 음주를 멈출 수가 없었다. 술을 마실수록 오히려 더 우울해지는데도 계속 술병에 손이 갔다. 그럴수록 스스로에 대한 실망감과 수치심, 자책감에 우울함은 더 깊어져만 갔다. 그제야 인정하고 직시했다. 나 자신에 대한 통제력을 완전히 상실한 상태라는 것을. 어떤 종류의 인위적인 개입이 있어야 제동을 걸 수 있다는 것을.

"일상생활에 문제가 될 정도로 마시나요?"

"가사 일이나 아이 등하교는 그럭저럭 챙기는 수준이에요."

나는 '지각 있고 상식적인' 알코올중독자였다. 아이가 보는 앞에서는 절대 취하지 않았고 남편이 보는 앞에서도 너무 자주 마시지 않으려 노력했다. 주량을 넘겨 고주망태가 되는 일도 없었다. 늦어도 새벽 1시에는 잠들고 아침 7~8시에는 일어났다. 심지어 이틀에 한 번은 아침에 6~7킬로미터씩 러닝도 했다. 나는 야생의 꿩처럼 건강한 체력으로 음주와 일상을 균형 있게 해나가고 있었다.

"왜 자꾸 술을 마시게 된다고 생각하세요?"

나는 수치심을 느끼며 대답했다.

"할 게 없으니까요."

문제는 시간이었다. 그 넘쳐흐르도록 남아도는 시간, 시간. 아무것도 할 일이 없는 무료한 하루. 오전과 낮과 밤을 나는 무엇으로든 채워야 했다. 그냥 있자면 매분, 매시간의 단위 칸 안에 갇힌 채 흘러드는 불안과 우울에 질식할 것이 분명했다.

하지만 위스키소다 한 잔이 있다면? 수입 맥주 한 캔이 있다면? 부정적인 감정들이 파도처럼 나를 덮쳐도 걱정 없다. 한잔 술을 튜브 삼아 유유자적 파도 위에 누운 채 물결을 느끼며 웃을 수 있다. 한잔 쭉 빨면 나쁜 기분들은 가라앉고 여유 있고 즐거운 내가 된다.

실은 걱정이 됐다. 이대로 내 인생은 아무것도 이루지 못한 채 정체된 채로 끝나는지. 불안했다. 다른 사람들은 바쁘게 한발 한발을 내디며 저만치 앞서가는데 나만 쓰레기처럼 시간을 죽이고 있는 건 아닌지.

당장 일어나서 손을 움직이고 머리를 써서 무언가를 만들어내야 한다는 생각은 든다. 하지만 몸을 일으킬 의욕조차 나질 않았다. 아니, 더 정확하게 말하자면 두려웠다. 그렇게 낑낑대고 만든 것이 형편없는 결과물에 불과할까 봐.

사람이 너무 심한 우울에 빠지면 뇌가 희뿌연 안개 속에 싸인 것처럼 제대로 된 사고를 할 수 없고 사리 분별이 잘 안 된다. 생산적인 활동을 못 하니 자책감에 더 우울해지고, 우울하니까 또 하루를 그냥 보내는 끔찍한 악순환에 발을 들이고 만다. 그저 말초신경을 자극할 거리에만 반응할 뿐. 내게는 그게 술과 넷플릭스였다.

넷플릭스와 배달음식과
알코올의 나날들

"항상 혼자서 술을 마신다고 했는데, 주로 뭐 하면서 마셔요?"

의사는 노트북에 시선을 고정한 채 물었다. '항상 혼자서'라는 말에 나는 움츠러들며 대답했다.

"보통은 넷플릭스 같은 거 봐요."

어느 날 자정이 다 된 시간, 나는 여느 때처럼 거실 스탠드 하나만 켜둔 채 소파에 앉았다. 사이드테이블에는 하이볼이 투명한 잔 가득 담겨 있었고 안주로 육포 따위가 놓여 있었다. 그즈음 내가 즐겨 마시던 술은 소주 하이볼이었는데 잔에 얼음을 가득 넣고 소주를 두 잔 정도 따른 다음 웨지 형으로 자른 라임 한 조각을 쭉 짜 넣어서 만든 것이다. 소주 감미료 특유의 단맛에 시트러스 향이 더해져 가격 대비 그럴싸한 칵테일 맛이 난다. 소주를 최대한 희석해 낮은 도수로 섭취하려는, 지각 있는 중독자로서의 몸부림이었다.

소파에 앉는 동시에 잔을 들고 서둘러 한 모금 마신다. '어떤 재미난 걸 볼까?' 손가락 끝으로 넷플릭스 앱을 뒤지는 순간의 흐뭇한 즐거움이 느껴진다. 종일 허전하던 가슴에 차오르는 만족감. 아무 낙이 없는 내 삶에서 유일하게 흥미진진한 순간이다.

사람들과의 교류를 끊고 알코올의존형 집순이가 된 내 삶에 넷플릭스는 구원이나 마찬가지였다. 앱만 열면 드라마, 다큐멘터리, 영화 등 수천 가지의 흥미진진한 콘텐츠들이 매일 쏟아지는 이 스트리밍 서비스에 나는 술 못지않게 중독됐다. 가족들이 잠든 한밤중이나 할 일 없는 한낮이면 거실에 앉아 넷플릭스 앱을 TV에 연결하고 트위터에서 사람들이 추천한 드라마나 흥미로워 보이는 다큐멘터리를 골라 재생한다. "두둥!" 하는 넷플릭스 징글 음과 동시에 맥주캔을 따고 소파에 깊이 몸을 묻었다.

나는 드라마나 영화보다도 다큐멘터리를 좋아하는데 특히 경제문제와 범죄가 관련된 이야기에 환장한다. 공매도로 비윤리적인 기업을 압살해버린 월스트리트 투자자의 이야기(「제로베팅게임」). 유망한 벤처기업가가 엄청난 티켓 가격의 음악 축제를 기획하고 인플루언서들을 동원해 대대적으로 홍보했지만, 실제로 행사를 치를 능력은 없어 쫄딱 망한 이야기(「파이어」). 트럼프 대선 캠페인이 영국의 여론조작회사를 고용해 페이스북으로 사람들에게 트럼프에

유리한 콘텐츠를 선별적으로 보여줬다는 이야기(「거대한 해킹」) 등등……

민을 수 없을 정도로 놀라운 일들이 세계 곳곳에서 벌어지고 있었다. 나는 입을 헤벌리고 가끔은 고개를 절레절레 저으며 다큐멘터리에 빠져들었다. 넷플릭스 콘텐츠가 더 흥미진진할수록 현실의 나는, 비루한 내 삶의 문제들은 더 빨리 잊힌다.

화면에 눈을 고정한 채 잔을 연거푸 들이킨다. 취기가 슬슬 올라올수록 신경은 흥분되어 TV 속 이야기에 더 깊이 심취하고 동조한다. 어느 순간에는 드라마 속 이야기가 나의 현실처럼 느껴지기까지 한다. 디스토피아가 된 세상에서 살아남아 정의를 구현하려는 주인공, 정치인이 되기 위해 온갖 술수와 모략을 구사하는 등장인물. 이 가상 캐릭터들에게 감정이입 해 울고 웃고 화를 낸다. 다큐멘터리를 볼 때도 마찬가지다. 타락해 빠진 한심한 세상에서 권력자가, 엘리트가 평범한 사람들을 기만하고 조종하다 못해 얄팍한 지갑까지 털어간다. 어떻게 해야 좀 더 평등하고 공정한 삶이 모두에게 주어질까. 방구석 제갈량마냥 한탄하며 타개책은 없는지 혼자 골몰한다.

그러다 보면 노곤하게 취한 머릿속에서 번뜩하고 기발한 아이디어가 튀어나온다. 세상을 바꿔놓을 것만 같은 근사한 계획이다.(물론 술 깨고 나면 하나도 기억나지 않는다.) 이 획기적인 계획을 글로 써서 사람들에게 공개한다면 엄청난 센세이션을 불러일으킬 것이다. 어쩌면 정치권에서도 러브콜이 들어올지도 모른다.(이쯤 되면 취해서 망상의 단계로 진입한 상태다.) 허튼 생각은 엉뚱한 의욕으로 이어져 집 나간 창작욕이 광속으로 샘솟는다.

하지만 술잔을 내려놓고 서재로 들어가 노트북을 켜서 아이디어를 실제 작업으로 이어가는 일은 영영 일어나지 않는다. 소파에 반쯤 누운 채 술을 계속 마시고 다음 날 아침 죄책감에 휩싸여 엉망인 컨디션으로 일어난다는 게 매일의 결말이다. 술은 내게 엄청난 영감을 주지만 정작 실제로 무언가를 실행할 만한 여력은 앗아버린다. 질 나쁜 장난 같다.

개인의 취향대로 즐긴다는 '홀로 소비'의 시대. 사람들은 이제 친구와 극장을 찾기보다 혼자 소파나 침대에 누워 TV를 트는 것을 선호한다. 넷플릭스 같은 스트리밍 서비스가 보유한 어마어마한 양의 고퀄리티 콘텐츠를 손가락 끝으로 골라 재생한다. 극장가를 뒤덮은 대중의 감성에 휩쓸릴 필요도 없고, 나의 독특한 취향을 감출 필요도 없다.(실제 이런 이유로 스트리밍 서비스는 콘텐츠의 다양성에 기여하고 있다.)

하지만 나처럼 집에 늘어져 알코올만 빨고 있는 의존자에게 무한정 재미난 콘텐츠가 쏟아지는 스트리밍 서비스는 쥐약, 아니 덫이나 마찬가지다. 그 덫 안에는 조도를 낮춰 아늑한 거실과 푹신한 소파, 테이블 위의 간단한 안주, 맥주 몇 캔이 놓여 있다. 여기 걸려 들면 몇 시간이고 며칠이고 소파에 들러붙어 TV에 시선을 고정한 채 끝도 없이 술을 홀짝이게 된다. 드라마 몇 편 정주행하면 하루가 금세 가버리니 할 일 없는 시간을 때우며 비참한 현실을 잊기엔 최고다. 구제불능의 게으름뱅이 술꾼이 되는 것이다.

물론 누차 강조하듯 나도 상식 있는 사람인지라 마음 한구석에 불안함과 죄책감이 스멀스멀 번진다. '이 아까운 시간을 이렇게 허비하지 말고 뭐라도 생산적인 시도를 해보는 게 어때? 글을 쓰거나 유튜브 영상을 만들거나 좀 해보지 그래?' 지극히 온당한 자기반성이다. 하지만 분연히 자리를 떨치고 일어나 서재로 가 노트북 앞에 앉아봐야 머리를 쥐어뜯는 창작의 고통만이 기다릴 뿐. 소파 위의 흐뭇한 즐거움은 사라지고 이 밤은 자기혐오와 번민, 부족한 나를 자각하는 고역스러운 시간이 될 것이다. 그리고 그렇게 뭔가를 열심히 만든다고 해서 사람들이 봐주거나 알아주기나 할까? 아무 성과도 못 내고 좌절만 하게 될 바엔 차라리 아무것도 안 하겠다는 심산이었다.

나는 지레 겁을 먹고 위축되어서는 꼼짝 않고 소파에만 들러붙어 있었다. 머리를 쥐어짜 뭔가를 만들어내는 대신 남들이 수고롭게 만든 것들을 보며 시간을 때웠다. TV 앞에 머무는 시간이 길어질수록 음주량도 정확하게 비례해서 늘었다. 나중에는 단위도 만들 수 있을 것 같았다. 드라마 1에피소드(40분)=500밀리리터 맥주 1.5캔. 1다큐(80분)=맥주 2캔. 처음에는 넷플릭스 구독료가 아까웠는데 나중에는 그보다 술값이 몇 배는 더 나가서 걱정이 무색해졌다.

나중에는 술 없이는 절대 TV를 틀 수 없을 것 같은 이상한 강박마저 생겼다. 「굿 플레이스」의 마지막 에피소드를 보려던 어느 날, 마침 냉장고에 맥주가 똑 떨어졌다. 자정이 넘은 시간인데도 나는 기어이 편의점에 달려갔다.(하지만 「굿 플레이스」 마지막 에피소드라고요. 술 한잔과 눈물 닦을 티슈 없이는 절대 TV를 켤 수 없어!) 차라리 스트리밍 서비스와 주류 정기배송을 패키지로 제공해주면 일일이 사러 가지 않아도 되고 편할 거라는 생각마저 들었다.

넷플릭스뿐이 아니다. 요즘은 각종 플랫폼 서비스 덕에 집에서 모든 활동이 해결된다. 대표적인 게 배달 앱이다. 이젠 어지간한 메뉴는 다 배달시켜 먹을 수 있는 데다 1인분만 파는 가게도 많아서 식당을 가지 않고 언제든 집에서 혼자 외식처럼 즐길 수 있다.

게다가 대부분의 식당이 한밤중이나 새벽에도 음식과 술을 배달해준다는 게 문제다. 내가 술을 좀 줄여보겠다고 일부러 냉장고를 비워둔들 무슨 소용인가. 밤마다 야식의 유혹에 져서 곱창이니 감자탕이니 주문하고 소주 한 병까지 야무지게 시켜서 넷플릭스를 보며 우적우적 해치우는데. 사실상 내게는 배달음식용 앱이 아니라 주류 퀵 배달 서비스나 마찬가지였다. 한밤중에 술이 당기긴 하는데 막상 사러 가기 귀찮을 때도 배달 앱만 있으면 문제없다. 아마 배달음식만 없었어도 내 음주량이 절반은 줄었을 거라고 장담할 수 있다.

예전에는 2~3인분씩 되는 배달음식의 양이 부담스러워 주문하기 힘들었지만, 요즘은 '혼닭'이나 1인분 회, 족발 도시락 등 별별 메뉴가 다 소량으로 나와 우리를 심란하게 한다. 한밤중에 밀려드는 허기에 못 이겨 불 꺼진 방 침대에 누운 채 애꿎은 배달 앱을 집요하게 뒤져본 경험, 누구에게나 있을 거다. 먹고 싶은 음식을 검색하고 괜히 장바구니에 넣었다 뺐다 하면서 치열한 내적 갈등을 겪는 거다.

음식을 시키는데 술이 빠질 수 있을까? 결국 배달음식은 혼술로 이어지는데, 이거야말로 폭음으로 가는 지름길이다. 남들과 함께 마시는 술이 신호를 받아가며 달리는 시내 주행이라면 혼술은 경부고속도로다. 멈춤 없이 쭉쭉 잔을 들이켜 순식간에 한 캔이, 한 병이 사라진다. 사람들과 함께 마시면 타인의 시선을 의식하게 되고 중간중간 대화도 하기 때문에 덜 마시게 되는데 혼술은 그런 제약이 없다. 마음이 풀어져 음주량이 더 늘어나고 속도 조절도 안 된다. 문제성 음주를 반복하는 사람이라면 만취까지 직진하기 십상이다.

게다가 요즘은 팬데믹 때문에 '혼자됨'이 선택이 아닌 필수가 되면서 어느 때보다 혼술하는 사람이 늘었다. 사교 활동이 멈추면 술 소비가 줄어들 것 같은데 오히려 반대다. 팬데믹 이후 전 세계 술 판매량은 291퍼센트나 증가했다. 한국도 예외는 아니라서 2020년 3분기 1가구당 월평균 주류 소비액이 1만 9651원으로 통계 작성 이래 최고치를 기록했다.

격리로 인한 스트레스나 무료함 때문에 음주가 늘어나기도 했지만 '코로나블루', 즉 팬데믹의 영향으로 인한 우울증으로 술에 의존하는 사람이 많아졌다. 질병의 시대가 낳은 마음의 병이다. 실제로 중독포럼에서 조사한 결과 평소에도 음주 횟수가 많았던 집단에서 코로나 이후 음주가 늘었다고 답한 비율이 다른 집단보다 높게 나왔다. 원래도 술꾼이던 사람이 코로나19 유행 이후 더 자주 마셔서 알코올중독에 노출될 위험이 커졌다는 거다.

꼭 코로나19 유행의 영향만은 아닐 수도 있다. 요즘 사람들은 예전보다 '집콕'을 선호한다. 혼자서도 얼마든지 즐겁게 지낼 수 있는 놀거리들이 널려 있다. 만화방은 웹툰으로 대체됐다. 침대에 누운 채 몇십 편의 만화를 정주행한다. 친구들과 PC방을 가기보다 소파에 비스듬히 누워 손가락 끝으로 모바일 게임을 플레이한다. 기업은 온라인 플랫폼과 맞춤형 추천 서비스를 통해 개개인의 구미에 맞는 콘텐츠를 무한정 쏟아내 우리를 계속 집에 혼자 머물도록 붙잡아둔다.

　간편하게 집 안에서 즐길거리가 많아졌으니 편리하고 좋은 일이지만, 알코올의존 성향의 사람들에게는 다소 치명적이다. 집에서도 얼마든지 여가를 즐길 수 있으니 굳이 밖에 나가지 않게 되는데, 혼자 놀다 보면 슬금슬금 술 생각이 난다. 느긋하게 한잔 걸치면서 넷플릭스나 게임, 웹툰이나 웹소설에 몰입하게 되는 거다. 한번 이런 사이클에 빠지면 다른 무엇에도 별 흥미가 안 가고 무기력해져 개미지옥에 빠진 것처럼 헤어나올 수 없게 된다. 물론 내 얘기다.

　다시 말하지만 혼자는 위험하다. 질병에 대한 두려움으로 혼자를 택한 사람도, 혼자 즐기는 것이 좋아 집에 머무르는 사람도 마찬가지다. 애주가라면 남들 시선이 없는 그 시간 동안 술병으로 손을 뻗치고 싶다는 유혹을 이겨낼 수가 없으니까. 특히나 절박한 건 우울감으로 굴을 파고 들어가 세상을 등지고 고립을 택한 사람들, 바로 지난 몇 달간의 나 같은 사람이다. 누군가에게 하소연하지도, 도움의 손길을 요청하지도 않은 채 침잠하면서 괴로움을 달래려 자꾸자꾸 술에 의지한다. 비참한 현실을 잊기 위해 TV에 시선을 고정한 채 몇 시간이고 소파에 몸을 묻는다.

　물론 나도 이게 우울한 현재를 겨우 견디기 위한 미봉책에 불과하다는 걸 알고 있다. TV나 게임, 만화에 의존해 얻는 즐거움은 말초적이고 찰나에 불과하다. 스스로 노력해 무언가를 만들어내

느끼는 성취감, 다른 사람과 교류하고 상호작용하는 기쁨에 비할 수 없다. 하지만 저 TV로부터 눈을 돌리자마자 마주치게 될 현실이 두려웠다. 소파 밖으로 나가는 한 발짝을 떼기가 힘겹다. 드라마나 영화 속에 나오는 엄청난 사건들, 위대한 영웅들, 불굴의 의지를 가진 사람들을 보고 감탄하면서 나는 꼼짝도 않고 있었다. 그런 시간이 반복될수록 혼자만의 우물 안으로 깊이깊이 잠겨 내려가는 기분이었다.

중독은 아니지만
'매일 한 캔'은 포기 못 해!

일요일 점심, 남편과 아이와 함께 동네 식당에서 점심을 먹고 있었다. 메뉴는 돼지갈비. 웬 점심부터 고기를 굽냐 싶겠지만 이런 메뉴를 먹어야 크게 눈치 보지 않고 소주 반주가 가능하다. 나는 남편을 곁눈질하며 슬쩍슬쩍 소주병을 기울이고 있었다.

가게는 점심시간이 훌쩍 지나 한가한 편이었다. 손님 한 명이 들어왔고 갑자기 직원들이 긴장하며 수군대는 게 느껴졌다. 고개를 돌려 힐끗 봤더니 60대는 훌쩍 넘어 보이는 등산복 차림의 할아버지다.

"여기 곰탕 하나!"

그는 자리에 앉으며 호기롭게 소리쳤다.

"어어. 그리고 소주도 한 병 줘."

"아휴, 오늘은 술 드시지 마세요."

50대쯤 되어 보이는 여성 직원분이 난처해하며 말렸다. 하지만 막무가내다.

"아니, 딱 한 병만 줘. 후딱 먹고 나갈게."

직원들의 수군거림을 들어보니 그는 상습범인 듯했다. 직원들로부터 들리는 소리로는 지난주에는 술을 마시다 아예 테이블에 엎어져 잠이 들었단다.

다들 쩔쩔매며 어찌할 바를 모르자 가게 사장으로 보이는 중년 남자가 나타났다.

"오늘은 저희가 식사만 드릴게요. 술은 못 드려요."

"에헤이. 무슨 소리야. 딱 한 병만 마신다니까!"

사장이 강경하게 나오자 할아버지는 아예 냉장고로 달려가 참이슬 한 병을 꺼내든다.

사장이 뒤쫓아가 손에서 술을 잡아 빼앗았다.

그러자 할아버지는 갑자기 무릎을 꿇고 사장의 바짓가랑이를 잡으며 애원하기 시작했다.

"딱 한 병만 팔아주소! 예?"

이미 가게에 들어오기 전부터 상당히 취한 모양이다.

"이러지 마세요, 어르신."

사장은 난감한 얼굴로 그를 떼어내더니 아예 팔을 잡아 가게 밖으로 이끌었다. 한참을 더 실랑이하던 할아버지는 곧 발을 돌려 가게를 떠나갔다.

내게는 방금 일어난 일이 너무 충격적으로 느껴졌다. 술 한 병을 위해 너무도 쉽게 무릎을 꿇으며 추태를 보이는 것. 그건 꽤 익숙한 모습이자 과거의 괴로운 기억을 소환하는 장면이라 그랬을지도 모른다.

내가 어릴 적, 증권회사를 다니는 금융맨이던 아빠는 정말 자주, 아주 많이 술을 마셨다. 완전 고주망태가 되어 몸을 가누지도 못한 채 집 앞에서 발견된 적도 있다. 내가 성인이 되고 나서는 건강 문제로 술을 끊었지만 그전까지 아빠 삶은 음주에 잠식돼 있었다. 막무가내로 마시던 과거 아버지의 모습이 일부분 그 할아버지와 겹쳐 보였던 건지도 모른다.

옛 기억으로 쓸쓸한 상념에 잠겨 있는데 남편이 피식 웃으며 한마디를 던졌다.

"너도 조심해. 저렇게 될라."

그 말을 듣는 순간 나는 수저를 내던지고 식당을 나와버렸다. 이것이 내가 병원을 가기 바로 전날 벌어진 일이다.

만약 내가 편의점 앞에 앉아 네 캔에 1만 원 하는 수입 맥주를 사 들고 나오는 사람들에게 "혹시 알코올의존 성향이 있냐?"라고 묻는다면 대부분은 화를 낼 것이고, 거의 모든 사람이 아니라고 부정할 거다. 그 할아버지처럼 술 한 병을 위해 식당 주인의 바짓가랑이를 잡거나 대낮부터 취해 비틀거리며 식당 냉장고를 향해 돌진하지는 않으니까. 아마 당신은 술에 취해 길에 쓰러져 자는 타입도, 술자리가 끝날 때쯤 남의 부축을 받고서 겨우 귀가하는 타입도 아닐 것이다. 하지만 마음 한구석에는 찜찜함이 남는다.

'요즘 밤마다 맥주 한 캔씩 꼭 마시고 잔다. 작은 캔을 마시던 게 큰 캔으로 바뀌었다. 아니, 사실 술을 마시지 않으면 잠이 안 올 것 같다.'

'인사불성으로 취하는 타입은 아니지만 한번 마시면 술집을 옮겨 다니며 3차, 4차씩 끝을 봐야 직성이 풀린다. 하지만 술보다는 사람 만나는 게 좋아서 그러는 건데 뭐.'

알코올중독이라고 했을 때 우리 머릿속에 떠오르는 모습이란 대낮에 컵라면에 소주를 마시는 노숙인, 아니면 1호선 노약자석에 앉아 점심부터 불콰해진 얼굴을 하고 전철 안의 사람들을 향해 호통을 치는 노인들이다. 더 심하게는 피폐해진 몰골로 정신병원에 입원한 중독 환자를 떠올릴지도 모르겠다.

아무 데나 퍼져 앉아 술을 마시고 언제나 취해 있는, 오직 삶에 술만이 존재하는 것 같은 '그들'과 달리 우리는 일상생활을 멀쩡하게 영위하며 적당히 마시니까 중독은 아니라고 생각한다. 하지만 한 번쯤은 궁금했을 것이다.

왜 꼭 맥주 한 캔, 소주 몇 잔을 습관처럼 마시게 될까? 오늘은 참자고 다짐을 해봐도 결국엔 냉장고에 손이 간다. 혹시 나도 알코올중독? 혹은 알코올중독으로 가고 있는 중인가? 아니면 가벼운 의존 증세에 불과한 걸까?

나는 10년간 기자로 일하며 임신 기간을 제외하면 술을 한 모금도 마시지 않은 날이 거의 없다.(물론 기자를 그만두고 나서도 꾸준히 마셨다.) 일 때문에 만나는 취재원, 혹은 친분 있는 지인들과 술자리가 워낙 잦기도 했지만 남들과 마시지 않는 날도 꼭 집에 들어와 잠들기 전에 습관적으로 한두 잔씩 걸쳤다. 내게 술은 생활의 일부였고 매 끼니와 다를 바 없었다.

약속이 없어도 집에서 혼자 마시는 횟수가 주 7일을 채우니 '이건 아니다.' 싶어 참아보려 했지만 쉽지 않았다. 이 한두 잔이 힘든 하루를 보낸 내게 주는 일종의 보상인데 이런 작은 기쁨마저 금지한다면 너무 가혹한 거 아니냐는 생각. 어떤 날은 전날 심한 폭음을 해서 술의 ㅅ만 봐도 속이 안 좋은데도 해가 지면 척수반사처럼 또 술 생각이 난다. 이건 중독일까, 아닐까?

왜 하루 한 잔조차 거부할 수 없을 정도로 술이라는 물질에 강하게 끌리는지, 매번 결과가 좋지 않은데도 왜 음주습관을 떨칠 수 없는지 알아보려면 우리 뇌 안에서 벌어지는 일들을 이해해야 한다. 전 FDA 국장인 데이비드 케슬러 박사는 『과식의 종말』에서 음주처럼 인간에게 쾌감을 주는 행동에 대해 우리 뇌가 어떻게 반응하는지 상세히 설명했다. "특정한 행동이 보상을 준다는 사실을 알게 되면 우리는 행동의 동기를 부여받는다. 뇌의 동기부여 회로가 활성화되면서 우리는 더 많은 보상을 얻기 위해 그 보상을 줄 수 있는 대상 쪽으로 간다."

술이 우리에게 쾌감과 안도감과 같은 긍정적인 감정을 보상으로 준다는 걸 이미 인지했기 때문에 우리는 술병을 향해 손을 뻗도록 동기부여가 된 상태인 것이다. 문제는 그다음이다. 이 강력하게 동기부여 된 상태에 '트리거'를 당기는 효과가 우리 주변에서 벌어진다. "뇌 활동은 음식 그 자체뿐만 아니라 음식이 근처에 있음을 암시하는 단서로도 자극을 받는다. (……) 음식 그 자체보다 음식을 암시하는 신호가 도파민 반응을 일으킨다. 그다음 이 신호는 욕구의 동기가 된다. 이것을 '조건반사 자극'이라고 한다. 이 단서들은 사람들의 관심을 끌고 행동을 유발한다."

우리가 익히 알고 있는 '파블로프의 개' 실험처럼 술을 실제로 마시는 것이 아니라 술을 연상하게 만드는 단서와 상황만 마주치더라도 뇌는 실제로 술을 마신 것처럼 도파민 반응을 일으키고 그로 인해 더 강한 갈망이 일어난다. 술을 떠올리게 하는 각종 단서들이 우리 주변에 널려 있다면 마시고 싶은 충동을 떨치기가 어려워지는 거다. 우린 단지 스스로 술을 원해서 술병을 향해 손을 뻗는다고 생각하지만 실은 알게 모르게 쏟아지는 수많은 자극이 우리를 음주로 유도하고 있었다.

퇴근길에 들른 마트에서 주류코너를 마주친다. 편의점에 들러 물건을 사다가 냉장고 속 네 캔에 1만 원짜리 맥주를 우연히 본다. 집 근처 가게 입간판에는 생맥주를 시원하게 들이켜는 배우의 모습이 크게 인쇄되어 있다.

TV 속의 음주 장면, SNS에 올라오는 남들의 음주 사진, 유튜브의 먹방, 각종 신상 술에 대한 기사, 술과 안주를 주제로 한 웹툰 등. 술을 긍정적으로 표현하고 암시하는 크고 작은 자극들이 쏟아진다. 이런 '단서'의 축적이 술에 대한 열망을 폭발시키는 '알코올 기폭장치'가 되어 우리로 하여금 거침없이 맥주를 집어 들도록 만드는 것이다.

단지 시각적인 단서만 트리거가 되는 것은 아니다. 만약 잠들기 직전이나 해가 지고 난 후 등 매번 특정한 시간에 술을 마셨다면 그 시간 자체가 술을 떠올리게 하는 단서자극, 즉 트리거가 된다. 잠들기 전 몇 시간 동안의 익숙한 무료함이 습관적으로 음주를 하도록 만든다.

냉장고 앞에 서서 맥주를 꺼낼까 말까 고민하는 것은 한순간이지만 그 이면에는 음주를 독려한 수많은 단서자극들이 존재한다. 그게 쌓이고 쌓여 한 컵 가득 찰랑찰랑한 맥주 한 잔으로 완성

된다. 그러니 스스로를 자책해봐야 소용없을지도 모른다. 술 마시는 기쁨을 알아버린 이상 우리는 이미 불가항력으로 구속된 상태이니까.

내 글을 보고 주변 사람들이 "나도 음주 문제가 있는 것 같다."라며 많이 상담을 해온다. 내용은 다 비슷하다. 매일 자기 전 맥주 한두 캔씩 마시는 것, 저녁을 먹으면서 괜히 반주 한두 잔을 곁들이게 되는 것을 멈출 수가 없다는 거다. 그렇게 마셔봐야 대단히 기분이 좋아지는 것도 아니고 다음 날 컨디션에 악영향만 줄 뿐인데 왜 자꾸 손이 가는 걸까? 왜 마시지 말자는 다짐을 지키기가 어려운 걸까?

다시 케슬러 박사의 설명을 들어보자. "즐거움으로 이어지는 행동은 뇌에 각인되고 그 즐거움을 추구하려는 습관은 확고하게 자리를 잡는다." 술을 연상케 하는 단서를 보면 즉각 마시고 싶어지는 충동이 들고, 그 충동은 보상을 바라는 갈망으로 이어진다. 이게 반복되면 이 패턴 자체가 습관으로 굳어진다는 거다. "이 지점이 되면 행동이 거의 아무 생각 없이 이루어진다고 할 수 있다." "어떤 행동이 자동적으로 나오는 정도가 되면, 우리는 생각이나 의식 없이 조건반사에 따라 반응한다."

습관은 무의식적으로 반복될 정도로 굳어진 행동이라 통제하기가 어렵다. 애주가들이 냉장고를 열자마자 무의식적으로, 마치 척수반사처럼 맥주를 꺼내는 행동을 떠올려보자. 밤에 혼자 덩그러니 무료하게 보내는 시간마다 술 한잔을 찾았다면 이 또한 생활 습관으로 굳어진 패턴이다.

생활 속에 깊게 고착된 습관은 의식적으로 강한 노력을 기울이지 않는 이상 바뀌지 않는다. 하지만 한편으로는 이런 생각도 든다. 이게 그렇게나 나쁜 습관인가? 일과를 마치고 식탁에 앉아 맥주 한 캔을 쫙 들이키면서 노곤해지는 그 느낌을 굳이 포기해야 하나? 저녁을 먹으며 반주 한두 잔을 곁들이며 음식과의 궁합을 즐기는 게 뜯어고쳐야 할 행동일까? 오히려 팍팍한 삶을 조금이나마 윤택하게 만들어주는, 우리에게 허용된 자그마한 '길티 플레저' 아닐까.

그럼에도 우리가 매일의 술 한두 잔에 대해 걱정하는 것은 욕구를 스스로 통제할 수 없다는 느낌이 불쾌해서일 것이다. 기어이 맥주캔을 다 비우는 순간, 욕구에 졌다는 데서 오는 수치심과 좌절감이 스멀스멀 올라온다. 일과가 끝난 후 책을 읽거나 공부를 하거나 뭔가 생산적인 일을 해야 할 것 같은 압박감에 시달리면서도 정작 몸은 냉장고의 술병으로 향하는 게 한심하게 느껴져서다.

매일의 음주를 포기하지 못하는 점 때문에 중독이나 의존이 아닐까 걱정하는 사람들은 인터넷에 '알코올중독 테스트'를 검색해본다. 여러 가지 종류의 검사가 쏟아져 나오지만 정작 체크하다 보면 좀 미심쩍다. 이런 검사가 제시하는 중독의 기준이 우리 생각과는 달리 너무도 낮아서 그저 술을 조금 즐기는 애주가인 사람에게조차 '당신은 심각한 알코올중독'이라며 정색하고 호통을 치는 것이다. 이 테스트로 판별하자면 대한민국에 중독 아닌 사람이 없을 것만 같다.

그러니 애호가에서 중독으로 넘어가는 과정을 몸소 체험한 사람으로서 검사지보다 좀 더 현실적인 조언을 해보겠다. 의존의 단계가 발전해 나가는 신호들이 몇 가지 있다. 한 캔만으로 끝나지 않고 더 마시고 싶다는 갈망이 커서 몇 잔이고 더 마시게 되고 다음 날 컨디션을 망치는 일들이 일주일에도 며칠씩이나 반복된다면 위험 신호. 그러다가 어느 시점부터 술을 마셔도 별로 기분이 나아지지도 않는다면 문제 상황이다.

내가 딱 그랬다. 처음에는 술잔을 들고 넷플릭스나 보다 보면 세상 시름 다 잊히는 기분이었는데 그걸 몇 주씩, 몇 달씩 반복하다 보니 어느 순간 전혀 효과를 볼 수 없었다. 우울해서 술을 마시는데 오히려 기분이 축축 처졌다. 그런데도 갈망은 전혀 그치질 않아 마시지 않는 시간 동안은 내내 술 생각에 안절부절못했다.

나의 음주 동기, 갈망의 지뢰 버튼은 대체 어디에 있었던 걸까? 그 화창하고 아름다운 5월의 아침에 나는 왜 와인 한 병을 허겁지겁 마셨을까?

의사가 답을 줬다.

"처음에는 우울감을 이기기 위해 술을 마셨을 거예요. 취하면 기분이 좋아지니까요. 그러다 보니 언제든 우울감을 느낄 때마다 술을 갈망하게 되는 식으로 뇌가 적응을 한 거예요.

그런데 알코올의존이 심해지면 신경의 알코올 민감도가 떨어져서 예전처럼 기분이 좋아지지도 않아요. 그래도 일단 우울하니까 술은 계속 당겨요. 우울이라는 감정, 그 자체가 트리거가 되어서 그런 거예요."

그렇다. 나는 우울한 감정을 느끼면 자동반사적으로 술을 찾는 습관이 굳어진 상태였던 것이다. 엄청나게 폭음을 하는 타입은 아니었지만 우울이 자주 찾아오고 그때마다 술에 의존하다 보니 마시는 양이 조금씩 늘어났다. 그러다 어느 순간 어떤 임계점을 넘어가버린 것처럼 술을 마셔도 전혀 기분이 좋아지지 않는 상태가 되어버리고 말았다.

대체 내 몸에서 무슨 일이 일어났기에 알코올이 그 효능을 다한 걸까? 병원에 다니기 시작한 후 의존과 중독으로 인해 몸에 생긴 변화들이 궁금해진 나는 뇌과학과 신경의학 측면에서 중독을 설명한 책들을 찾아 읽기 시작했다. 그중 『중독에 빠진 뇌』라는, 마이클 쿠하 미국 에머리 의과대학 교수가 쓴 책에 알코올에 점점 둔감해지는 증상을 설명한 내용이 있었다.

책에 따르면 중독된 물질에 내성이 생기는 게 중독의 전형적인 특징이다. 동일한 반응을 만들어내기 위해 시간이 지남에 따라 점점 더 많은 약물이 필요해진다. 우리 뇌가 특정 자극이 지속되면 그 영향에 따라 유연하게 변화하는 '가소성'을 가졌기 때문이다.

"약물 사용자의 뇌에는 도파민 D2 수용체의 양이 감소된 것으로 나타났는데, 이러한 결과는 코카인, 메스암페타민, 알코올, 헤로인의 경우에 모두 동일하게 나타났다." "이처럼 수용체의 수준이 낮게 유지된다는 것은 이 환자들의 경우 도파민 시스템이 작동하지 않거나 정상 이하로 작동하고 있음을 의미한다." 처음에는 알코올이 도파민을 활성화해 쾌감을 주지만, 이 섭취가 자주 반복될수록 도파민 회로의 기능이 저하되면서 좋은 느낌이 줄어들게 되는 원리다. 결국 비슷한 쾌감을 얻기 위해 점점 더 많은 자극(알코올)이 필요해진다.

난 어쩌다가 이렇게 신경이 둔감해질 정도로 술을 퍼마셨던 걸까. 최근 몇 달간 나를 사로잡은 감정과 생각 들을 돌아봤다. 과거에 대한 회한, 무능한 나 자신에 대한 책망, 나를 자극하는 가족들에 대한 분노, 수치심, 무력감, 초조함, 불안, 우울함.

이 모든 감정들이 해소되지 못한 채 내 안의 거대한 덩어리가 되어 나를 꼼짝 못 하게 만들었다. 검은 타르 연못에 빠진 것처럼 찐득하고 무거운 우울감에 갇혀 아무것도 할 수 없었다. 술을 마셔야지만 기분이 고양되면서 우울에서 겨우 건져지는 느낌이 들었다. 붉게 취한 눈이 되어야만 비참하고 한심한 내 현실을 보지 않을 수 있었다.

사람을 만나고 싶지도 않았다. 초라한 스스로를 들키기 싫으니까. 대신 다채로운 색과 맛으로 나를 위로해주는 황홀한 친구들과 어울리길 선택했다. 공허하게 남아도는 시간의 잔을 졸졸 흘러나오는 술로 가득 채우고 그 안에서 한없이 헤엄치는 느낌. 오로지 취기가 차오르는 순간에만 삶에 생동감이 돌았다.

그러다 문득 어느 날 알코올이 부리던 마법의 효능이 다했다는 것을 깨달았다. 마셔도, 또 마셔도 예전처럼 기분이 고양되지 못하고 오히려 속수무책 내 안의 슬픔으로 침잠해 들어가고만 있었다. 그 당시 오직 술이 주는 위로만이 삶을 지속할 힘이었기에 나는 살기 위해 붙잡은 끈이 손에서 미끄러져 내려가는 것마냥 좌절했다. 그리고 그제서야 뭔가 잘못된 걸 느꼈다. 이건 빼도 박도 못하는 '병'이라는 현실을 눈치챈 것이다.

처음 병원을 찾은 날 의사는 내가 진료실을 떠나기 직전에 말했다.

"알코올의존은 우울증의 증상이에요. 그 우울감의 원인이 사라져야 술도 그만 마실 수 있겠죠. 우울한 느낌을 경감시키는 약, 그리고 알코올중독 치료약을 처방해드릴게요."

술 끊는 약의 효과

언젠가부터 우울만이 내 감정의 전부가 됐다.

모든 것은 심란한 생각에서부터 시작됐다. 나는 쓸모없는 인간이 되어버렸다. 왜 과거에 잘못된 선택을 했을까. 앞으로 난 아무것도 이루지 못할 거다. 심지어 가족에게도 형편없는 엄마, 참기 힘든 아내다.

희망이라곤 한 줌도 없는 비관적인 생각들, 나를 자책하고 좌절하게 만드는 참으로 다양한 레퍼토리가 종일 머릿속에서 맴돌고 또 맴돌았다. 아침에 엘리베이터에서 출근하는 워킹맘을 만나면 잠옷 바람으로 아이를 데려다주는 내가 무능력하고 한심하게 느껴졌다. 아이 학교에 제출할 서류에 내 생년월일을 적다가 새삼 내 나이를 깨닫고 이때까지 아무것도 해놓은 게 없다는 생각에 심장이 쿵

내려앉았다. 무엇을 봐도, 어디를 가도 내가 느끼는 모든 것들이 나를 공격하고 좌절시키는 언어가 되어 머릿속에 메아리쳤다. 인생이, 모든 시간이 견딜 수 없이 버거워지고 있었다.

이 모든 것은 우울의 증상이었다. 그건 희로애락이라는 구분만으로는 표현하기 힘든, 일종의 '정서의 색채' 같은 것이다. 어둡고 푸르고 창백한 색깔이 삶을 온통 잠식했고 어떤 생각과 감정이든 그 색에 물들어 비관적이고 부정적으로 바뀌었다. 그렇게 쌓인 고통스러운 감정들이 쌓이고 쌓여 속에서부터 썩어들어가는 느낌이었다.

우울은 다른 감정이 자리 잡을 공간 하나 남기지 않고 내 안을 가득가득 채웠다. 손에 잡히지도 않는데도 너무나 거대하고 무거워 삶을 짓눌렀고, 찰나의 기쁨과 행복조차 스며들 여지를 주지 않았다. 고통이 감각을 마비시키자 다른 감정들은 서서히 희박해졌다. 아무 느낌 없이 그저 멍한 채로 아파트 복도에서 뛰어내리는 순간을, 갑작스러운 사고로 순식간에 삶이 끝나는 순간만을 계속 반복해서 상상했다. 너무 강력한 힘이 나를 바닥으로, 저 깊은 고통의 구렁텅이로 계속계속 끌어내리고 있었다.

이렇게나 정신적으로 짓이겨진 상태였기 때문에 처음 병원을 찾은 그날, 집으로 돌아와 처방받은 우울증과 금주용 약을 먹으면서도 큰 기대는 없었다. 무심하게 약을 입에다 털어 넣고 잔뜩 쌓인 설거지를 했다. 그렇게 30분 만에 모든 그릇을 씻고 수건에 손을 닦고 몸을 돌린 순간 깨달았다. 내 안에서 무언가가 사라졌다는 걸.

내 삶을 짓누르던 거대하고 저항할 수 없던 감정, 너무 또렷해서 부피와 무게마저 느껴질 것 같던, 나를 옥죄고 수렁으로 끌어내리던 돌덩이 같은 우울감이 한순간에 사라진 것이다. 심연 아래로 한없이 떨어져 내려가던 나는 돌연 풀려나 순식간에 수면 위로 치솟은 기분이었다. 끝없이 내 귀에 속삭이던 자책의 목소리가 더 이상 들리지 않는 걸 깨달았을 때 그 해방감, 그 놀라움이란!

나는 한 손에 수건을 든 채 베란다 밖을 멍하니 쳐다보며 생각했다. 창밖은 쾌청한 5월, 청명한 하늘 아래 햇볕이 아파트 외벽에 반사되어 눈부시게 빛나고 있었다.

어제까지는 화창한 날씨일수록 내 마음의 그림자가 더 짙게 드리워져 우울감이 두텁게 나를 내리눌렀다. 하지만 지금의 나는 다르다. 베란다로 나가 창에 붙어 바깥의 풍경을 내려다봤다. 단지 안의 나무들이 녹색이 짙어진 잎을 바람에 휘날리는 풍경이 또렷하게 보이고 내 몸에 온통 내리쬐는 햇볕이 생생하게 느껴진다. 봄 공기에 가득 찬 활력과 생동감에 들뜨기까지 한다. 사람이 완전히 바뀌어버린 것 같다. 이게 대체 무슨 일일까?

기쁨보다도 어안이 벙벙했다. 이렇게 쉬운 일이었어? 매일 밤 창이 없는 아파트 복도에서 24층 밖으로 몸을 날리는 상상을 하고,

자학하듯이 술을 밤낮으로 마시고, 돌이킬 수 없는 과거의 어리석은 선택을 자책하며 온 하루가 고통에 범벅되어 살았는데, 알약 두 개로 전부 해결 가능한 거였어?

내 현실은 하나도 바뀌지 않았는데, 부정적인 감정들만 휘발된 이 현상을 어떻게 이해해야 하지?

약간의 황망함을 안고서 대체 내가 먹은 약이 뭔지 인터넷으로 검색했다. 부작용 같은 것보다도 대체 무슨 원리로 사람 기분을 순식간에 바꿔놓은 건지 궁금했다.

의사의 처방에 따르면 매일 아침 식사 후 두 개의 알약을 먹고 정오쯤 다른 하나를 추가 복용하라고 했다. 오전에 먹는 두 개 알약 중, 흰색 원형에 표면에는 'GX CH7' 글자가 적힌 것이 '웰부트린'이다. 이 약의 주요 성분인 부프로피온은 신경전달물질인 도파민의 재흡수를 억제해 기분을 좋아지게 한다.

도파민 재흡수를 억제하는데 기분이 좋아진다고? 도파민이 나와야 쾌감을 느끼는 것 아니야? 이건 뇌의 신경전달 과정을 이해해야 알 수 있다.

도파민성 신경세포 말단에서 도파민이 분비되면 신경세포와 신경세포 사이 공간인 '시냅스 간극'을 지나, 다음 신경세포의 '수용체'에 도달한다. 이렇게 수용체 활성화의 임무를 다한 도파민은 원래 분비됐던 신경세포 말단의 '수송체'에 의해 다시 거둬들여진다.

그러니까 도파민 재흡수를 억제했다는 건 수송체가 도파민을 흡수하는 걸 막아 시냅스 간극에서 머물며 수용체를 계속 활성화하도록 해 쾌감을 이끌어낸다는 뜻이다. 부프로피온은 이런 작용을 통해 마치 술을 마셔 도파민 분비가 과도해진 것과 비슷한 효과를 낸다. 나처럼 지속적인 우울감에 빠진 사람이 웰부트린을 복용하면 기분이 고조되어 일반인의 상태만큼 회복되는 것이다.

또 다른 알약은 타원형의 하늘색, '아빌리파이'다. 원래는 조현병 약으로 쓰였는데 우울증 치료에도 효과가 있다는 것이 밝혀졌다. 제조사인 오츠카제약은 ABILITY(능력)와 SATISFY(만족) 두 단어를 합쳐 '환자의 유능감을 충족시킨다.'라는 의미에서 약 이름을 아빌리파이라고 지었다.

의사가 이 약을 처방하며 설명해주기로는 자책을 줄이는 효과가 있다고 했다.

"자책을 없애주는 약이라고요?"

의사의 설명을 듣고 나는 꿈꾸는 듯한 표정으로 되물었다.

"그게 정말 약으로 가능한 건가요?"

우울함이 내 인생이라는 그림에 칠해진 어두운 바탕색이라면 자책은 디테일한 스케치다. 우울함은 말이 없다. 그저 가라앉는 정서일 뿐이다. 그러나 자책감은 엄청난 수다쟁이다. 마치 또 하나의 내가 존재해 내 귀에다 대고 온갖 악담을 퍼붓는 것처럼 지치지도 않고 하루 종일 나를 상처입혔다. "너는 남들보다 무능해. 기회가 있었는데도 제대로 해내지 못했어. 너 같은 형편없는 사람이 아이를 낳다니."

그런데 이 약을 먹고 난 후부터 그 목소리가 사라졌다. 나는 더 이상 과거를 복기하며 지난날을 후회하지도 않고, 남들과 비교하며 스스로를 수치스러워하지도 않았다. 나는 멀쩡했고 더 이상 우울하지 않았다. 나를 옮아매던 저주에서 풀려난 기분이다.

아빌리파이의 대단하고 즉각적인 효능에 비해 뇌에 작용하는 원리는 간단하다. 도파민이 과도하게 분비되면 수용체에 작용해 그 농도를 낮춰주고, 도파민이 부족하면 효능제로 작용해 농도를 높여준다. 도파민을 적정 수준으로 유지해줌으로써 사람이 지나치게 흥분하거나 축 처지지 않게 된다.

이게 자책감과는 무슨 상관일까? 우울한 기분은 우울한 사고로 이어진다. 그 사고의 대부분은 자책이나 후회, 수치심이다. 사람의 기분을 진정시켜주는 작용을 통해 우울감 자체를 막아 우울한 사고로 가는 것을 막아주는 것이다. 그래서 내 귀에 울려 퍼지던 자책의 소리가 사라진 거다.

오전에 한 번 먹는 약들만으로도 나는 원하던 효과를 충분히 얻었다. 하루 종일 술을 마시고 싶다는 생각도, 마시고 싶다는 기분도 단 한 번도 들지 않았다. 그건 두 달 만에 처음 있는 일이었다. 마치 애초에 그랬던 적이 없는 것처럼 매일 술을 갈구하던 갈증이 순식간에 사라진 것이다.

문득 다른 사람들도 이렇게 약을 먹자마자 돌변하는 건지 궁금해졌다. 알코올 문제를 겪고 있는 몇 명의 친구들 얼굴이 떠올랐다. 끼니마다 술을 마시고 밤에는 독주를 몇 잔씩이나 연거푸 마셔야 잠이 들던 T는 나보다 몇 달 앞서 정신과에서 진료를 받고 약을 먹었다. 효과가 있냐는 물음에 T는 "확실히 술 마시고 싶은 생각이 없어졌다."라고 말했다.

하지만 얼마 가지 않아 T는 약 복용을 중지했다. 약을 먹으면 어지러워서 도저히 견딜 수가 없다는 게 이유였다. 항정신성 약물은 사람에 따라 부작용이 있거나 잘 맞지 않을 수 있기 때문에 처방을 바꿔가며 환자에게 맞는 약을 찾아가는 과정이 필요하다. T는 그걸 견디지 못하고 치료를 중단해버린 거다. 그에 비해 별다른 부작용 없이 약의 효과를 제대로 본 나는 운이 좋은 편이었다.

대학교 동기인 E는 고약한 술주정으로 유명했다. 만취해서 친구의 신상 폴더폰을 맥주 3000시시 통에 빠뜨렸고 술기운에 벤치에서 잠들며 풍찬노숙을 했다. 버라이어티한 그 친구의 주사만으로도 지인들 사이에서는 훌륭한 술안주가 됐다. 그녀의 문제는 취하면 취할수록 더 마시려 든다는 거다. 언젠가는 진지하게 "알코올 중독 문제로 상담을 받아야겠다."라고 말하던 게 기억난다.

E에게 메시지를 보냈다.

"너 알코올중독 때문에 병원 간 적 있어?"

"아니. 정신과는 안 가봤고 대신 심리상담만 받았지."

"약은 안 먹어봤어?"

"응. 왜?"

"나 요즘 정신과에서 알코올중독 약 먹는 중."

"헉. 넌 많이 안 마시잖아?"

"너에 비해 그렇다는 거겠지."

"난 약은 안 먹어봤어. 상담은 받았는데 선생님이 그러더라. 그 좋은 술을 왜 끊냐고. 대신 만취하지 않게 조절하는 요령은 배웠어."

상담사가 알려준 요령이란 게 별 대단한 건 아니었다. E는 술에 취할수록 더 마시려 드는 습관이 있으니까 취할 것 같은 느낌이 드는 그 시점에 술 대신 다른 행동을 해보라는 조언이었다. 물을 마시거나 안주를 먹거나 화장실을 자주 가거나 하는 식으로 술을 퍼마시려는 충동에서부터 주의를 돌릴 다른 행동을 습관으로 굳히라는 거다. 사소해 보이지만 E는 실제로 이 방법으로 예전처럼 만취하도록 마시는 버릇을 꽤 고쳤다고 한다.

"많이 나아졌어. 상담사에게 이런저런 속 얘기를 털어놓으면서 스트레스가 풀리고 그 덕분에 음주량이 줄어드는 효과도 있거든. 그리고 병원에 간다는 건 술을 끊겠다는 결심 아니야? 난 도저히 술을 끊을 엄두는 안 난다."

E는 내게도 상담을 권하며 말했다.

그러고 보니 병원까지 가면서 술 문제를 해결하겠다고 결심했지만, 술을 끊겠다거나 일주일에 얼마 정도만 마시겠다거나 하는 구체적인 목표를 딱히 세우지 않았다. 솔직히 술을 완전히 끊을 자신은 도저히 없었다. 그럼 음주량을 줄일 건가? 줄인다면 얼마나 줄여야 할까? 아니, 그보다 약을 먹으면 술은 아예 못 마시게 되는거 아냐? (이 부분이 가장 걱정됐다.)

"약 먹고 술 마시면 부작용이 있을까 봐 아예 약을 안 드시는 분도 있는데, 절대 그러면 안 됩니다. 약은 무조건 먹어야 해요. 설사 술을 마신다고 해도요."

단번에 끊을 수는 없을 테니 차차 줄이되 약은 꼭 먹으라는 신신당부였다. 만약 음주에 부작용이 있는 약이었다면 아마 난 약을 먹지 않는 한이 있어도 술은 포기하지 못했을 거다. 실제로 중독자들 대부분은 정신과에 가서 치료를 받게 되면 술을 완전히 끊어야 할 거라는 두려움 때문에 일부러 병원을 찾지 않는다.

한편으로는 금주약을 먹으면서 술을 먹으면 평소와 뭐가 다를지 궁금해지기도 했다. 혹시 부작용이 있는 건 아닐까? 그리고 바로 그날 저녁, 약을 먹으면서 술을 마시면 어떻게 되는지 시험해볼 기회가 생겼다.

약을 처음 먹은 그날, 남편이 치킨과 맥주를 배달시킨 것이다.

입맛을 잃은 술꾼의 비애

"아으, 써! 이걸 무슨 맛으로 먹어?"

"하하. 술은 어른이 되어야 맛있어지는 거야."

내가 처음 술을 맛본 건 일곱 살 때다. 매주 가족 외식으로 찾던 동네 통닭집에서 아빠가 장난삼아 한 모금만 마셔보라고 했다. 엄마는 옆에서 질색팔색, 노발대발이었지만 나는 호기심이 앞서 서너 모금이나 꿀떡꿀떡 마셨다.

아빠는 놀라워 하면서도 "역시 내 딸!"이라며 껄껄 웃었다.

"이렇게 맛없는 걸 아빠는 왜 그렇게 많이 마셔?"

"너도 나중에 커봐라."

아빠는 언젠가는 너도 술맛을 알게 될 거라고 애매하게 대답했다. 나는 막연히 '어른이 되면 쓴맛을 잘 못 느끼게 되나 보다.'라고 생각했다.

이제야 조금 알 것 같다. '술의 맛'에는 그 향과 산미, 쓴맛, 단맛 외에도 가장 중요한 요소가 있으니, 바로 '취기'이다. 우리 뇌에 작용해 도파민을 분비시켜 기분을 들뜨게 하는 것, 또는 마시기도 전부터 취기에 대한 기대로 이미 술을 마신 것처럼 반응하게 만드는 것. 이런 뇌 신경상의 변화가 '맛'에도 반영되는 거다. 일곱 살 아이가 마시기에는 그저 쓸쓸한 맥주가 30대 후반의 샐러리맨에게는 다디단 감로수처럼 느껴진 것은 그 음료가 가져다줄 만족감, 느긋하게 긴장을 풀어주는 효과가 '맛'이라는 주관적인 감각에 영향을 줬기 때문이다.

알코올의존 치료제를 먹고 술을 마신 날, 나는 그 사실을 뼈저리게 깨달았다.

치킨과 맥주가 잔뜩 차려진 식탁에 앉아 맥주를 마실까 말까 잠시 망설였다. 술을 마시지 않으면 남편은 내가 교통사고라도 당한 듯 펄쩍 뛰며 무슨 일이냐며 캐물을 거다. "요즘 술이 과해 정신과에서 약을 좀 타왔다."라고 말한다면 그 뒤의 상황은 더 귀찮고 짜증 나겠지.

그냥 제일 편한 방법을 택했다. 오늘 하루만 맥주를 마시자.

아직도 기름이 뜨끈뜨끈한 닭 다리를 하나 바삭 베어 물고 맥주 한 모금을 마셨다.

'어라?'

평소와 맛이 다르다. 뭐가 다른지는 콕 집어 말할 수 없지만, 아무튼 다르다. 몇 모금을 더 마셔본다. 임신했을 때 마시던 무알콜 맥주, 타는 듯이 끓어오르던 맥주에 대한 갈증을 달래기 위해 대신 마시던, 하지만 더럽게 맛이 없어서 욕설이 나오던 그 빌어먹을 음료와 비슷하다. 약을 먹기 전과 먹은 후의 술맛에 무슨 차이가 생긴 건지 곰곰 생각하다 딱 정확한 표현을 찾았다. '감흥이 없다.'

술을 즐기지 않는 사람조차 거부할 수 없는 게 치맥인데 오늘의 맥주는 너무도 맛이 없었다. 술에서 영혼이 다 빠져나간 느낌이다. 아무래도 이상해서 큰 캔 하나를 오기로 마셔봤지만 마지막 한 모금까지 실망스러웠다.

이건 아까 오후에 먹은 '날트렉손'이라는 알코올중독 치료제, 내 병을 치료하는 데에 가장 중요한 약물의 영향 때문이었다. 독일산 최종병기 같은 이름을 가진 이 약은 항갈망제, 즉 갈망을 억제해 주는 효과를 낸다. 놀랍지 않은가? 인간 내면에서도 가장 폭풍처럼 휘몰아치며 스스로를 통제할 수 없게 만드는 감정이 바로 갈망인데, 그걸 알약 하나로 멈출 수 있다니!

날트렉손은 원래 오피오이드(마약성 진통제) 계열의 마약, 특히 헤로인 중독 치료용으로 개발됐는데, 알코올중독에도 효과를 보여 약으로 사용되고 있다. 우리가 술을 마시면 알코올은 오피오이드 수용체와 결합해 도파민 회로에서 도파민 분비를 증가시킨다. 음주를 하면 기분이 좋아지는 원리다. 날트렉손은 오피오이드 수용체에 길항효과(두 개의 요인이 동시에 작용해 서로 그 효과를 상쇄하는 것)를 일으킨다.

쉽게 말해, 술을 마셔도 기분이 좋아지지 않는 것이다.

나는 침통한 표정으로 세상에서 가장 맛없는 맥주를 억지로 들이켰다. 짜고 기름진 치킨을 한 입 뜯고 나서 시원한 맥주로 입가심하는 그 쾌감과 만족감은 비정한 날트렉손 한 알에 의해 무참히 차단당했다. 차라리 치킨에 딸려 온 펩시콜라가 훨씬 더 맛있었다.(탄산음료에 들어간 어마어마한 양의 당분 역시 신경계에 작용해 만족감을 준다.)

맥주를 갓 따서 꿀떡꿀떡 마신 후 나른하게 늘어지며 온 세상을 향해 관대해지는 그 느낌! 그것이 없다면 도대체 왜 술을 먹겠느냔 말이다! 결국 치맥을 한 캔으로 끝내고 자리에서 일어났다. 성인이 되고 나서 처음 있는 일이었다. 대학 시절 학교 앞 치킨집에서 친구와 각 3000시시를 마셔 해치우던 패기는 이제 사라지고 없다. 나는 오르가슴을 잃어버린 「섹스 앤 더 시티」의 서맨사가 외친 유명한 대사처럼 속으로 울부짖었다. "다 사라졌어!(IT'S GONE!)"

하지만 곧 정신을 차렸다. 이 상황에서 술맛이 예전 같지 않다고 슬퍼하다니 나도 참 어지간히 글러먹은 놈이다. 술 좀 줄여보겠다고 정신과까지 가서 약을 타왔는데 원래대로 꿀맛이라면 그게 약이겠는가? 알코올중독 치료제의 작용을 몸소 경험해보니 그 원리도 얼추 이해가 가는 듯하다. 마셔봐야 쾌감이 없으니 술에 대한 갈망도 줄어들겠지.

실제로 날트렉손은 알코올 섭취로 인한 쾌감을 떨어트려 뇌의 보상경로에서 알코올의 긍정적 강화 효과를 감소시킨다. 어렵게 줄줄 썼지만 간단하다. 술이 주는 쾌감이 사라지면서 술에 대한 갈망 또한 줄어드는 거다.

알코올의존 성향이 강한 사람은 터럭만 한 빌미만 생겨도 술 마실 궁리를 한다. 앞서 설명했듯 술을 연상시키는 것만 보고 들어도 음주할 때 활성화되던 도파민 회로가 반응하면서 미친 듯이 술이 당기는 것이다. 날트렉손은 이 갈망감을 억제해 단주를 유지하게 해준다.

그럼 이 약만 복용하면 나는 단주를 할 수 있을까?

우울증 약, 알코올중독 치료제와 더불어 살게 된 지 일주일. 내 삶은 이전과 꽤 달라졌다. 우울감과 자책감, 자꾸 과거를 회상하며 괴로워하는 습관을 고친 것은 물론이고 부정적인 느낌이 줄면서 짜증 역시 덜 부리게 됐다.

전반적으로 나는 정갈하고도 단정한 사람이 됐다. 아침 시간, 아이는 여느 때와 같이 뭉그적거리며 세수와 양치를 미뤘지만 나는 히스테릭하게 성질을 부리는 대신 인내심 있게 기다려줬다. 아이는 처음에는 얼떨떨해하다가, 며칠 동안이나 내가 부드럽게 대하는 걸 보고는 마치 화답이라도 하듯 평소보다 훨씬 온순한 태도를 보이기 시작했다.

무기력에 빠진 몸에 약을 투여하니 갑자기 활력이 돈다. 늘 미루던 설거지를 매일 한 번씩 꼬박꼬박 하고, 외식으로 때우던 식사를 직접 요리해서 먹기 시작했다. 그리고 또 하나 마음에 드는 점! 잠이 줄었다! 새벽 5시면 눈이 번쩍 떠졌다. 덕분에 아침 시간을 넉넉히 활용해 기사를 보거나 해야 할 잡다한 일들을 처리할 수 있었다. 자정 넘어 잠들어도 반쯤 깬 듯이 가수면 상태가 이어지다가 꼭 두세벽이면 눈에 핏발을 세우며 벌떡 일어났다. 사실 이건 장점이 아니라 단점이었지만, 어쨌든 활력 있는 삶에 잠까지 줄어서 더 생산성이 높아진 기분이었다.

아무튼 가장 중요한 건 술을 끊을 수 있는지 여부다.

약을 복용한 첫 주는 아주 수월했다. 술에 대한 갈망이 거의 없어 마시지 않기 위해 애써 노력하지 않아도 됐다. 두세 번은 음주를 했지만 맥주 한 캔 정도로 대단한 양은 아니었다. 앞서 말했듯 진정한 '술맛', 취기가 돌고 흥분되는 느낌이 나질 않으니 폭음할 이유가 없었다. 마셔봐야 피곤하고 머리가 무거워질 뿐이다. 절주에 성공하긴 했지만 대신 이 비정한 날트렉손이 내 인생의 유일한 환희를 빼앗아간 셈이다.

'아니, 아니 이게 아니지. 어쨌든 술을 줄이게 된 건 환영할 일
이잖아.'

술 좋아하는 사람들은 다 알 텐데, 취중에 느끼게 되는 음주
특유의 '바이브'가 있다. 기분이 좋아지고 흥이 나면 '한잔 더, 한잔
더' 마시게 되고, 술에 취해 이성이 점점 손끝에서 미끄러져 내려가
는 아찔함 속에서도 더 마시고 또 마시고 싶어지는 것. 언덕을 내려
가는 수레가 가속도가 붙어 마지막엔 도저히 멈출 수 없게 되는 것
처럼, 스릴 넘치는 음주라는 질주에 몸을 맡기게 된다.

하지만 약을 먹은 후의 내 음주는 평지에서 리어카를 끄는 느
낌이다. 아찔한 도약도 없고 번지점프 같은 스릴감도 없다. 그냥 어
기적어기적 한 잔 한 잔을 욱여넣을 뿐. 호쾌하게 한 잔을 단숨에 들
이켜고 나면 속에서부터 뜨끈한 열기와 함께 신나는 기운이 올라오
는 그 느낌이 완벽하게 실종됐다.

약이 가져다준 뜻밖의 부작용에 망연자실하다가 문득 궁금
해졌다. 만약 내가 평생 약을 먹으며 음주를 조절해야 한다면 어쩌
지? 이렇게 술이 주는 쾌감을 잃은 채로 살아야 할까, 아니면 알코
올의존 성향을 뜯어고치지 못하는 한이 있어도 차라리 약을 끊고
술과 취기를 음미하며 살아야 할까?

이건 전혀 생각지도 못한 지점이고, 금주를 할지 말지보다 더

근본적인 차원에서의 고민이다. 20년간 내 삶의 버팀목이 되어온 '음주의 즐거움'을 잃는다는 생각만으로 식은땀이 나고 정신이 아득해진다. 그렇다고 약 복용을 중단한다면 또 대책 없이 중독의 구렁텅이로 굴러떨어질지 모른다. 그럼 술이 아무런 희열을 주지 못하는 지금의 상태로 평생을 살라고? 동공이 흔들리고 입이 바싹 마른다. 어떻게 하지?

　다시 한번 냉정을 되찾고 생각해봤다. 이 지점에서 망설이는 것 자체가 술에 대한 집착 어린 사랑을 그만두지 못하고 있다는 증거다. 술이 주는 기쁨에 너무 오랫동안, 너무나 전적으로 기대고 있었기에 밑바닥을 친 지금 상황에서도 '술맛이 어쩌고' 운운하고 있는 것이다. 세상사 얻는 게 있다면 잃는 게 있다. 정상적인 삶, 멀쩡한 정신을 되찾기 위해서라면 마땅히 취하는 즐거움은 미뤄두어야 한다.(내심 언젠가 중독이 완전히 치료되면 술을 온전히 즐길 수 있겠지 하는 기대도 있다.) 고민하거나 망설이지 말고 일종의 정언명령처럼 내 안에 다짐을 새겨 넣어본다. 술이 주는 쾌감이고 뭐고 간에 약 먹고 정신 차리고 산산조각 난 내 정신과 엉망이 된 생활을 다잡아야 한다고.

단주냐 절주냐

"요즘 술을 끊었다는 소문이 있던데?"

밤 11시쯤, 미국에 연수를 가 있는 지인으로부터 메시지가 왔다. 나는 멈칫하고 마시던 술잔을 내려놨다. 지금 마시는 술은 '진 바질 스플래시'. 남편이 베란다에 만든 텃밭 화분에 바질이 잘 자랐는데 요리를 안 하니 쓸데가 없었다. 술꾼의 머리에는 요리보다도 술이 먼저 떠오르는 법. 검색해보니 진 바질 스플래시라고 바질을 으깨서 진과 레몬즙, 토닉을 섞어 만드는 간단한 칵테일이 있었다. 마침 집에 재료도 다 있겠다, 물병에다 재료를 다 때려 넣고 셰이크 잇 셰이크 잇, 제법 그럴싸하게 흔들고 체에 걸러 잔에 부었다.

은은한 연두색이 감도는 칵테일 완성. 바질과 진의 향, 시트러스 맛이 잘 어울린다. 잔을 들어 흐뭇하게 한 모금 맛본 그 타이밍에 메시지가 온 것이다. 나는 내용을 확인하고 생각에 잠겼다.

중독자는 술을 완벽하게 끊어야 치료가 가능한 걸까? 병원 치료를 시작한 지도 어언 4개월, 하지만 나는 술은 전혀 끊지 못하고, 아니 끊지 않고 있었다. 처음 병원에 갈 때만 해도 당연히 술은 완전 금지될 거라 생각했는데 의외로 의사는 관대했다. "조절해봅시다." 라는 쿨한 한마디와 함께 "일주일에 세 번만 마시는 걸로 줄이자." 라고 제안했다. 나는 감사의 마음을 담아 크게 고개를 끄덕였다.

물론 줄이는 것도 쉽지만은 않았다. 날씨가 우중충하던 어느 날, 갑작스레 충동이 휘몰아쳐서 오전부터 배달음식에 술을 마신 적도 있다. 취해서 뻗어 자고 일어나서는 수치심과 죄책감에 휩싸여 더 우울해졌고, 그 감정을 달래러 저녁에 또 한잔했다. 어느 날은 병원에 가서 의사에게 "술은 아주 잘 줄이고 있어요."라고 순한 양의 얼굴로 대답하고는 돌아오는 길에 슈퍼에서 화이트와인 한 병을 사서 점심과 함께 먹기도 했다. 부끄러운 행동이라는 걸 뻔히 알면서도 강렬한 충동에 져버린 내 심정이 얼마나 참담했는지 모른다.

술의 힘은 강력하다. 인력이 있는 것처럼 나를 끌어당겼고, 난 의지가 박탈당한 느낌으로 술병에 손을 댔다. 나는 일방적으로 차인 전 여친이 된 기분이었다. 안 된다는 걸 알면서도 계속 옛 애인에게 문자를 보내고 전화를 하듯 술에 대한 생각을, 그 미친 듯한 집착을 멈출 수가 없었다. 그만하자고 생각하면 할수록 더욱더 강하

게 샘솟는 갈망에 좌절했다. 그렇게 우울함이 밀려들고 또 술 생각
이 간절해지는 악순환이었다.

물론 약을 복용하고 있으니 충동과 갈망이 예전보다는 훨씬
덜하긴 했지만, 처음 진료를 받고 난 직후처럼 드라마틱하게 술 생
각이 사라지고 우울함이 싹 가시는 그런 효과는 나지 않았다. 결국
약에도 한계가 있었던 거다.

어느 날은 사소한 고민에 머리를 감싸 쥐다가 이상한 증상까
지 나타났다. 그날따라 희한하게 뭔가를 해내고 싶다는 성취 의욕
이 물밀듯이 일었다. 문제는, 유튜브도 계속해야 할 것 같고 책도 써
야 할 것 같은데 내게 시간은 한정되어 있다는 점이다. 둘 다 놓치고
싶지도 않았다. 어찌해야 할지 마음만 다급하고 속은 터질 것 같다.
갑자기 가슴이 갑갑하고 누가 목을 조르는 듯 숨이 막혔다. 며칠 후
진료에서 의사는 내 증상을 듣고 곰곰 생각하더니 우울증이 아니
라 양극성장애라는 결론을 냈다.

"조증과 울증이 널을 뛰니까 어느 순간은 의욕이 샘솟다가 갑
자기 우울해서 바닥으로 고꾸라지는 거예요."

"하지만 저 스스로는 조울증 비슷한 느낌조차 받아본 적이 없
는데요?"

"약한 수준의 양극성장애라 스스로도 감지가 안 되는 거죠.
그동안 먹던 약에 다른 약을 더해 처방해드릴게요. 아마 공황 같은

증상은 없어질 겁니다."

의사의 처방은 정확했다. 그전에 항우울제와 알코올중독 치료제만 먹을 때엔 이것도 해야 하고 저것도 해야 한다는 식의 조급함과 불안이 가득했다. 과도한 의욕이 오히려 내 목을 조르는 느낌이었다. 양극성장애 치료제를 먹고 나서는 이런 불안감이 사라지고 안정이 찾아왔다. 내게 주어진 시간과 능력이라는 자원은 한정되어 있으니 할 수 있는 것을 하나씩 해보자고 마음속으로 정리가 됐다.

감정의 기복이 사라지자 그에 비례해 술에 대한 갈망도 확 줄었다. 낮에 술을 마시는 버릇은 완전히 고쳤고 저녁에 마시더라도 혼자서는 딱 한두 잔으로 그쳤다. 이유는 간단하다. 그전에는 술을 마셔야만 불안과 우울을 가라앉힐 수 있었는데 이제는 예전만큼 불안하고 우울하지 않으니까. 술을 마실 필요도 없고 술을 마셔봐야 기대하는 만큼의 효용도 나오지 않는다. 날트렉손이라는 약이 알코올이 뇌 신경에 미치는 영향을 차단하고 있었다. 술을 마셔도 전 같은 즐거움이 느껴지지 않는다.

그런데 내가 알코올의존 치료 중이라는 걸 아는 사람들이 당연히 술을 끊었을 거라고 여겨 나를 당황하게 했다. "언제 술 한잔하자."라던 권유들은 "조만간 차 한잔하자."라는 말로 바뀌었고, 술 마시는 사진을 SNS에 올리면 조심스레 걱정하는 멘션들이 달렸다. 술을 끊어야 할 사람이 못 끊고 빌빌대며 마시는 것처럼 보일까 봐 걱정될 지경이었다. 정작 나는 안정적인 상태에 접어들어 이틀에 한 번 꼴로 한두 잔을 만끽하는 것에 만족하며 지내고 있는데 말이다.

3년 전 내 알코올의존 성향을 글로 써보자고 생각한 후로 의학 전문가, 임상심리 전문가가 쓴 중독에 관한 책을 여러 권 읽었다. 하나같이 "절주가 아닌, 단주만이 답이다."라고 주장하고 있었다. 정신건강의학과 전문의로 알코올중독전문병원에서 근무한 하종은 박사는 『왜 우리는 술에 빠지는 걸까』에서 단주만이 유일한 희망이라고 단정했다. 로빈 윌리엄스도 20년간 단주 생활을 했지만 다시 술을 입에 대기 시작하면서 알코올중독이 재발했다는 걸 예로 들었다. 그는 죽기 전까지 재활원에 들어가고 나오며 생의 마지막 시간을 보냈다.

하 박사는 "어떤 회복자나 전문가도 절주가 가능하다고 믿지 않는다."라며 "[중독자들은] 한 달에 한두 잔만 마시기로 결심한다거나 덜 독한 술로 주종을 바꿔보기도 한다. 그러나 이런 노력은 한시적으로 성공할 뿐이고 대부분 시간이 흐르면 원래의 음주 습관으로 돌아가게 된다."라고 지적한다. 오히려 술을 끊는 게 절주보다 더 쉽고 가능성이 있다는 것이 그의 의견이다. 하 박사는 "언젠가 술을 마실 수 있다는 가능성이 있는 이상 계속 중독자로 남는 셈"이며 "술을 원하는 만큼 마실 때보다 술을 줄였을 때 금단 증상은 심해진다."라고 설명한다.

직접 알코올중독을 경험하고 겨우 헤어나온 사람들 역시 술을 완전히 끊기를 권한다. 독일의 칼럼니스트인 다니엘 슈라이버는 알코올중독 경험을 담은 에세이 『어느 애주가의 고백』을 썼다. 그에게는 단주가 중독에서 벗어나기 위한 당연한 선택이었다. "알코올중독이 질병이라는 사실을 알고 받아들이는 사람조차도 그것이 자신에 대한 방치나 의지력의 결핍에서 비롯된다고 믿는다. 즉 원하기만 하면 정상적으로 마시는 것이 얼마든지 가능하다는 것이다." 그러나 그는 중독이란 의지의 문제를 넘어서 뇌에 각인된 기억이기에 완전히 끊지 않으면 언제든 다시 중독이 되살아날 수 있다고 말한다. 통렬하게 뼈를 치는 말이다. 또 그는 중독을 질병보다도 삶에 관한 태도의 차원으로 해석한다. "술을 끊은 다음의 삶에 대한 진정성 있는 접근만이 성공을 만들 수 있다. 한때 음주의 원인이었던 갈등과 느낌에 대처하는 것이다." 이 말은 술을 계속 마시는 한은 자기 안의 갈등을 계속 술로 푸는 습관에서 벗어나지 못한다는 뜻으로 해석된다. 살아가는 방식을 바꾸는 차원에서 술을 끊어야 진정한 자기 자신과 대면할 수 있다는 것이다. 그래서 단주는 선택이 아닌 필수다.

이들의 권유처럼 나도 술을 끊어야만 알코올의존 성향을 완전히 벗어날 수 있는 걸까? 솔직히 말하자면, 나는 술을 완전히 끊는다는 것에 회의적이다. 아니, 술을 끊을 것인지 말 것인지 고민하기 이전에, 술을 끊는다는 게 내 생에 가능하기나 한 일일까?

어린왕자는 사막에는 우물이 숨겨져 있기에 아름답다고 말했다. 내 삶이 사막이라면 술 한 잔은 우물이다. 어딘가에 감로수가 가득 담긴 우물이 있기에 모래폭풍 같은 매일을 헤치고 살아갈 수 있었다.

기자 생활 초반 월간지에서 일하던 시절이 생각난다. 한 달에 한 번 있는 마감이 다가오면 기자들은 철야 모드로 돌입한다. 일주일 정도는 매일 자정 무렵 퇴근하고 아예 며칠은 사무실에서 숙식까지 해결했다. 집을 오가는 시간이 아까우니 책상에 엎드려 잠을 자고 회사 건물 헬스장에서 씻고 오는 거다. 그렇게 원고지 150매가 넘는 분량의 기사들을 마감하고 조판 작업까지 끝내면 나는 너덜너덜해진 꼴로 눈빛만은 형형하게 빛내며 술을 마시러 달려 나갔다. '흡주신공'을 발휘하는 도인처럼 술상 위에 놓인 모든 술을 주종 가리지 않고 빛의 속도로 빨아들였다. 연예계의 소문난 주당인 신동엽 씨가 탁자에 소주잔을 내려놓을 틈이 없이 마신다고 하던데, 마감 후의 내가 딱 그런 속도로 마셔댔다. 같이 마시던 선배와 친구들은 고개를 절레절레 젓곤 했다.

결말은 늘 똑같다. 다음 날 새벽, 혼자 사는 자취방에서 숙취에 전 머리로 일어나 엉금엉금 냉장고로 기어가 물병을 꺼내며 '내가 미쳤지, 왜 그렇게 퍼 마셨나.' 자책하는 것이다. 그 시절 내 상사이던 편집장은 월간지 기자의 삶을 가리켜 "폐인 되기 딱 좋은 생활 패턴"이라고 말했다. 미친 듯이 몰아치는 마감 기간이 끝나면 폭음하고 축 늘어져 살다가, 또 폭풍 같은 마감 기간으로 돌입하는 사이클에 사람이 망가지기 십상이라는 거다.

돌아보면 그저 막막하던 기자 초년생의 매일을 술이 있어서 간신히 버텼다. 일을 잘해내고 싶은데 나는 아는 게 쥐뿔도 없는 신출내기였고, 여기저기 들쑤시고 다녀 기삿거리를 건져낼 주변머리도 없었다. 스스로에 대한 실망감이 쌓여가는 가운데 술을 마시면 조금이나마 위안이 됐다. 자신감이 솟고 긴장이 누그러지며 좀 더 여유가 생겼다. 고된 하루를 보낸 스스로에게 주는 상이었고 그 보상이 있기에 내일을 기약할 수 있었다. 좌절감에 휩싸여 잠자리에 드는 대신 별 잡생각 없이 푹 잠들 수 있었다.

몇 년 후 일간지로 옮겨와 매일 마감하는 패턴에 접어들면서는 스트레스가 더 극에 달했다. 마감 독촉이 휘몰아치는 오후 3시 30분, 손가락에 불이 나도록 기사를 쓰고 데스크에게 핀잔을 들으며 부족한 부분을 고치는 와중에 극도의 긴장과 불안을 견디면서 나는 딱 하나만 떠올렸다. 오늘 저녁 내 손에 들려 있을 시원한 술 한 잔. '이거 끝나면 엄청나게 마셔버릴 거야. 순화동 일대의 술은 내가 다 마셔버릴 거야.'

나를 피하는 중요한 취재원들, 상사의 압박, 기획에 대한 고민

등등으로 스트레스에 푹 절어 발걸음 무겁게 회사를 나선다. 하지만 곧 어디 가서 한잔 쭉 들이켜자는 생각만 하면 안도감이 들면서 기분이 들뜬다. 극도로 지친 상태에서 마시는 몇 잔의 술이 고된 늪에 빠져 있던 나를 쑥 끌어올려 활기차게 바꿔준다. 일에 치이고 찌들어 우울하고 지친 사람에서 더없이 유쾌하고 명랑한 사람으로 탈바꿈한다. 일을 끝내고 친구와 마주 앉은 저녁 자리에서, 퇴근하고 돌아와 앉은 식탁에서의 맥주 한 잔에 갖은 피로와 스트레스가 녹아 내려가던 그 느낌. 그 한 모금이, 그 한 잔이 너무나 절실하게 느껴져 한 병은 두 병이 되고, 술 마시는 하루는 매일이 됐다.

가끔은 내가 힘든 일상을 견딘 보상으로 술을 마시는 건지, 술을 마시기 위해 힘겨운 일상을 견디는 건지 헷갈릴 정도였다. 내 노동에 대한 대가로 월급을 받는 게 아니라 돈을 받기 위해 갖은 고통을 감내하는 느낌이 드는 것처럼, 뭔가 주객이 전도된 기분이었다.

이런 삶을 살아온 내게 술이란 단순히 유흥이 될 만한 음료가 아니라 삶을 추동하고 계속 굴러가게끔 해주는 가장 막강한 보상으로 존재해왔다. 그래서 '단주'는 나의 세계관 안에서 성립되지 않는, 개념만이 희미하게 존재하는 단어다. 강렬한 사랑에 빠진 연인이 상대방 없는 세상을 상상할 수 없듯이, 아이를 애지중지 키운 엄마가 아이 없는 삶을 상상할 수 없듯이, 나 역시 술 없는 인생을 떠올릴 수 없다. 한 번도 내 삶의 선택지 중에 포함된 적이 없는, 현실적으로 불가능한 일로 느껴진다.

물론 이게 단단히 잘못된 상태라는 건 알지만 지금 내게서 술을 갑자기 빼앗아간다고 내 뇌에 각인된 보상과 동기부여의 체계가 하루아침에 바뀌지는 않을 것이다. 오히려 보상이 없어진 상태에서 허우적거리다 의지박약인 스스로에게 좌절해 또다시 술이나 엉뚱한 것들에 무한정 의지할까 봐 겁이 난다.

또 하나, 내가 살아가는 현실은 단주를 시도하기에는 너무 많은 유혹으로 가득 차 있다. 간절히 원하는 무언가를 참기 위해서는 개인의 의지만큼 환경이 뒷받침되어야 하는데 한국 사회는 그게 안 된다. 온 사회가 나서서 술을 강권한다.

뉴욕대학교 교수인 애덤 알터는 『멈추지 못하는 사람들』에서 베트남전에 참전한 미군들이 전장에서의 무료함과 불안을 달래기 위해 헤로인에 중독된 사례를 소개한다. 미 정부는 약물에 전 10만 명의 병사들이 귀환한 뒤 사회에 적응할 수 있을지 걱정하며 정신과 전문의에게 조사를 의뢰했다. 그런데 우려와는 달리 미국으로 돌아온 병사들 중 단 5퍼센트만이 재발했다. 보통 헤로인중독자의 완치율이 5퍼센트에 불과한 것과는 천지차이의 비율이었다.

애덤 알터는 "군인들이 헤로인중독에서 벗어난 것은 그들을 옭아맨 상황에서 벗어났기 때문"이라며 "일단 베트남을 떠나자 헤로인 남용 행위를 유발하던 환경에서 벗어날 수 있었던 것"이라고 설명한다. 베트남과 그 주변 동남아 국가들에 순도 높은 헤로인을 만드는 제조시설이 있었던 덕분에 손만 뻗으면 마약을 구하기 쉬웠다. 사이공 노점상들이 헤로인이 담긴 시음용 약병을 공짜로 찔러주는 식이라 누구나 흔하게 마약을 복용했다. 제대 후에는 베트남을 벗어나 헤로인도, 중독자도 드문 미국으로 돌아갔기에 마약에서도 훨씬 쉽게 벗어날 수 있었다는 것이다. 결국 환경이 중독 상태에 절대적 영향을 미친다는 결론이다.

우리 사회에서 술은 헤로인과 비교할 수 없을 정도로 흔하다. 식당과 마트, 편의점, 배달음식점 등등 도처에 널려 있어 손만 뻗으면 움켜쥘 수 있다. 술을 좋아하지 않는 사람이라 해도 사교 모임과 직장 회식 같은 사회생활에서는 최소 한두 잔 마시는 시늉이라도 해야 '정상인' 취급을 받는다. 은근히 술을 강권하는 분위기를 어디에서나 마주치며 그런 권유에도 끝까지 마시지 않는 사람은 스마트폰을 쓰지 않는 사람만큼이나 괴짜로 여긴다.

만약 당신이 의존 성향 때문에 술을 끊고 있다고 대답하면 상대는 마음속으로 당신을 폐인 취급하며 입을 다물고 멀어져가거나, "딱 한 잔은 괜찮아."라며 더 강하게 권할 것이다. 어느 쪽이든 달갑지 않은 상황이다. 가뜩이나 술이 고픈 사람이 이런 환경에서 단주를 할 수 있겠는가.

사실 나도 단 며칠 정도씩이라도 술을 참으려고 노력해본 적이 있다. 대단한 결심을 한 건 아니고 대부분 감기에 걸리거나 임플란트 수술을 했거나 하는 건강상의 이유 때문이었다. 하지만 그조차도 너무 힘들었다. 마시면 안 된다고 생각할수록 평소보다 갈망이 더 심해진다. 대체 왜 그런지, 내 의지가 유독 약한 건지 궁금했다.

『과식의 종말』의 저자 데이비드 A. 케슬러는 음식을 먹지 않기 위해 애쓰는 것이 오히려 더 음식에 집착하게 만드는 현상을 설명한다. "어떤 행동을 피하기 위해 모든 감정적 에너지를 쏟아부을 때 불안해지고 긴장이 된다. 그러면 박탈감이 느껴지고, 박탈감에 굴복함으로써 그 감정을 누그러뜨리려는 유혹에 저항하면서 갈등은 더 커진다." 술을 마시지 않으려고 애쓸 때 느끼는 부정적인 감정이 오히려 술을 더 갈망하게 만드는 원리다. 나는 이걸 단주의 부작용으로 이해했다. 술을 끊어야 한다는 강박이 더 큰 좌절감으로 돌아오고 결국 다시 술에 손을 댔을 때 폭음이라는 최악의 결과로 나타나게 되는 것이다.

이렇게 환경적, 사회적으로도 불가능하며 신체적으로도 너무 어려운 단주 대신에 스스로 조절해가며 마시는 절주의 방식을 택하는 것도 방법 아닐까? 지금은 내가 약을 복용하면서 주량을 잘 조절하고 있기 때문에 스스로 과신하는 걸지도 모르겠다. 지금 상태대로 습관을 한번 구축하고 나면 그 뒤로도 쭉 비슷한 수준을 유지할 수 있을 것 같다,

하지만 이런 생각들조차 내가 계속 술을 마시고 싶어서 필사적으로 머리를 짜낸 결과일지도 모른다. 단주할 수 없다고 이미 결론 내린 사람은 음주 외의 생활방식을 상상조차 하지 못하니까. 혹시 술을 절제하겠다면서 계속 조금씩 마셔대는 건 헤어진 애인과 친구 사이로 남겠다며 어정쩡한 관계를 유지하는 것과 비슷한 거 아닐까? 다들 알다시피 그런 관계는 결코 좋게 끝나질 않는다.

단주와 절주 사이에서 고민하던 차에 친구가 알코올중독 문제로 상담사를 찾았을 때 들었던 말이 떠올랐다.

"폭음하던 사람에게 갑자기 금주하라고 요구하면 오히려 그 기대에 부응하지 못했다는 좌절감 때문에, 혹은 금주의 장벽이 너무 높아서 부담감 때문에 아예 치료 자체를 포기하는 경우가 많아요. 병원을 다니는 사람의 경우 처방약을 아예 먹지 않기도 하고요. 그럴 바에는 의사나 상담사가 조절을 유도하는 게 효과적이기 때문에 단주보다는 절주를 하자고 권하는 거죠. 사실 음주 그 자체가 범법행위라던가 사회적으로 용납받지 못할 일은 아니잖아요."

그 말대로 의존자들은 의사가 금주를 지시할까 봐 두려워 아예 병원 방문을 망설인다. '조절'하며 살아가고 싶다면 의존 성향이 더 심해지기 전에 빨리 조치를 취해야 하는데도 말이다. 그런 관점에서 보자면 절주는 대책 없는 타협이 아니고 좀 더 수월하게 중독의 테두리에서 벗어날 수 있는 현실적인 방법이다. 그러나 확실한 건, 절주와 단주 중 어떤 방법을 택할지는 제삼자이자 전문가인 의사와 상담을 거쳐 정해야 한다. 자기 상태를 섣불리 스스로 판단해서는 안 된다.

그럼 대체 어느 정도까지 스스로에게 술을 허용해야 할까. 음주량을 정하고 스스로 잘 지켜나가지 않으면 말만 절주지 예전의 패턴에서 벗어나지 못하고 그저 자기만족 하는 데 그쳐버린다. 중독의 테두리 밖으로 벗어나지 못하고 주저앉은 채 기분만 내는 것이다. 솔직히 나도 가끔 그랬다는 걸 고백한다. 어차피 약을 먹으면 예전처럼 많이 마시지는 않으니까 괜찮다고 스스로를 다독이며 매일 찔끔 찔끔 마셔댔다.

하지만 스스로를 동여맨 의지가 서서히 느슨해지는 걸 마냥 외면할 수는 없었다. 이제는 현실을 직시해야만 했다. 이대로는 조금만 방심해도 대낮부터 술을 퍼 마시던 예전의 패턴으로 돌아가고 말 것이다.

의사나 상담사, 금주약의 도움을 받는다고 해도 결국 절주를 해내는 것은 자기 자신이다. 단주로 평생 옥죄고 살 자신이 없다면 절주를 해내야 한다! 그런 절박함으로 나는 이틀에 한 번, 혹은 사흘에 한 번만 술을 마시기로 결심했다.

포기할 때 잃어버리는 것들

영화 「소공녀」에는 어려운 여건 속에서도 자신만의 삶의 방식을 고수하며 살아가는 미소(그렇다. 나와 같은 이름이다.)가 주인공으로 등장한다. 집도 없이 친구에게 신세를 지며 살아갈 만큼 가난하지만 좋아하는 위스키와 담배만큼은 절대 포기하지 않는다. 초라한 옷차림을 한 그녀가 어울리지 않게 근사한 바에 앉아 물끄러미 위스키 잔을 쳐다보는 장면이 나온다. 누군가는 그녀에게 얼마 되지 않는 소득 대부분을 위스키에 쏟아부을 가치가 있는지 물어볼지도 모르겠다. 그 돈으로 대신 형편없으나마 월세방을 구하고 먹을 양식을 확보해 좀 더 사람답게 살아보는 게 어때?

하지만 사람답게 산다는 건 어떤 걸까? 최소한의 의식주를 갖추는 것? 누울 잠자리를 확보하는 것?

비슷한 질문을 나, '현실의 미소'에게 묻는다면 어떨까. 당신의 삶을 온통 구멍투성이로 만들어 시간을 줄줄 새게 만들고, 앞으로 나아가지 못하게끔 무기력하게 주저앉히는 알코올. 평생 당신의 발목을 잡아온 그것이 삶을 허비할 가치가 있느냐고, 의존이 심해져 밑바닥 체험을 하고서도 계속 마시고 싶으냐고 묻는다면? 술을 포기하고 좀 더 정상인으로서 충실한 삶을 선택하라고 한다면?

그것이야말로 이 글을 쓰고 있는 도중에도 끝없이 나를 괴롭히는 질문이다. 치료를 시작한 후에는 술잔을 들어 올리는 매 순간 불꽃이 튀듯 첨예한 갈등이 내 안에서 벌어졌다. 한 잔의 술이 두 잔, 그리고 한 병이 되어버려 결국 예전 같은 중독으로 돌아가면 어쩌지? 그런 위험을 감수할 바에는 단호하게 끊는 게 낫지 않을까?

하지만 술은 내가 구축한 삶이라는 문화의 일부이자 내 생을 지배하는 나만의 정서다. 어느새 삶을 사랑하는 방식 그 자체가 되어버렸다. 이걸 포기해버린다면 내 인생은 미소의 재정 상태만큼 텅 비어버릴 것이라는 두려움이 포기하지 못하게끔 만든다. 이것은 그저 마음 편한 핑계일까, 진실로 절박한 애원일까? 만약 내가 금주자가 된다면 어떤 것들을 잃어버리게 될까?

돌연 쌀쌀해진 가을 날씨에 모두가 코트 깃을 한껏 추켜세우고 걷던 날이었다. 해가 막 진 저녁 즈음 상수역에 도착한 나는 마른 플라타너스 잎이 바람에 굴러다니는 홍대 거리를 지나 자그마한 바에 도착했다.

문을 열자 훅 끼치는 온기와 바텐더의 인사가 동시에 맞아준다. 나는 혼자 온 손님 특유의 멋쩍음을 느끼며 바의 가장 구석에 자리를 잡았다. 다행히 혼자인 손님이 두세 명 보인다. 퇴근 후 혹은 지나가던 길에 혼자 칵테일을 마시러 들른 사람들이다.

세상의 술꾼은 두 부류로 나뉜다. 혼자서 바에 가는 사람과 그렇지 않은 사람. 당연히 나는 전자다. 대학생 때도 학교 앞 싸구려 칵테일 바에서 술을 마시면서 학보사 기사를 쓰곤 했다. 막 오픈해서 손님이 없는 술집, 조용하고 어두운 그 공간에 앉아 신경 쓸 사람 하나 없이 내 손에 들린 한 잔의 맛과 슬그머니 감도는 취기만을 오롯이 만끽하는 시간이 좋았다.

하지만 인기 있는 이곳처럼 늘 사람으로 꽉 찬 바에 혼자 가는 데에는 나름의 각오가 필요하다. 다른 손님들이 쳐다볼까 봐 괜히 신경이 쓰이고 무리 지어 온 사람들 사이에서 어색하게 앉아 있는 기분을 견뎌야 한다. 어느 정도 심리적 장벽이 존재하는 취미생활이랄까.

그날도 마찬가지였다. 자리에 앉고서도 스스로가 엉뚱한 장소에 놓인 소품처럼 느껴져 괜히 메뉴판만 열심히 들여다봤다. 바텐더를 불러 차분하게 주문하면서도, '긴장한 것처럼 보이나? 혼자 오다니 너무 궁상맞나?' 하는 생각에 약간 움츠러든다. 쑥스러움이 드러나지 않게 짐짓 여유로운 척, 혼자서 바에 다니는 취미생활이 익숙한 척 최대한 느긋한 표정으로 내부를 둘러봤다.

곧 바텐더가 칵테일을 가져다주며 다정하게 설명한다. "위스키와 ○○과 △△을 섞은 칵테일로……." 뭐가 뭔지 잘 모르면서 연신 고개를 끄덕이며 경청했다. 바텐더는 정중한 고갯짓을 하고 떠났고, 나는 기대감에 차 서둘러 술잔을 들어 첫 모금을 마신다.

약간의 점도가 느껴지는, 자줏빛이 감도는 갈색의 술을 마시자 스모키한 위스키 향이 입안을 꽉 채운다. 들숨에 남는 잔향은 달큼하니 셰리주 맛이 진하다. 가니시로 꽂힌 타임의 알싸한 향이 코에 닿아 아로마가 더 짙게 느껴진다. 맛있다! 오직 나만을 위해 정성껏 제조된, 밀도가 높아 거의 끈적거리며 넘어가는 술을 연달아 들이켜고는 기쁨에 겨워 안타까운 한숨을 내쉬었다. '정말 맛있어! 잘 골랐어.'

그 만족감이 무슨 신호라도 되듯, 비로소 이 '바'라는 작은 세상에 틈새가 생겨나더니 내가 앉아 쉴 아늑한 자리가 마련된다. 마티니의 진과 베르무트가 경계 없이 뒤섞여 하나가 되듯, 이곳의 공기 속에 나도 위화감 없이 녹아든다. 칵테일의 알코올이 혈관을 타고 퍼지면서 취기에 굳은 몸과 마음이 풀릴 때 이곳은 문을 활짝 열어젖히며 나를 환대한다. 나는 칵테일의 풍성한 향과 맛을 만끽하며 앙상하던 마음에 만족감을 채워 넣었다.

현재의 시간을 온통 흐뭇하게 느끼는 게 행복이라면, 나는 지금 온전히 행복하다. 한 잔의 술 덕에 기쁨에 젖었다. 바에 흐르는 흥겨운 이국의 음악과 사람들의 두런두런하는 말소리에서 편안한 온기가 풍기고, 공기에 떠도는 희미한 시가 향은 크리스털 잔 안에 고인 마호가니 빛 술과 근사하게 어울린다. 나는 매끄러운 체리색 바 테이블 위에 턱을 괴고 느긋한 시간을 음미했다. 한 잔의 위스키를 앞에 놓고 세상에서 가장 행복한 표정을 짓던 영화 속 미소가 내 모습과 겹친다. 알지, 그 마음 잘 알지. 어쩌면 그녀는 단지 위스키뿐 아니라 바에 흐르는 고즈넉한 분위기, 그녀만의 보금자리가 되어준 그 오붓한 공간과 아늑한 시간을 사랑했던 걸지도 모른다.

좋은 바에는 손님에게 적당히 말을 걸며 친근함을 표하는 바텐더의 정중한 접객, 오너의 취향에 따라 엄선된 위스키와 리큐르를 한눈에 볼 수 있는 백바, 너무 소란스럽지 않은 선에서 술과 대화를 즐기는 손님들이 존재한다. 우리는 그곳에서만 통용되는 룰과 매너(너무 취하지 않을 것, 다른 손님에게 함부로 말 걸지 않을 것)를 지키며 그곳의 문화를 만끽한다.

괜찮은 와인바에 가면 소믈리에로부터 와인의 향과 맛, 떼루아와 품종에 관한 자세한 설명과 함께 음식과의 페어링까지 추천받는 호사를 누릴 수 있다. 들어본 적도 없는 멀고 먼 이국의 고장 이름, 그 땅에서 키워낸 포도로 빚은 와인들의 개성에 관해 듣고 있자면 오늘 만나게 될 새로운 술에 대한 황홀한 기대감이 차오른다. 그곳은 와인을 즐기는 사람들끼리 만나 즐거운 시간을 보내기 위해 마련된 장소다.

술을 마시는 다양한 공간들은 마치 각각이 하나의 장르인 것처럼 그곳에서 통용되는 룰과 고유의 요소들을 가지고 있다. 그것은 특정한 문화가 되어 하나의 세계를 구축한다. 술과 안주를 최대한 섬세하게 즐길 수 있도록 배려된 공간, 오직 그곳에서만 즐길 수 있는 분위기와 서비스를 좋아하기에 우리는 집에서 홀짝이는 대신 아늑한 이자카야와 단골 호프집을 찾는다. 묵직한 술집의 문을 열고 들어서는 순간 골치 아픈 세상과 단절되어 사랑하는 친구와의 즐거운 수다, 맛있는 안주와 술이 가득한 근심 없는 세계로 미끄러져 들어가는 것이 나와 같은 술꾼들에게는 최고의 기쁨이다.

꼭 값비싸고 격식 있는 공간에 한정된 건 아니다. 격 없이 친한 사람들과 왁자지껄 떠들며 대단찮은 안주를 놓고 소주를 들이켜는 포장마차도, 유재하나 김광석의 노래를 들으며 파전에 막걸리를 마시는 전통주점도 각각 우리가 공간을 찾을 때 기대하는 분위기와 정서를 갖추고 술꾼들을 맞아준다. "나는 술보다 술 마시는 분위기를 좋아한다."라는 말에는 사람들과 어울리는 즐거움 외에도 이런 문화를 향유한다는 의미가 포함되어 있을 것이다.

이자카야의 바 테이블에 앉아 긴 메뉴판을 들여다보며 어떤 안주를 주문할까 고민하는 소소한 기쁨, 치킨집에 앉으며 "이모, 여기 500 두 잔요."를 외치는 순간의 통쾌한 해방감. 술을 끊는다는 건 사는 재미에서 큰 지분을 차지하는 이 모든 즐거움, 나의 취미이자 여가생활을 통째로 포기한다는 뜻이다. 그게 쉬울 리가 있나. 아니, 가능하기는 한 걸까? 그건 내 삶의 일부를 떼어내는 것 같은 상실이겠지.

얼마 전에 내가 다니던 대학 앞에 있는 와인바에 친구 S와 함께 갔다. 학교 근처에 살던 20대 초반 시절 종종 오던 곳이다. 친구가 말했다.

"여기 오면 꼭 에스쿠도 로호 생각이 난다니까. 네가 처음 취직하고 여기에서 나한테 그 와인 사줬잖아. 와인 하나도 모를 때였는데 맛이 너무 좋아서 깜짝 놀랐어."

'붉은 방패'라는 뜻의 에스쿠도 로호는 진하고 묵직한 직관적인 맛에 가격까지 저렴해 대중적으로 인기가 많은 칠레 와인이다. 갓 언론사에 취직한 그때, 태어나 한 번도 만져본 적 없는 거금(?)의 월급을 손에 쥐고서 아직 학생인 친구들에게 돌아가며 한 턱씩 쐈다. 와인의 W도 모르던 우리는 와인바 직원의 추천으로 이 술을 주문했는데, 첫 모금을 마시는 순간 진한 향과 맛이 폭발하는 것처럼 입안 가득 퍼져서 깜짝 놀란 기억이 난다. 내 인생 처음으로 와인을 제대로 대면하고 그 매력에 빠져든 순간이었다. 친구는 지금도 내가 그녀의 집에 놀러 갈 때마다 이 술을 꼭 준비해놓는다. 에스쿠도 로호의 익숙한 라벨을 볼 때마다 처음 이 와인을 마시며 감동하던 기억이 떠올라 미소가 지어진다.

기억력이 나빠 지나간 일은 쉬이 잊어버리는 내게 어떤 술의 이름, 그 맛과 향은 지나간 추억의 페이지를 들추어 보여주는 인생의 책갈피와도 같다. 과거 뜻 없이 흘러갔을지도 모를 순간들은 몇 잔의 술이 함께함으로써 윤택하게 빛나고 인생에서 잊을 수 없는 장면이 되곤 했다.

예를 들어 나는 하이네켄을 마실 때마다 인도를 떠올린다. 스물네 살 입사 직후, 회사의 지시로 취재차 혈혈단신 인도로 2주짜리 출장을 갔다. 세계적인 명문으로 꼽히는 인도 공과대학의 선진 교육 시스템을 취재할 목적이었다. 20대 초반의 아무것도 모르는 애송이, 심지어 해외여행 경험조차 없어 여권에 처음 도장을 찍어본 내가 인도라는 난이도 높은 나라에서 얼마나 긴장을 했는지 모른다. 낮에 현지 코디네이터와 대학 이곳저곳 돌아다녔지만 해가 지고 나서 혼자 할 일은 아무것도 없었다. 현지 사정상 외국인인 내가 혼자 구경 다니는 것도 불가능했으니까.

그래서 호텔 라운지의 바에 내려가 매일 밤 가장 저렴한 주류인 하이네켄을 주야장천 마셨다. 좀 취하고 나서야 그 낯설고 삭막한 첸나이의 호텔 방에서 잠들 수 있었다. 한국으로 돌아오는 비행기를 타기 전, 벵갈루루의 공항에서도 혼자 하이네켄을 까서 홀짝였는데 현지인들이 모두 뚫어져라 쳐다보던 기억이 난다.

그래서 내게 인도의 맛은 시내 유명 호텔에서 먹은 탄두리치킨도, 대학 학생식당에서 먹은, 향신료가 잔뜩 들어가 로션 같은 맛이 나던 카레도 아니다. 이 초록색 캔맥주의 싸하니 청량한 맛이 내게 그 고되고 외롭고 낯설던 인도의 기억으로 남았다.

몇 년 전 가을, 샌프란시스코로 출장을 갔을 때다. 3박 4일 머무르는 동안 출장 일정이 워낙 빡빡해 혼자 관광할 틈을 전혀 낼 수 없었다. 아쉬움을 가득 안은 채 마지막 날을 보내는데, 얼마 전까지 실리콘밸리에 살았던 후배가 메시지를 보냈다.

"언니, 거기에 갔으면 부에나비스타에는 꼭 가봐야 해요."

부에나비스타는 1950년대 미국에서 최초로 아이리시 커피를 팔기 시작한 카페로, 대한항공 광고에도 등장했을 정도로 유명한 관광명소다. 술이라면 사족을 못 쓰는 내가 이 유서 깊은 장소에 가보지 않는다면 두고두고 후회할 것 같았다.

그래서 머리를 짜냈다. 출장 일정 도중 샌프란시스코의 명물인 케이블카를 타는 시간이 있었는데 나는 같이 움직이던 기자단 선배들에게 양해를 구하고 중간에 거의 점프하듯 혼자 뛰어내렸다. 다음 일정까지 남은 시간은 단 30분. 몇 정거장 거리를 미친 듯이 뛰어서 언덕 꼭대기에 있는 부에나비스타에 도착해 거친 숨을 몰아

쉬며 주문했다.

"원 아이리시 커피, 플리즈!"

고풍스럽게 꾸며진 바 너머 흰 재킷과 검은 넥타이를 갖춰 입은 바텐더는 고개를 끄덕이고는 빠르고 능숙한 솜씨로 아이리시 커피를 만들었다. 먼저 아일랜드 위스키를 붓고 그 위에 드립 커피를 붓는다. 여기에 황설탕을 섞은 후 녹진한 크림을 위에 얹으면 완성. 나는 마음이 바빠 스툴에 엉덩이도 붙이지 못하고 바에 기댄 채로 원샷으로 들이켰다.

사실 그 맛은 아주 특별하거나 대단할 것도 없었다. 하지만 출장 도중 작은 일탈의 스릴감, 약도까지 보내며 그곳을 추천해준 후배에 대한 고마움 등이 합쳐지면서 이 따뜻한 칵테일은 내게 특별한 추억의 술이 됐다. 쌀쌀해지는 계절에는 크림을 뺀 아이리시 커피를 만들어 마시며 그 샌프란시스코의 언덕과 부에나비스타를 떠올려보는 거다.

사람의 정신을 흐리게 하고 블랙아웃을 유발하는 술이 오히려 희미해진 과거의 어떤 장면을 또렷하게 소환해 마치 어제 일처럼 느끼게 해준다니 아이러니하다. 하이네켄, 에스쿠도 로호, 준벅, 아란 위스키…… 그 이름 하나하나가 손잡이가 되어 추억의 서랍을 열어준달까. 옛 연인을 생각하면 그 시절 전체가 한꺼번에 떠오르듯, 사랑해 마지않는 술 그 자체가 옛 시절의 기억으로 남았다. 그러니 인생에서 술을 잃는다는 건 추억을 더듬을 생생한 매개체의 상실이자 앞으로 남은 내 생애의 특별한 순간들을 더 빛나게 만들어줄 기회를 잃는 것이다.

집은 없어도 담배와 위스키만은 포기하지 못하던 미소가 갑자기 모든 지출을 그만두고 생계에 보탠다면 그 삶은 조금이나마 안정될 수 있을지도 모르겠다. 하지만 안정이란 뭘까? 우리 각자는 나름으로 빈곤하지만 잠시 잠깐 삶을 비추는, 작고 반짝이는 무언가의 빛에 기대어 살아간다. 그런 삶이야말로 미약하게나마 안정을 찾았다고 말할 수 있는 것 아닐까? 미소처럼 뭐가 가장 큰 기쁨인지 또렷하게 아는 사람이 그걸 포기함으로써 치러야 할 대가가 너무도 큰 건 아닐까?

미소는 이곳저곳 떠돌며 살아가지만 초라하지는 않다는 생각이 들었다. 아니, 오히려 우아해 보였다. 선택의 대가를 치러가며 소소하지만 확실한 행복을 지킨 그녀는 현실적인 몽상가다.

각자가 가진 애착의 대상이 삶에서 얼마만큼의 비중을 차지하는지, 얼마나 중요한지 타인은 절대 가늠할 수 없다. 술은 내 삶안에서 너무도 풍성한 맥락 그 자체로서 존재하기에 가지 잘라내듯단칼에 쳐낼 수가 없다. 그건 내가 시간을 윤색하고 공간을 즐기는 방식이니까.

미소가 위스키를 택하고 궁색한 지갑을 쥐어 짜냈듯이, 나는 술잔을 포기하지 않는 대신 유혹과 충동에 약한 성정임에도 필사적으로 인내심과 자제력을 짜내기로 했다. 중독과 정상 사이에서의 아슬아슬한 줄타기가 되겠지만 단주하지 못하는 전직 중독자가 치러야 할 대가 아니겠는가. 다만 줄타기에 실패하고 다시 나락으로 떨어진다면 그때는 두 번 다시 기회를 주지 않고 냉혹한 단주를 내 현실로 받아들이겠다. 그런 각오로 평소 마시던 와인 양의 절반만큼만 잔에 따르는 요즘이다.

결핍과 중독 사이에서

"술 끊는 약을 먹고 술을 마시면 어떤 느낌이야?"

친구가 내 눈치를 살피며 조심스럽게 물어봤다. 우리는 사당역 근처 호프집 테라스에 앉아 여름 밤바람을 맞으며 맥주를 마시고 있었다. 골목길을 달리는 배달 오토바이 소리가 시끄럽게 울리다 곧 조용해졌다. 나는 한 손으로 테이블 위의 파리를 쫓으며 곰곰 생각했다.

"술을 마셔도 기분이 좋아지질 않아."

"오, 그런 거야?"

"많이 마셔도 피곤한 느낌이 들 뿐이고, 술 마시고 취기 오를 때 특유의 업 되고 흥분되는 느낌이 없어. 그냥 노곤하기만 해."

"그럼 별로 술이 안 당기겠네."

친구는 하하 웃으며 맥주잔을 들었다.

"근데 또 참 신기한 게, 이렇게 술잔이 앞에 놓여 있으면 조건 반사적으로 꿀꺽꿀꺽 마시게 된단 말이지."

나는 술잔을 손가락질하며 말했다.

"딱히 기분이 좋아지지 않아도 '술잔을 들어서 꿀꺽 마신다.' 라는 이 행동 자체에서 느껴지는 만족감이 있거든. 술에 대한 갈 망은 좀 사그라들었지만 술 마시는 행위에 대한 갈망은 여전하달 까……."

친구는 알 듯 말 듯한 표정으로 물었다.

"습관적으로 마시는 건가?"

"어, 그런 거야. 습관. 그리고 모임 같은 데에서는 술 자체뿐 아 니라 다 같이 술 마시는 행위를 함으로써 느껴지는 일체감이나 참 여감도 있잖아? 그런 행위의 반복에서 느끼는 묘한 매력과 만족감 이 있어."

가끔은 내가 뇌를 취하게 하는 향정신성 물질보다 무언가를 마시는 행위 그 자체에 중독된 것이 아닌가 하는 생각이 든다. 대다 수의 술꾼들이 술뿐만 아니라 커피나 차 같은 시원한 음료도 마치 원샷 하듯 순식간에 벌컥 마셔버린다. 남들은 채 두세 모금도 마시 지 않았을 때 나 혼자 컵 바닥을 소리 내어 빨고 있어 놀라는 시선 을 받은 게 한두 번이 아니다.

마시는 행위와 알코올의존은 무슨 상관관계일까? 정신분석학에서는 알코올 사용장애를 겪는 사람이 발달과정 중 구강기에 고착된 것이 먹고 마시는 행위에 집착하는 현상으로 나타난다고도 분석한다. 일종의 구강 의존적 성향이라는 것이다.

"아무튼 술 끊는 약을 먹어도 계속 마시긴 한다는 거구먼?"

"그렇지."

나는 떨떠름한 얼굴을 하고 술잔을 들어 올렸다.

"전 요즘 집에서 보리차를 마셔요."

또 다른 친구가 조언을 해줬다.

"혼술을 줄이려고 맥주 대신 보리차를 만들어 마시거든요."

맥주 대신 시원한 보리차라…… 왠지 공룡 대신 이구아나 같은 소리다.

"그걸로 욕구가 충족되긴 하나요?"

"물론 완벽히 대체되지는 않지만, 뭔가를 마시는 동작과 습관을 대신해주거든요."

일리가 있다. 구강의존 성향으로 먹고 마시는 행위에 집착하는 것이 알코올의존의 원인 중 하나라면 마시는 행위를 다른 음료로 대체하는 것만으로도 제법 도움이 될 것이다. 3~4년 전에 한창 시도했던 것은 보이차였다. 카페인이 있어 각성효과도 있는 데다 많이 마셔도 질리지 않는다. 야밤에 여러 잔을 들이켜다 불면증이 와서 포기하기 전까지는 효과가 꽤 좋았다.

물론 술에 대한 갈망이 완전히 해소되지는 않는다. 취하는 효능이 없다 하더라도 술은 그 자체로도 몹시 아름답고 섬세한 맛을 내는 물질이니까. 여름이면 내가 즐겨 찾는 미국산 샤르도네, 버터같이 매끄러워서 약간의 점성마저 느껴지는 그 화이트와인을 입에 머금으면 산미와 함께 은은한 향이 온 입안에 퍼진다. 한 모금 두 모금 마시면서 느껴지는 느긋함과 여유는 한여름 밤의 정취와 너무나 잘 어울려서, 단지 몇 잔 마시는 것만으로도 소금기 어린 바람이 불어오는 바닷가 테라스에 앉은 것 같은 기분이 든다.

『잃어버린 시간을 찾아서』의 마들렌이 어린 시절의 기억을 순식간에 소환하듯, 언젠가 마셨던 술 한 잔이 아름다운 추억을 되돌려주는 매개체가 된다. 특별한 순간과 기억, 그때의 감정까지 한 잔, 한 모금에 농축되어 있다. 시에라네바다 페일에일을 마시면 어느 가을, 하늘이 시리게 푸르던 샌프란시스코로 출장 갔던 일이 생각나고, 산미가 맛있게 딱 떨어지는 산지오베제 레드와인을 마시면 이탈리아로 갔던 길고 긴 여행이 떠오른다. 그 한 병 한 병마다의 개성과 특질, 향과 맛과 질감이 우리 삶의 순간마다 스며 있는데, 도대체 어떤 음료로 대신할 수 있겠는가!

하지만 나는 불평할 처지가 못 된다. 밤마다 목구멍의 타오르는 듯한 갈증을 달래려면 최대한 술을 대체할 만한 음료를 찾아내야 한다. 무료한 밤이면 부엌에 서서 탄산수에 과일청을 타거나 허브차를 시원하게 우려내어 '이건 술이다. 여기에는 알코올이 들었다.'라고 되뇌며 꼴깍꼴깍 마셔댔다.

맥주의 청량감이 주는 만족감을 최대한 비슷하게 재연하려면 탄산이 들어간 음료가 적당하다. 나는 여름 동안 탄산수에 페퍼민트 차를 냉침해 꿀을 탄 '허니페퍼'(내가 만든 이름)를 즐겨 마셨다. 페퍼민트 특유의 화한 향이 여름밤의 더위와 갈증을 단번에 달래주는 느낌이다. 기왕 금주하는 김에 저칼로리 음료로 대신하면 좋겠지만, 술이 고열량 음료이기 때문에 대체품에도 당분, 즉 열량이 어느 정도 있어야 한다. 맥주는 작은 캔 기준 140킬로칼로리, 소주는 340킬로칼로리(밥 한 공기보다 많다.)다.

평소 술을 즐기다가 갑자기 금주하면 케이크 같은 당분 많은 디저트류에 구미가 당기곤 하는데, 술로 섭취하던 당분과 열량이 갑자기 훅 줄어들어 몸이 추가 열량을 요구하는 현상이라고 한다. 단것을 싫어하는 내가 임신했을 때는 유독 과일과 케이크 등 단 군것질거리를 찾았던 것도 그래서였나보다.

'마시는 행위'는 이렇게 다른 음료로 어찌어찌 대체한다 치자. 하지만 내 욕구의 총합에서 술로 채우던 부분이 쑥 빠져나가자 그 부족분을 채우기라도 하려는 듯 다른 버릇이 생겼다.

한동안 나는 인터넷 쇼핑에 집착했다. 자질구레한 옷가지를 매일 하나씩 인터넷으로 사들였다. 틈 날 때마다 포털사이트 쇼핑 페이지를 살펴봤고 인스타그램에 광고로 뜨는 쇼핑몰마다 일일이 들어가보며 아이쇼핑에 엄청난 시간을 낭비했다. 거의 강박에 가까울 정도로 몇 시간을 핸드폰을 붙잡고 눈알을 굴리며 옷들을 관찰했다. 그렇게 고른 옷들은 별로 특별할 것도 없었다. 무난한 여름용 반바지, 역시 무난한 핑크색 반팔 셔츠. 사지 않아도 딱히 곤란하지 않은, 쓸모가 절실하지 않은 물건들.

하지만 이상하게 전에 없이 사고 싶다는 열망이 들끓어서 참을 수가 없었다. 꽉 찬 옷장, 몇 번 입지도 않은 채 걸린 옷들, 누적되는 카드값을 떠올리며 '참자, 참자.'를 되뇌지만 갖고 싶다는 욕망이 너무 강렬해 결국엔 결제 버튼을 누르고 카드 정보를 입력하고 마는 것이다.

쇼핑몰에 흘러넘치는 수많은 옷들을 탐색하는 내 눈빛은 마트 와인 세일에서 장바구니를 전투적으로 휘두르며 골라 담을 때의 눈과 비슷하다. 드디어 택배 상자가 도착했을 때 박스를 뜯는 기분은 처음 마시는 와인을 두근대며 오픈하는 것 같다. 결국 꽉 찬 옷장에 새 옷을 밀어 넣을 때의 죄책감 역시 만취한 다음 날의 후회와 똑같다. 결국 나는 술로 취하던 재미를 옷 쇼핑으로 대체하고 있었다.

하나의 중독을 해결하니 다른 중독이 또 시작된 것을 어떻게 설명해야 할까. 나처럼 치료를 위해 약물을 복용하고 나서 또 다른 중독 증상이 나타난 사례를 뇌세포 연구의 세계적 권위자 데이비드 J. 린든이 쓴 『고삐 풀린 뇌』의 파킨슨병 환자들 이야기에서 찾을 수 있었다.

파킨슨병에 걸리면 도파민 뉴런이 파괴되는데 이걸 보완하기 위해 도파민 작용을 끌어올리는 약물을 복용하게 된다. 그런데 의료진은 약을 처방받은 환자들 중 일부가 도박에 중독되거나 위험한 섹스를 하고 충동적인 쇼핑이나 식사를 하는 것을 발견했다.

누군가는 하루 종일 배우자에게 섹스를 요구했고, 성실하게 돈을 모아오던 사람이 갑자기 도박에 빠져 전 재산을 날리기도 했다. 이 충동조절 장애는 도파민 수용체 작용제의 복용량을 높인 후에 시작됐고 복용량을 줄이자 증상이 사라졌다.

린든은 "도파민 수용체 작용제로 치료를 받은 환자들 가운데 일부는 쾌감회로 및 관련 구조들 모두에서 도파민 수치가 높기 때문에 쾌감회로의 기능이 활발하다. 이러한 사실은 그들이 충동조절 장애와 중독에 더 취약하다는 것을 의미한다."라고 설명했다.

그럼 나도 도파민 수용체에 작용하는 우울증 약물로 인해 쾌감회로 기능이 활발해진 나머지 쇼핑중독 증상까지 나타난 걸까? 금주약을 먹으며 술로 인한 쾌감이 사라지면서 술에 대한 갈망은 줄었지만 여전히 중독에 취약한 상태라서 그렇게 된 걸까?

복잡한 내 머릿속 생각과 다르게 의사는 꽤 간단하고 명쾌한 설명을 내놓았다.

"보상이 없어서 그래요. 지금까지 술이 자기 삶에서 어떤 보상으로 매번 주어졌는데, 그게 갑자기 없어지니까 다른 보상을 찾게 되는 거죠."

"그럼 어떻게 해야 하는 걸까요?"

나는 '쇼핑중독을 고치는 약은 없을까?' 하고 멍청한 생각을 떠올렸다.

"쇼핑이나 술 같은 것 말고 더 긍정적인 보상을 찾아야죠. 가족들과 즐거운 시간을 보내고, 아이와 좋은 관계를 쌓아 나가는 것에서 보람을 느끼도록 스스로 생각을 바꿔야 해요."

의사는 맥이 빠지도록 원론적인 이야기를 했다.

'애초에 제가 그렇게 건강한 사고관과 가치관을 가졌다면 술에 의지하는 일은 없었겠지요.'

"이젠 술을 마셔도 딱히 기분이 좋아지지도 않는데, 습관처럼 술을 찾게 되죠? 그것도 보상과 연관된 문제예요. 뇌에서 인식하기를 술 마시는 행위가 보상으로 고착되어 있어서 그런 거예요. 다른 보상을 스스로 계속 찾는 수밖에 없어요. 취미라거나 친구와 만나는 사교활동이라든가요."

누군가 취미가 뭐냐고 물으면 어깨를 펴며 '술 마시기'라고 당당하게 말하던 과거의 내가 떠올라서 흠칫했다. 보상과 취미라……

그날 나는 집으로 돌아와 웹소설을 잔뜩 결제했다. 후덥지근한 밤마다 에어컨을 틀고 페퍼민트를 냉침한 탄산수를 마시며 E북리더로 웹툰과 웹소설을 끝없이 계속 읽었다. 유치하고 야하지만 재미있는 그 이야기들이 쇼핑에 집착하던 주의를 돌리게끔 도왔다.

중독을 치료하는 과정의 일시적인 증상이었던 건지, 쇼핑에 집착하는 행동은 2주 정도만에 사라졌다. 하지만 인생의 공허함을 언제까지 이런 소일거리들로 채울 수는 없다. 의사가 말한 대로 좀 더 건강한 보상을 일궈낼 수는 없을까?

나는 인생을 온통 불만족스럽게 느끼고 있었다. 기자를 그만둔 것을 내심 후회했고 결혼을 하고 가정을 꾸린 것 역시 잘한 일인지 확신이 없었다. 이 가정에 어울리지 않는 부적절한 사람 같았고 가족을 얼마나 사랑하는지에 대해서도 의구심이 들었다.

내 삶은 결핍의 구멍이 숭숭 뚫린 부실한 골조로 지어져 불만의 무게에 짓눌리다 금방이라도 허물어질 것 같은 상태였다. 그제

야 깨달았다. 지금 주어진 내 삶에서 충족감과 기쁨을 느끼는 것이
야말로 중독으로부터 나를 영원히 벗어나게 해줄 해답이라는 걸.
하지만 그건 술을 끊는 것보다 더 어려울 거라는 걸. 그럼 나는 앞으
로 어떻게 변해야 하는 걸까.

달리기의 기쁨과 슬픔

달리기를 시작한 지는 2년 정도 됐다. 처음에는 돈이 한 푼도 들지 않는 운동이라는 점이 마음에 들었다. 집에서 입는 실내복 그대로 아무 운동화나 구겨 신으면 준비 끝. 익숙해지면서부터는 일주일에 최소 두세 번씩, 6~7킬로미터씩은 꼭 달렸다. 원래 체력이 좋은 편이라 처음 시작할 때부터 속도는 꽤 빨랐고 달리기 횟수가 늘어갈수록 기록이 더 좋아져 뿌듯했다.

몸은 절대 노력을 배신하지 않는다. 어느새 뱃살이 쑥 빠지고 다리와 엉덩이는 탄탄해졌다. 뛰고 근육을 단련하면 어김없이 그 흔적은 몸에 아로새겨진다. 숨 가쁘게 땀 흘리며 운동한 시간이 근육이 되어 차곡차곡 쌓이는 걸 보는 게 만족스럽다.

신기하게 보일지도 모르겠지만 알코올중독에 시달리며 삶이 무너지는 와중에도 나는 용케 달리기만은 놓지 않았다. 다만 그 운동의 목적과 의미가 변했다. 최소한 달리는 동안은 술을 마시지 않으니까 달렸다. 구렁텅이에서 벗어나기 위해 안간힘을 쓰는 것처럼, 끔찍한 것이 나를 쫓아오기라도 하는 것처럼 한강변을 뛰고 또 뛰었다. 사실 운동을 하고 나면 다만 몇 시간만이라도 술을 마시지 않아도 꽤 버틸 만한 상태가 됐다. 운동에서 느껴지는 충만감과 만족감이 술의 효능을 대신해줬으니까.

아침 8시 30분이면 낡은 트레이닝팬츠와 늘어난 티셔츠를 입고 모자 하나 덜렁 쓴 채 집 근처 한강공원으로 향한다. 처음에는 잠실철교와 그 너머 롯데월드타워를 바라보며 건성건성 달린다. 몸이 풀린 느낌이 들면 이어폰에서 나오는 댄스 음악에 발을 맞춰 조금씩 속도를 올렸다. 쿵쿵. 심장박동이 고막을 울리도록 강하게 뛰기 시작한다.

빠르게 스쳐가는 한강변의 풍경을 감상하며 달리고 있자면 마치 내가 내 몸을 타고 드라이브를 하는 느낌이다. 아주 좋은 엔진을 장착하고 잘 정비되어 달리는 기계처럼, 한 발 한 발 땅을 차고 뛰어오를 때마다 느껴지는 내 육체의 유능함이 더없이 흐뭇하다.

기세를 몰아 속도를 더 올려본다. 가빠진 숨에 목구멍으로 열기와 통증이 치밀어 오르고 폐가 터질 듯이 아프다. 발과 허벅지가 점점 더 무거워져 전신에는 피로감이 몰려온다. 하지만 더 속도를 올려서 이 고통이 절정에 다다르도록 만든 순간 엔도르핀이 분출되며 피로와 통증을 벅찬 환희와 충만감으로 바꿔준다. 힘차게 땅을 걷어찰수록 육체는 점점 짓이겨지고 고통이 밀려오는데 뇌에서는 기분을 고조시키는 물질이 분비되어 나를 흥분시키는 거다.

집에 틀어박혀 술잔만 기울이는 내게 달리는 시간이야말로 유일하게 일광욕을 할 기회였다. 우울로 눅눅해진 머리에 오전의 따스한 볕을 쬐며 잠깐이나마 환기를 시켜보는 거다. 충전기라도 되듯 태양을 향해 몸을 활짝 펴고 열기를 흡수하면 터질 듯 박동하는 세포 하나하나에 빛의 입자가 따스하게 스민다.

달릴수록 강가의 풍경은 새롭게 나타나고 또 사라진다. 강 건너로 빼곡히 들어선 아파트들과 강을 끼고 도는 도로 위로 유유히 움직이는 자동차의 행렬. 강 가운데 우뚝 솟은 교각 위의 다리와 하늘을 가르며 돌아나가는 교량도로의 곡선은 그 아래로 서늘한 그림자를 드리운다. 평범하게 삭막한 도시지만 강변을 끼고 늘어선 풍경만은 고요하고 평온한 인상을 주는 것이다.

뜀박질하는 동안은 온종일 나를 흔들던 불안이 바람에 흩어져 사라진다. 몸이 전력을 다하고 있기 때문에 머릿속에 과거에 대한 후회나 미래에 대한 두려움 같은 찌꺼기 감정들이 끼어들 틈이 없다. 그저 몸의 움직임으로 시간을 채우고 흐르는 땀으로 성취를 확인할 뿐. 나라는 존재의 강한 의지와 유능하고 탁월한 몸이 합심하여 7킬로미터를 40분 안에 다녀온다는 단 하나의 목표를 달성한다. 출발지점으로 돌아올 때쯤에는 땀에 푹 전 녹초가 되지만 마음은 뿌듯하게 부풀었다.

달리기는 내게 명상이었다. 육체를 극한으로 가동할수록 반대로 마음은 천천히 비워진다. 이따금 스치고 지나가는 생각들은 바르고 명징하다. 가만히 혼자 있을 때는 '이루고 싶지만 할 수 없는 일들'에 관한 생각이 나를 뒤흔드는데, 신기하게도 달릴 때만은 내가 해야 할 일, 할 수 있는 일들만 또렷한 표지판처럼 떠올랐다. 샘솟는 아드레날린이 '너는 능히 할 수 있다.'라며 부족한 자신감을 넘치도록 채워줬다.

그 순간만은 혼잡한 사회, 각기 바쁘게 지나는 사람들 사이에서 나는 어디쯤 위치해 있는지 가늠하며 괴로워할 필요가 없다. 그저 뛰어가야 할 외길이 한없이 뻗어 있을 뿐. 쭉쭉 이어지다가 휘어지고 경사지다가 다시 내려가는 길, 강을 따라 펼쳐지는 단 하나의 길은 그저 명확할 뿐이며 거기에는 망설임이 차지할 공간이 없다. 길을 따라 부지런히 달리기만 하면 된다는 정언명령이 한없이 나를 편안하게 했다. 혈관은 요동치고, 근육은 팽팽하게 당겨지고, 당장 죽을 것처럼 숨이 차오르는 와중에 마음만은 흐린 날 한강변의 수면처럼 아주 고요했다. 그곳에는 새 한 마리 날지 않는다.

그래서 매일매일을 달렸다. 한겨울, 숨이 시리게 차갑고 근육이 얼어붙은 느낌일 때도 정수리에 열기가 솟을 때까지 뛰어 몸을 녹였다. 매일 같은 조깅 코스를 뛰는 동안 여름, 가을, 겨울, 봄의 풍경으로 바뀌어 지나가는 것을 봤다. 초봄의 어느 날은 멀리서 온 검은 철새 수천 마리가 동시에 얼어붙은 한강변 위를 미끄러지듯 날아 내려왔다. 입을 헤벌리고 그 풍경을 바라보면서도 다리는 쉴 새 없이 뛰었다.

구리 방면으로 달리는 날은 매일 오리 부부 한 쌍을 만났다. 늘 같은 시간 공원 풀숲 기슭으로 나와 둘이 날개를 맞댄 채 지나가는 사람들을 바라보고 있었다. 하지만 가을이 되자 갈색 오리는 보이지 않았고 흰 오리 혼자 들어본 적 없는 기이한 소리로 울며 강 위를 헤엄쳤다.

여름의 어느 날은 길에 나온 갈색 실뱀을 보고 펄쩍 뛰어 피하기도 했다. 매일 같은 시간 들고양이 밥을 주는 아주머니의 곁을 스쳐 지나가며 달렸다. 잃어버린 애완견 푸들을 찾는 할머니의 현수막은 여름 내내 붙어 있었다. 매일의 같은 조깅 코스가, 매일의 아침 시간이 겹쳐지고 또 겹쳐져 나의 한 세기를 이루었다. 그 긴 거리와 그 길고 긴 시간을 들여 나는 권태와 불안과 무력감, 절망으로부터 도망치고 있었다.

그러다가 어느 날 문득 한계가 왔다. 검게 차오르는 우울이 바짝 뒤쫓아오더니 한순간 나를 삼켜버렸다. 잠깐의 운동에서 얻는 기쁨으로는 턱도 없을 정도로 마음의 그늘이 짙어진 것이다. 운동의 즐거움으로 간신히 조절하고 있던 음주량이 언젠가부터 폭발적으로 늘었다. 그래도 마지막 희망의 끈을 놓지 않는 사람처럼 달리기는 멈추지 않았다. 밤에는 술을 마시고 아침에는 뛰었다. 달리지 않는다면 아침 시간마저 엉망진창으로 살아버릴 것 같아서.

그렇게나 열심히 달린 덕분에 이제는 웬만한 남자보다 더 좋은 달리기 기록이 나온다. 주변에 취미로 철인3종경기에 출전하는 사람들이 "너 같은 인재를 방치할 수 없다."라며 같이 나가자고 졸라댈 정도다. 어쩐지 「포레스트 검프」 같은 전개이지만 영화처럼 잘 풀리지는 않았다. 한참 달리다가도 멈추기만 하면 마음이 구렁텅이로 떨어지는 걸 막을 수 없었다. 힘차게 한강변을 뛰고 돌아오는 길에 편의점에서 맥주를 샀다. 튼튼하고 건강한 나의 신체에 병든 정신이 깃들었음을 눈치채는 사람은 아무도 없었다.

생각해보면 달리기의 쾌감은 일면 음주와도 비슷하다. 알코올중독자들이 과도한 음주에 속이 다 문드러지는 걸 알면서도 취기가 주는 흥분이 좋아 멈추지 못하고 계속 마시는 것처럼, 러너스 하이에 푹 빠진 사람들은 운동의 고통을 중화시켜주는 엔도르핀의 진통 효과와 행복감, 쾌감에 중독되어 관절이 닳도록 달리고 또 달린다. 극한의 고통과 피로로 스스로를 몰아넣으며 환희를 느끼는 그들을 보면 '건강한 자해'라는 생각마저 들 정도다.

나는 술 대신 중독의 대체재로, 또 항우울제 대신으로 운동을 선택한 셈이다. 외부의 도움을 받기보다는 스스로의 힘으로 나를 구해내고 싶었다. 일이 그렇게 잘 풀렸다면 좋았겠지만 상황은 가벼운 수준이 아니었다. 우울과 좌절의 근본 원인을 그대로 둔 채 술 대신 다른 것으로 잠시 잠깐 만족감을 얻는다고 해서 크게 달라지지는 않았다. 『좀머 씨 이야기』의 좀머 씨처럼 하루 종일 걸어 다니며 어둠으로부터 도망칠 수도 없지 않은가. 아니, 그도 결국 자기 어둠에 잡아먹혀 사라지지 않았던가.

알코올중독 와중에도 달리기에 집착하던 내가 사람들에게 자주 하던 말이 있다. "술 마시려고 달리는 거야." 술로 몸을 해치는 만큼 운동으로 보충하려고 달린다, 혹은 건강이 나빠져서 술을 못 마시게 될까 봐 예방 차원에서 운동한다는 의미다. 하지만 사람들에게 말하지 않은 게 있다. 술에 대한 갈망으로 가득 찬 엉망진창의 하루를 보내는 와중에도 조깅이라는 단 하나의 건강한 활동이라도 해야 그나마 '정상인'답게 산다는 믿음을 스스로 가질 수 있었다. 이 육체의 유능함, 효용감을 하루에 단 한 번이라도 확인해야 내 마지막 자존감을 지킬 수 있었다.

그런데 언젠가 어느 영화에 나와 똑같은 말을 하는 인물이 등장한 걸 봤다. 「아워 바디」라는 영화의 등장인물이 "술 실컷 마시려고 운동하는 거야."라는 대사를 내뱉는 장면이었다.

주인공 자영은 명문대를 졸업하고 8년 동안 고시 공부를 하느라 이제는 취업조차 어려워져 버린 신세다. 친구의 회사에서 아르바이트나 하는 답답한 현실에 괴로워하던 그녀는 우연히 러닝하는 사람들 무리와 마주친 것을 계기로 달리기를 시작한다. 운동을 거듭할수록 살은 빠지고 몸은 근육이 붙어 탄탄해진다. 사람들은 그녀에게 달라 보인다고 한다. 하지만 현실은 그대로 암담한 채다. 서른이 넘은 나이에 인턴직에 지원해야 하고 정규직이 될 수 있을지도 불투명하다. 엄마는 걱정인지 멸시인지 모를 말들을 던진다.

발버둥 쳐도 솟아날 구멍이 보이지 않는 현실과 다르게 몸은 노력할수록 변화한다. 땀 흘리며 운동한 만큼, 식단을 엄격하게 지키는 만큼 지방은 사라지고 몸매는 날씬해진다. 몸은 정직하다. 운동이라는 노력을 배신하지 않고 그 효과는 즉각 눈에 드러난다. 그래서 영화의 등장인물들은 한없이 달리기에 매진한다. 울끈불끈한 등 근육을, 뚜렷하게 새겨진 복근을 만족스럽게 쓰다듬는다. 그들 삶에 단 하나 의지대로 할 수 있는 실체는 그 몸뿐이니까.

영화의 인물들이 느끼고 겪는 것들이 나와 너무도 닮아서 빨려 들어갈 것만 같았다. 시간이 흐르는 동안 기회를 놓치고 아무것도 성취하지 못해 실패했다는 생각에 사로잡힌 사람들. 이제 와 애써 발버둥 쳐도 할 수 있는 일은 없다. 원하는 삶을 살도록 변화를 일으킬 권리를 죄다 빼앗긴 것 같다. 그 와중에 등장인물들은 술을 퍼 마시고 회사 상사와 섹스하며 충동적이고 자학적인 행동을 이어간다. "술 마시려고 운동을 한다."라는 대사는 그가 음주라는 자기 파괴적인 행위와 운동이라는 건강한 행위를 반복하며 마치 플러스 마이너스 제로 같은 셈법으로 위태위태하게 산다는 걸 뜻하는 것인지도 모른다.

황당하다 못해 한심해 보이기까지 하는 이들의 행동이 나는 이해가 됐다. 파괴해버리는 것 외에는 삶에 어떤 영향력도 행사할 수 없는 무력한 상태라는 점에서 그들과 나는 같기 때문이다. 비록 인생을 망치는 행동이라 하더라도 최소한 그 '파괴'만은 스스로가 일으킬 수 있는 변화다. 그것만이 자기 삶을 실감할 수 있는 방법이다. 운동으로 혹사해 단단하게 만든 몸처럼, 자기 삶도 부여잡고 바꿀 수 있는 실체로 느끼고자 하는 안타까운 발악. 나 역시 자포자기한 심정을 한 채 폭음으로 스스로를 짓이기면서 비뚤어진 만족감을 채우고 있었다. 우리 같은 사람들에게 과연 운동이 어떤 궁극적인 변화를 불러일으킬 수 있는 걸까?

누구나 운동을 열렬히 찬양하는 요즘, 건강한 신체를 가꾸고 강한 정신을 만들어내는 건 현대인의 의무처럼 느껴진다. 운동으로 인생이 확 바뀔 거라고 믿으며 절대적으로 신봉한다. 하지만 영화의 등장인물도 나도, 아무리 달리고 땀 흘려도 삶은 더럽게 안 풀리는 상태 그대로다. 현실을 애써 외면하고 운동에만 미친 듯이 몰두

하는 게 자기 학대로 보일 지경이다. 이건 자기 도피적인 공허한 발버둥일까? 아니면 언젠가는 우리 삶이 이 노력에 대한 보상을 받게 될까?

해답은 알 수 없지만 돌이켜 생각해보면 내가 중독자로서 더 처참한 꼴을 보이기 전에 스스로 의지를 쥐어 짜내어 병원에 간 것도 어쩌면 운동이라는 마지막 끈을 놓지 않고 있던 정신력 덕분이었을지도 모르겠다. 겨우 한 조각 남아있던 자존감, 그게 나를 구원해준 것일지도 모른다. 중요한 건 멈추지 않았다는 거다. 매일의 러닝 코스를 달릴 때도, 병원으로 가기 위해 엄청나게 무거운 발걸음을 뗐을 때도 나는 주저앉지 않고 움직이고 있었다.

982킬로미터. 내 운동기록 앱에 적힌 달리기 기록이다. 서울과 부산을 왕복할 정도는 될 것이다. 지도에는 내가 달린 궤적과 속도가 노랗고 빨간 선으로 남아있다. 잘했어. 애썼어. 고생했어. 도망치느라, 숨기느라, 어떻게든 빠져나오기 위해서 몸부림치느라.

남은 내 인생은 달리거나 술을 마시는데 써버린 시간보다도 훨씬 더 아득히 길다. 잠시 경로를 벗어나 방황했다고 해서 자책하고 있지만은 않으려 한다. 계속 달리고만 있다면, 포기하지 않는다면 분명 어딘가에 가서 닿을 테니까. 그곳에는 흐린 날 한강변의 수면처럼 고요한 평화가 있을 것이다.

2부

나는

왜 마시는가

왜 그렇게 마셔대냐고
물으신다면

택배기사가 현관문을 두드리는 소리가 들렸다. 문을 열어보니 내 허리까지 오는 기다란 박스 하나가 놓여 있다. 나는 떨떠름한 표정으로 그 무거운 박스를 집 안으로 질질 끌고 들어왔다. 열어보니 그 안에는 무화과나무 화분이 들어 있었다. 제법 튼실한 무화과까지 몇 알 달려있다.

나는 오만상을 찌푸리며 생각했다.

'이걸 대체 내가 언제 샀지?'

내 이름 앞으로 왔으니 분명 내가 주문한 건 맞을 텐데 도통 기억이 나질 않는다. 곰곰 생각해보니 며칠 전 대낮부터 거나하게 취한 상태에서 넷플릭스 다큐멘터리를 보다가 무화과 과수원이 나오는 장면을 보고 알 수 없는 충동에 휩싸여 인터넷에서 '무화과나무'

를 검색해 결제 버튼을 누른 기억이 희미하게 난다.

약을 먹고 개과천선한 사람처럼 술을 멀리하던 내가 시간이 지나자 슬슬 변하기 시작했다. 가족 모두 잠든 밤 혼자 거실에 있노라면 버릇처럼 다시 술 생각이 났다. 일주일에 한두 번 정도 친구와의 약속이 있는 날 소주 한두 병씩 마시는 건, 그렇다 치자. 완전 단주 대신 줄이기로 결정한 거니까. 하지만 약속 없는 날 밤에도 마시고 싶은 충동이 생겼고 그 느낌은 갈수록 더 커졌다.

결국 약은 약일 뿐이었다. 내 발로 병원을 찾을 정도로 알코올 의존이 바닥을 쳤을 때는 제대로 살아보겠다며 의지를 다졌지만 막상 약으로 쉽게 치료될 것 같으니 마음을 놓고 방심했던 거다. 습관은 참으로 무서운 것이었다. 술을 마셔봐야 약 효과 때문에 더는 예전처럼 즐겁게 취기가 오르지도 않고 기분이 확 업 되지도 않는데, 오히려 피곤하고 머리가 아파서 불쾌감까지 느껴지는데도 술에 대한 갈망이 쉬이 사라지지 않는다. 밤 10시가 넘어 온 집이 조용해지면 희한하게 그 딱 한 잔이 너무나 간절해졌다.

잠을 잘 못 자는 것도 문제였다. 내가 복용하는 약의 부작용이 수면장애인 데다, 중독자가 알코올을 끊으면 쉽게 잠들지 못하는 금단현상을 겪게 되기 때문이다. 밤이 길어질수록 잠은 오지 않고 술 생각은 더 간절해진다. 얼마 전 마트의 할인 행사를 핑계로 레드와인 몇 병을 사다 놨는데, 딱 몇 잔만 마시고 냉장고에 도로 넣어두면 안 될까? 마침 출출한데 냉동만두라도 구워서 안주로 먹을까?

술의 유혹은 애써 이긴다 해도 야식 욕구는 정말 참기가 힘들다. 실과 바늘처럼 야식은 음주를 부르는 법. 먹을까 말까, 마실까 말까 고민하느라 한참을 주방에서 서성였다.

'잠도 잘 안 오는데 수면제 대용인 셈 치고 와인 딱 두 잔만, 어때? 에이, 지금은 특수상황이잖아. 약 때문에 잠이 안 오는 걸 어쩌겠어. 뭐? 의사 선생님이 잠 안 올 때 먹으라고 준 신경안정제를 먹으라고? 하지만 약을 너무 많이 먹는 건 무서운걸.'

정신을 차려보면 내 손에는 일본 홋카이도 오타루에서 사온, 내가 아끼는 우스하리 와인잔이 들려 있다. 다리가 없는 일식용 와인잔으로 유리 두께가 종이처럼 얇아 여기에 와인을 마시면 입안으로 타고 들어오는 부드러운 촉감이 매우 섬세하게 느껴진다. 그 잔을 만지는 것만으로도 이미 내 신경계는 향긋한 와인을 떠올리며 흥분해 떨고 있다. 실패 없는 스페인 리오하 와인을 마실까, '가성비 갑'이라며 추천받은 뉴질랜드 샤르도네를 마실까. 흐뭇한 마음으로 와인셀러를 바라본다.

이렇다 보니 결국 이틀에 한 번꼴로 와인을 두어 잔씩 먹고 잠들었다. 거기까진 괜찮았다.(물론 의사는 그렇게 생각하지 않겠지만.)

날씨가 꾸무럭하니 흐린 어느 날 아침, 어두컴컴한 하늘을 보고 있자니 문득 술을 마시고 싶다는 생각이 들었다. 해소되지 않는 불안과 초조함이 잔뜩 웅크리고 있다가 습도 많은 공기를 먹고 덩치를 키워 나를 잠식해버린 느낌이었다. 이 느낌을 털어내기 위해서는 술이, 한두 잔이 아니고 여러 병의 술이 필요하다!

절박함에 종종걸음치며 냉장고를 열었다. 막걸리와 자몽 맛 소주(우웩)가 보였다. 한창 술을 퍼 마시던 시절에 남겨둔 거다. 안주는 뭘 먹지? 언제나처럼 우리 집 냉장고는 텅텅 비어 있지만 배달 앱만 있으면 문제없다. 아침 9시 30분에도 삼겹살이 배달된다는 사실을 평범한 사람들은 아마 모를 것이다.

정신을 차렸을 땐 이미 막걸리와 소주를 순식간에 마셔버린 뒤였고, 배달 삼겹살은 맛이 없다며 대부분을 남긴 채 컵라면을 끓여 먹고 있었다. 약을 먹기 시작한 지 3주째 되는 날, 또 오전부터 술을 마시는 만행을 저지른 것이다. 다음 날 배달된 무화과나무를 앞에 두고 나는 깨달았다. 다시 중독의 기운이 스멀스멀 내 삶을 침습하고 있다는 것을.

누군가는 음주에 관해 쓴 내 블로그 글을 읽고 "사람이 왜 이렇게 살지?"라는 트윗을 남겼다. 술을 안 마시는 사람이 보면 왜 약까지 먹을 정도로 알코올중독이 되는지, 왜 저렇게 한심한 작태를 반복하는지 이해가 되지 않을 것이다. 나도 어릴 때 아빠를 보며 생각했다. 죽어도 술 마시는 어른은 되지 않을 거라고.

걷잡을 수 없을 정도로 음주를 해대는 사람들이 꼭 취기로 기분이 좋아지려고 술을 마시는 것은 아니다. 공허한 시간을 때우려고 마시거나, 아니면 그저 마시는 행위가 습관으로 고착된 사람도 있다. 괴로운 일을 잊기 위해서도 술을 마신다. 아빠가 돌아가신 직후 나는 매일 밤 소주 두 병을 마시지 않으면 잠들 수가 없었다.

하지만 무엇보다 문제성 음주 행위는 본질적으로 자해의 일종이라는 점을 이해해야 한다. 홀로 앉아 폭음하면 처음에는 기분이 붕 뜨고 즐겁지만 곧 축축 처지면서 울적함이 몰려든다. 계속 들이켜다 보면 어지럽고 몸을 가누기도 힘들며 속이 메슥거린다. 술이 독주처럼 느껴지는 그 순간부터는 마시면 마실수록 스스로를 채찍질하며 몸을 해치는 듯한 기분이 든다. 하지만 이건 이것대로 괜찮다. 계속 마시고 속이 넝마가 되도록 간을 혹사해서 한심하게 오전부터 술에 취한 스스로에게 벌을 주는 거다.

그러니까 폭음하는 이면에는 양가적인 감정이 숨어 있다. 재미를 보려고 마시기도 하지만 그 반대로 스스로를 망가뜨리려는 내밀한 욕구도 존재한다. 엉망진창으로 마셔서 자신을 구제 불가능한 꼴로 만들고, 멍청한 실수를 하게 될 것을 알면서도 더 마시려 든다. 나의 추한 모습을 극한까지 반복적으로 드러냄으로써 스스로를 괴롭히고 징벌한다. 거기에는 구제 못 할 정도로 깊고 참담한 자기혐오가 도사리고 있다. 그리고 그 혐오는 음주를 절제하지 못하는 나 자신에 대한 실망에서 비롯됐기에 이 모든 것이 악순환이다.

나 같은 사람들을 한심하다고 욕하고 싶은가? 상관없다. 세상 누구보다 나 자신이 스스로를 한심하게 여기고 있으니까. 이런 자기 혐오야말로 정상적인 생활이 어려울 정도로 폭음하는 자신을 허용하게 해준다. 엉망으로 취해도 괜찮다. 나는 원래 그렇게 한심할 정도로 의지박약의 형편없는 인간이니까.

그러니 "왜 그렇게 인생을 망치며 사느냐?"라고 누가 묻는 것은 의미가 없다. 스스로 망치고 있다는 자각은 또렷하다. 오히려 당신보다 더 명확하게 알고 있다. 단지 자기혐오로 점철된 사람의 '인생 사용법'이 파괴하는 것뿐이라서 마시고 취할 뿐이다.

나를 한심하게 본 누군가처럼 세상은 알코올중독자들에게 시종일관 비난의 시선을 보낸다. 의지가 약해서 끊지 못한다고, 부도덕하다고 말이다. 하지만 중독을 연구하는 학자들은 중독이 개인의 의지만으로 치부할 수 없는 문제라 지적한다.

중독의 기질도 타고나기 때문이다. 유전적으로 도파민 수용체가 적거나 비활성화되거나, 도파민으로 보상을 주는 보상회로의 기능이 저하될 만한 유전 요소를 타고 나는 사람들은 있는 그대로의 상태가 남들보다 우울하기에 술에 대한 갈망이 더 크다. 같은 맥주 한잔을 마셔도 남들만큼 유쾌해지지 않기 때문에 더 많은 자극을 위해 남들보다 많이 마시는 경향이 있어 중독성 물질에 빠지기 쉬운 체질이다. 개인의 의지 이전에 타고난 신체 조건의 영향도 무시

할 수 없다는 거다.

한편 주어진 환경의 영향으로 술을 가까이하다 중독이 되어버리기도 한다. 많은 연구결과가 소득이 적을수록 문제성 음주를 지속할 가능성이 높다는 걸 증명한다. 삶에 대한 좌절감이 크고 음주 외에 다른 여가활동을 할 여력이 없기 때문이다. 실직자의 경우 남아도는 시간을 주체하지 못해 음주에 빠지기도 한다. 회식이 잦고 매번 폭음하는 분위기의 직장에 다니다가 음주량이 확 늘어 의존이 심해지는 경우도 있다.

술꾼 체질을 타고난 사람들과는 반대로 술을 마셔도 쾌락과 연관된 신경회로가 활성화되지 않는 사람들도 있다. 내 남편이 딱 이런 타입이다. 나처럼 술을 사랑하는 사람과 결혼을 하고서도 같이 마셔주는 일이 거의 없다. 한번은 그에게 왜 그렇게 술이 싫은지 물어봤다.

"아무리 마셔도 기분이 좋아지질 않아. 오히려 머리가 아프고 어지럽고 얼굴은 시뻘게지고…… 나중에는 잠이 쏟아져서 힘들단 말이야."

그냥 '술이 몸에 받지 않는' 체질인 거다. 그렇지만 이런 이유에서 술을 마시지 않거나 적게 마시는 사람들이 술꾼들을 비난할 수 있는 도덕적 우위에 있다고 할 수 있을까?

알코올의존 성향인 사람들이 자신의 문제성 음주를 직시하지 못하고 애써 외면하며 대수롭지 않은 일로 치부해버리는 가장 큰 이유가 바로 사회적인 비난이다. 자기 삶도 통제하지 못하는 한심한 사람, 술에 취해 사고를 치는 불량한 사람으로 여기는 시선들이 알코올 문제를 더 외면하게 만들고 더 숨기게 만든다. 한국 사회 전체가 알코올 이슈를 앓으면서도 그 누구도 이걸 탁자 위에 꺼내 놓고 공론화하지는 못하는 분위기다.

짐짓 나의 문제를 우스운 이야깃거리인 마냥 농담을 섞어가며 쓰는 것도 내게 쏟아질 비난과 조롱의 시선이 두려워서다. 구제 불능의 인간 취급을 받을까 봐 걱정되어서다. 가장 내밀한 치부를 드러내고 있자니 사람들 앞에 발가벗겨진 것처럼 부끄럽다. 그런데도 내 경험을 모두에게 공개하는 건 다시는 중독의 늪에 발을 들이지 않겠다고 선언한 이상 이 다짐을 꼭 지켜나가고 싶기 때문이다.

고치고 싶은 버릇이 있는 사람들에게 충고하는 말 중에 이런 게 있다. "더도 덜도 말고 딱 오늘만 참는다고 생각하자."

후회해도 과거는 돌이킬 수 없다. 술에 대한 갈망으로 대낮부터 취하고 말았던 어제의 일은 잊자. 오늘부터 다시 '애써 참는' 하루를 시작해본다.

말할 수 없는 비밀의 병

한여름이다. 연일 30도를 오르내리는 더위에 몸은 무겁고 마른 입에서는 단내가 난다. 저녁 7시, 아직 채 열기가 식지 않은 거리를 바쁘게 가로질러 친구가 기다리는 호프집으로 갔다. 노상에 펼쳐진 테이블에 앉아 있던 친구는 멀리서 나를 알아보고 인사보다 먼저 사장님을 불러 500시시 맥주 한 잔을 주문했다.

앉자마자 맥주가 테이블에 놓였고, 우린 말 한마디 건네지 않은 채 잔부터 부딪쳤다. 보드랍고 쌉쌀한 거품이 입술에 닿고, 탄산이 펑펑 터지는 맥주는 호쾌하게 식도로 치고 들어온다. 기세도 좋게 몇 모금을 쭉쭉 마시고 나서야 한숨을 돌리고 서로의 안부를 물었다.

그동안 어떻게 지냈냐는 친구의 물음에 순간 망설였다. 최근에 내게 있었던 일들, 알코올의존이 심해지고 병원에 가서 약을 처방받아 먹고 있다는 이야기를 해야 할까? 가장 친한 친구지만 어쩐지 입이 떨어지지 않는다. 최근 내 기분과 컨디션이 그다지 좋지 않다는 것을 친구도 아는데 더 걱정을 끼치고 싶지 않았다.

아니, 그보다 동정받고 싶지 않다. 뭣도 없이 콧대만 높은 내 자존심에 사실을 털어놓는다면 후련하기보다는 속이 상할 것이다. 술 따위에 의지해서 인생을 허비했다는 걸 알려야 한다니, 그 수치심을 견디기 힘들어 더더욱 우울해질 것이다.

결국 몇 시간 동안 열을 올려 수다를 떨며 최근 근황과 온갖 신변잡기를 늘어놓으면서도 내 삶에 아주 큰 질곡이 지나가고 있다는 건 언급조차 하지 않았다. 집으로 돌아오는 내내 마음이 무거웠다. 절친에게 거짓말이라도 한 기분이다.

"힘든 일들을 털어놓을 주변 사람은 없나요?"

진료 첫날 의사가 물어온 말이 계속 맴돈다.

얼마 전, 블로그에 쓴 글을 읽고 누군가 메일을 보냈다. 자신도 나와 아주 비슷한 경험을 하고 있는데 고민을 나눌 곳이 없었다는 것이다. 트위터에서 "글을 잘 보고 있다."라며 멘션을 남겨준 분들도 비슷한 반응이었다. "솔직하게 말해줘서 고맙다." "나 역시 비슷한 문제를 겪으면서도 속으로만 걱정해왔다."라는 이야기들이다.

사실 나도 마찬가지다. 블로그에 내 온갖 경험과 감정에 대해 솔직히 써왔고 수천 명이 읽었지만, 정작 내 가족들은 아직도 나의 문제에 관해 전혀 모르고 있다. 왜 유독 알코올 이슈는 주변 사람들에게 털어놓기 어려운 걸까?

한때는 우울증도 '배부른 사람이 헛걱정하는 소리'로 취급받았지만 최근에는 병증임을 다들 인정하는 분위기이고, 우울증 치료 경험을 있는 그대로 털어놓은 책이 베스트셀러에 오르기도 했다. 우울증을 털어놓는 이에게 "요즘 병원 안 다니는 사람이 어디 있냐."라고 위로할 정도로 정신과 진료에 대한 심리적 장벽과 거부감도 많이 사라졌다. 하지만 내 주변에서 우울증으로 정신과를 다닌다는 사람은 여럿 봤어도 알코올중독으로 고민한다는 사람은 단 한 명도 보지 못했다. 내가 보기에는 심각한 의존인 사람들이 꽤 있었는데도 말이다. 유독 알코올중독은 '침묵의 병'으로 남아 있다.

우리가 흔히 알코올중독이라는 표현을 쓰지만 정식 명칭은 '알코올사용장애'로, 중독 장애의 하위 범주에 속한다. 과거에는 알코올사용장애를 알코올남용과 알코올의존으로 구분했는데 최근에는 그냥 알코올사용장애로 통합해서 진단한다.

한국에서 평생 한 번이라도 알코올사용장애를 겪는 사람의 비율은 12.2퍼센트(2016년 기준)나 되어 모든 정신질환 종류 중 가장 많은 비율을 차지한다. 그럼에도 이 병은 입 밖에 꺼내기 조심스러워하는 이슈로 각자의 사적이고 내밀한 영역에만 머물러 있다.

이 질환에 대한 사회의 눈초리가 유독 엄격한 것은 왜일까?

우리는 모든 병에 원인이 있다고 생각한다. 유전적으로 타고난 요인 때문에, 또는 후천적 환경의 영향으로 특정 질병이 발병한다고 보며, 우울증도 힘든 상황에 오랫동안 처한 결과라고 여긴다. 하지만 알코올중독만은 단순히 개인의 의지박약의 결과로 치부하는 경향이 있다. 누군가 과음하는 버릇 때문에 괴롭다고 한다면 보통 사람들은 "아이구, 그러게 술을 줄이지."라고 말한다. 우울증으로 힘든 사람에게는 "아이구, 좀 밝게 지내보지."라고 말하지 않으면서 말이다.

알코올중독도 엄연한 질병이다. 불가피하게 병에 걸릴 수밖에 없는 상황에 처했던 결과이고 우울증이나 양극성장애 등 다른 정신질환의 증상이기도 하다. 그러나 세간의 시선은 술만 끊으면 낫는 병인데 뭐 그리 대수냐는 식이고, 되려 의지가 약해서 중독에 빠졌다는 무언의 비난이 쏟아진다. 나 역시 한때 알코올중독에 가깝게 마셔대는 주변 사람들을 보며 비슷한 생각을 했다. '대체 저 사람은 왜 술을 줄이지 못해서 자기 인생을 망치고 있는 걸까?'

중독자는 흔히 '아픈 사람'보다는 '못난 사람'으로 취급받는다. 술이라는 도락의 유혹에 져버린 패배자, 의지박약의 한심한 인간. 그런 모멸감을 느끼지 않기 위해, 비난의 시선을 받지 않기 위해 자기 병을 인지하면서도 누군가에게 털어놓고 도움을 요청하지 못한다. 세상에 중독만큼 타인의 공감과 연민을 이끌어내지 못하는 병은 없으니까.

스스로 중독을 인지했다면 그나마 희망적이지만 대부분은 이 수치심과 사회의 냉담함에 겁먹어 자신이 처한 현실을 받아들이거나 인정하지 못한다. 마시면 마실수록 신경은 둔해지고 그럴수록 더 많은 양을 마셔야만 취기가 오르는데, 음주량이 계속 늘어나는 중에도 중얼거린다. '이 정도는 괜찮아. 중독까지는 아니야.' 누군들 인정하고 싶겠는가. 우리 뇌리에 박힌 중독자의 이미지는 비참하게 몰락한 사람, 구제불능의 인간인데 거기에 자신을 대입하는 게 엄두가 나질 않는다. 한편 이런 현실감각의 부재, 막연한 합리화와 도피성 사고는 전형적인 중독의 증상이기도 하다. 병증으로 인해 오히려 자기 병을 인지하지 못하게 되는 거다.

만약 누군가 알코올의존자에게 "왜 그렇게까지 술을 마시냐?"라고 묻는다면 우리도 할 말은 있다. 단순히 기분이 좋아지고 싶어서 마신다기보다 좌절과 결핍, 우울이 술을 찾게끔 우리를 몰고 간다. 가족을 잃은 슬픔을 술로 달래는 사람도 있다. 아이를 학교에 보내고 남은 공허한 시간 동안 술을 마시는 주부도 많이 봤다. 심지어 겉으로 보기에는 완벽해 보이는 사람조차 술에 의지하곤 한다. 회사 일도 척척 잘해내면서도 속으로 자신이 무능하고 아무짝에 쓸모없는데 유능한 척 남들을 속이고 있다고 느끼는 '가면증후군'에 시달리며 그 괴로움을 술로 푸는 것이다.

각자의 상황은 다르지만 '나는 음주를 할 수밖에 없는 상황에 처했다.'라며 합리화한다는 점만은 모두가 같다. 사랑하는 사람을 잃거나, 일에서 실패했다거나, 연인과 헤어졌다거나 하는 상황 그 자체가 폭음에 대한 특수면허라도 되는 양 말이다. 나 역시 인생에서 겪은 실패와 그로 인한 우울을 핑계 삼아 엉망진창 되도록 마시는 걸 스스로에게 허용하는 한편, 마음 한구석으로는 언제든 음주량을 줄일 수 있다며 나 자신을 속였다. 지금의 위태로운 상황은 일시적일 뿐, 언제든 마음만 먹으면 내 의지로 이 상태에서 벗어날 수 있을 거라고 말이다. 사실 병원을 찾은 것도 자꾸 폭음하는 성향만 살짝 고치고 싶어서였지, 내 문제를 총체적으로 살펴보고 본격적으로 술을 줄일 생각 따위는 없었다.

이렇게 나태한 마음 기저에는 아주 한심한 생각이 깔려 있다. 중독을 인정하는 순간 술을 반드시 끊어야 한다는 점, 내심은 그게 무서웠던 거다. 무슨 빈대 무서워서 초가삼간 태우는 소리인가 싶지만, 실제로 내 주변의 심한 술꾼들이 하나같이 그런 이야기를 했다. 술 끊어야 할까 봐 병원에 못 가겠다고. 결국 중독의 대상을 포기할 엄두를 못 내 치료를 받지 않고 혼자 꽁꽁 싸맨 채 병증만 깊어져 가게 된다.

「크레이지 엑스 걸프렌드」라는 드라마에 인상적인 장면이 있다. 등장인물 중 하나인 그레그는 바텐더로 일하는 대학원생이다. 그는 한번 마시기 시작하면 끝장을 보는 스타일로 파티에 가면 술을 과하게 마셔 인사불성이 되기 일쑤고 가끔 취해서 의도하지 않은 잠자리까지 가진다. 바에 앉아 술을 홀짝이며 시험공부를 하는 그에게 친구들이 진지하게 충고했다. "너에게는 음주 문제가 있다." 라고.

나는 그 장면에서 적잖이 충격을 받았다. 드라마 내내 그레그가 알코올 의존 문제를 겪고 있다는 암시가 수십 차례 나왔는데도 불구하고 전혀 눈치채지 못했기 때문이다. 그저 조금 울적한 애주가로 보였을 뿐. 그레그 못지않게 술을 진탕 마시고 사고를 쳐대는 사람을 적게 잡아도 열 명쯤 알고 있지만 누군가 그들에게 정색하고 음주 문제를 지적하는 장면은 상상도 할 수 없다.

한국 사회는 술꾼에게 무한정 관대한 나라다. 과하게 마시는 사람이 있다 해도 사회생활 잘하는 타입, 분위기를 잘 띄우는 스타일 정도로만 생각한다. 물론 타인의 과음을 지적하는 게 무례하거나 상처를 주는 행동일 수도 있어 삼가는 것도 있지만 우리 사회가 유독 낮은 경각심을 가진 것 또한 사실이다. 덕분에 중독자들도 사회의 묵인 아래 자신의 문제를 심각하지 않다 치부하며 모른 척 살아가거나 아예 자각조차 하지 못하고 지낸다. 이런 환경에서는 알코올중독이 병으로서의 심각성을 드러내지 못한다. 결국 중독이 세상에 드러나지 않은 비밀의 병이 된 데에는 우리 사회 특유의 분위기에서 비롯된 영향도 크다.

중독이 비밀의 병이 된 이유를 여러 측면에서 들여다봤지만, 결국 무엇보다 큰 요인은 바로 수치심이다. 남들 앞에 나서기 부끄럽기 때문에 우리는 술과의 은밀하고 부적절한 관계를 숨긴 채 세상에서 고립되어간다. 생텍쥐페리의「어린 왕자」에서 술고래와의 대화를 떠올려보자.

"술은 왜 마셔?"

"잊어버리려고 마신다."

"무얼 잊어버려?"

"창피한 걸 잊어버리려고 그러지."

"무엇이 창피해?"

"술 마시는 게 창피하지!"

심리전문가 브레네 브라운 박사는『수치심 권하는 사회』에서 "수치심은 나에게 결점이 있어 사람들에게 거부당하고 소속될 가치가 없다고 믿는, 극도로 고통스러운 느낌이나 경험"이라고 설명한다. "나는 수치심을 '단절에 대한 두려움'이라고 표현하곤 한다. (……) 우리는 침묵하고 비밀을 깊이 감춘다." 브라운은 수치심으로부터 벗어나기 위한 중요한 요소로 연민과 공감을 꼽았다. 우리는 타인에게 이해받지 못할 것이 두려워 침묵하지만, 결국에는 그 수치심을 이기고 문제를 드러내고 남들과 진정으로 연결되어야 회복될 수 있다.

이것이 알코올의존을 겪는 사람들이 부딪치는 가장 큰 갈등이다. 가장 부끄러운 이야기를 누군가에게 털어놓으면서 세상과 다시 연결될 것인가, 술과 나만의 세계에 영원히 고립될 것인가. 나는 정신과 의사에게 이 문제를 털어놓으며 재활을 시작했고 서서히 회복의 길로 올라섰다. 그 과정에서 수치심을 이기고 주변 사람들에게도 내 문제를 털어놓음으로써 공감과 연민을 내 회복의 양분으로 삼아야만 했다.

치료를 시작한 지 한 달 반쯤 된 어느 날, 오랜만에 남편과 단둘이 동네 식당에서 저녁을 먹고 있을 때였다. 남편이 먼저 물었다.

"요즘 기분이 아주 좋아 보이는데, 무슨 일 있어?"

나는 최대한 아무렇지 않은 듯 명랑하게 대답했다.

"사실은 요즘 정신과를 다니고 있어. 우울한 기분이 점점 심해져서 자꾸 술을 마셨거든. 그것도 아침부터…… 알코올중독인 것 같아서 병원에 가서 상담도 하고 약을 처방받아 먹고 있어."

남편은 조금 놀라는 듯하더니 웃으며 말했다.

"그래? 어쩐지 컨디션이 좋아 보이더라. 잘됐다. 꾸준히 치료받으면 나아질 거야. 잘해봐."

누가 보면 이상하게 볼 정도로 가벼운 반응이었지만 나는 남몰래 가슴을 쓸어내렸다. 괜히 유난을 떨었다면 마음의 부담이 심했을 텐데, 남편 특유의 만사 느긋하고 흥분하지 않는 성격이 이럴 때 다행이었다. 누구보다 나를 가까이에서 본 그이기에 알코올의존 문제도 일찌감치 눈치채고 있었는지 모른다. 애써 잔소리를 하지 않았을 뿐이지, 같이 사는 사람이 매일 밤 한 잔 두 잔 홀짝이는 걸 몰랐을 리 없다. 후련한 한편 미안했다. 남편은 단지 나를 방조하고 있었던 게 아니라 스스로 문제를 알아채길 기다려온 것이다.

그 뒤로 나는 가까운 친구, 선배 들에게도 내 문제를 털어놓기 시작했다. 반응은 각기 달랐다. "네가 힘든 걸 전혀 몰랐다."라며 눈물을 글썽이던 친구는 그 뒤로 자주 연락을 하며 나의 컨디션을 물어왔다. 다른 친구는 자신도 비슷한 문제를 겪었는데 극복하기 위해 무진 애를 썼고, 술을 줄인 결과 얼마나 삶이 나아졌는지를 말해줬다. 무엇보다 긍정적인 효과는 남들 앞에서 '알코올중독'을 말하는 내 목소리를 듣는 순간, 막연하던 병이 실체를 갖고 내 눈앞에 놓이는 기분이 들었다는 점이다. 이것이 앞으로 바꿔나가야 할 나의 현실이라고, 내 상태를 좀 더 객관적으로 바라보게 됐다.

대부분 사람들의 첫 반응은 이거다. "네가? 넌 많이 마시지도 않잖아?" 그들은 내 병을 전혀 몰랐던 거다. 사람들과 연락을 끊고 지낸 지 오래되어 그런 것도 있지만, 그만큼 알코올중독이 내밀하고 사적인 병이라는 증거이기도 하다. 술 마시는 걸 감추는 데는 거짓말조차 필요 없다. 그저 남들이 눈치채지 못하게 비밀만 잘 유지하면 된다. 중독자는 갈수록 숨기기에 능수능란해진다. 그러다 정도가 더 심해지면 남들이 보든 말든 신경 쓰지 않고 퍼 마시는 단계까지 가버린다. 나는 그 정도가 되기 전에, 사람들에게서 철저히 숨길 수 있는 단계에서 스스로 멈춰 선 것뿐이다.

가슴 깊이 깨달았다. 비밀은 사람을 병들게 한다. 추한 걸 감추고 있다는 사실에 늘 초조했고 수치심에 자존감은 바닥을 쳤다. 상처를 봉해버리면 그 안에서 짓무르고 곪아 터지지만 꺼내 놓고 내버려 두면 딱지가 생기며 자연스레 낫는 것과 비슷하다. 세상을 향해 문을 열어젖히는 순간 나를 아끼는 사람들로부터 비웃음과 비난 대신 연민과 공감이 흘러들어왔고, 그것이야말로 정신과 약보다 더 강하게 나를 치유하는 힘이 됐다. 멈춰 있던 내 세상의 시계가 다시 느리게나마 돌아가고, 나는 사람들의 응원 속에 회복으로 향하는 길 위를 서서히 걸어간다.

이렇게 얌전히 마시는 내가
중독자일 리 없어!

오랫동안 알고 지낸 대학 선배 K에게 최근 알코올의존 문제로 힘든 시기를 보냈다고 털어놓자, 그는 놀라서 눈이 휘둥그레졌다.

"네가? 알코올중독? 술을 그렇게 많이 마시는 편은 아니잖아?"

K는 대학 시절 나의 술친구로 내 음주 역사의 중대한 페이지마다 족적을 남긴 인물이다. 대학 시절의 어느 날, 무슨 바람이었는지 둘이서 학교 앞 삼치집에서 초저녁부터 소주를 마셨다. 시간이 자정이 다 되었는데 어쩐지 테이블 위에는 술병이 세 병밖에 없었다. "뭐야, 별로 많이 안 마셨네." 하고 무안해하며 내려다봤는데 테이블 아래에 술병 다섯 개가 더 뒹굴고 있었다. 그날은 집에 굴러서 갔는지 기어서 갔는지 기억도 없다.

나는 대학에 와서 고삐 풀린 듯 매일 신나게 술을 마셔대는 전형적인 놈팡이 대학생이었다. 그래도 K와 비교하자면 나는 양반이었달까. 각종 아르바이트에 시간을 빼앗기는 와중에도 성적장학금도 가끔 받으며 나름대로는 성실한 학교생활을 했다. 반면 K는 매일 밤 술에 취해 있는 바람에 오전 수업을 지각하기 일쑤였고 아는 사람들을 총동원해 대리출석을 해대다가 학사경고까지 받았다. 사회생활을 하며 음주량이 더 늘더니 결국 간이 완전히 망가져 한동안 반강제적 금주를 했다. 주변 사람들은 "그 녀석, 한동안 지갑이랑 가방은 안 잃어버리겠구먼."이라며 끌끌 혀를 찼다.

K가 물었다.

"네가 술을 좋아하긴 하지만, 절제해가면서 마시잖아?"

그렇다. 나는 남들과 마실 때 일정 수준 이상 취하지 않게끔 조절하기 때문에 심한 주사를 부리거나 큰 실수를 하지는 않는다.(작은 실수를 안 한다는 말은 아니다.) 주량도 여자치고는 센 편이라 항상 멀쩡하게 내 발로 걸어 집으로 갔다. 길에 드러눕거나 구토를 한 적은 한 번도 없다. 지갑이나 가방을 잃어버리지도 않는다. 다른 사람들 눈에 나는 술을 좋아하는 호탕한 기질의 유쾌한 술친구 정도지, 소위 사고뭉치 술꾼과는 거리가 멀다.

그러니 K의 눈에는 자기만큼 드라마틱하게 파란만장한 음주사를 거치지도 않은 내가 알코올의존이라는게 퍽 이상해 보였나 보다. 생각해보면 한번 마실 때마다 고주망태가 될 때까지 들이켜고는 두고두고 회자될 사건 사고를 일으키는 친구, 선후배 들에 비하면 나는 꽤 얌전하게 마시는 편이다.

대학 동기였던 Y. 어느 날 아침, 유독 빵빵대는 경적 소리에 눈을 떴다. 머리는 지끈거리고 속은 일렁거려 죽을 것 같다. 겨우 눈꺼풀을 들어 올려 주위를 둘러보니 뭔가 이상하다. 자기 방 침대가 아니다. 자세히 보니 그는 4차선 도로가 교차하는 사거리 한가운데 대자로 뻗어 누워 있었다. 지나가는 자동차들이 그에게 연신 경적을 울려댔다. 전날 밤 동아리 친구들과 질펀하게 술을 마시고는 그대로 누워서 잠든 모양이다. 다행히 교차로 가운데 노란 빗금이 쳐진 안전지대에 누워 있던 덕분에 사고는 면할 수 있었다. 그의 길고 험난한 음주 생애에서 가장 아찔한 기억이다.

방송인 선배 J의 에피소드도 잊을 수가 없다. 그는 매일 아침 라디오 방송을 진행하는데, 전날 밤 진탕 술을 마시고 다음 날 아침 눈을 떠보니 이미 생방송 시간으로부터 세 시간이나 지난 게 아닌가! J는 다급히 PD에게 전화를 걸었다. 어떻게든 해명을 하려는 찰나, PD가 의아한 목소리로 대답했다.

"방금 방송 잘 마치고 가셨잖아요."

술이 덜 깬 채 일어나 생방송을 진행하고 집에 돌아와 다시 잠든 것이다. 물론 머릿속에는 기억이 한 톨도 남지 않았다.

이렇게 남들의 거창한 주사나 술 마시고 사고 친 이야기를 들을 때마다 마음 한편에서는 안도한다. '나는 저 정도는 아니지.' 하지만 이거야말로 알코올의존을 이해하는 데에 아주 중요한 부분인데, 술을 마시고 얼마나 화려하게 사고를 쳤는지, 한 번 마실 때 얼마나 폭음을 해대는지, 겉으로 보이는 모습만 가지고 의존성을 판별할 수는 없다.

오히려 내가 아는 최악의 주사를 부린 사람들이 몇 년 시간이 지나서 술을 거의 안 마시거나 아예 끊는 경우도 많다. 반대로 나는 아주 얌전한 술꾼이었지만 남들이 보지 못하는 내면 깊숙이 헤어나올 수 없는 갈망의 늪에 빠져 조용히 혼자 침잠하고 있었다.

술에 관해 글을 쓰겠다고 생각하기 시작한 이후 나는 알코올중독자들의 에세이와 수기, 만화 등등을 닥치는 대로 읽었다. 이들은 크게 두 가지 타입으로 나뉜다. 만취해서 일터나 가정에서 대형사고를 치는 바람에 가까운 사람들로부터 정신병동 입원 치료를 권유받는 전형적인 알코올중독자가 있다. 반대로 나 같은 타입들은 겉보기에는 멀쩡히 사회생활을 해내며 잘 사는 것처럼 보이지만 마음속으로는 하루 종일 술 생각을 떨치지 못하고 그 열망에 매번 져버린다.

내가 '음주에 대한 인류의 기록 중 가장 아름답고 위대한 책'이라고 생각하는 캐럴라인 냅의 에세이 『드링킹』에는 멀쩡한 알코올중독자의 전형이 잘 나타나 있다. 냅은 명문대 출신의 성공적인 커리어를 갖춘 저널리스트로 운동을 즐기는 건강한 여성이다. 주간신문의 섹션을 운영했고 직접 쓰는 칼럼으로 상도 여러 차례 받았지만 정작 그때 스스로는 중독의 가장 바닥에 있었다고 회상한다. 날마다 지독한 숙취에 시달렸고 그런데도 해가 지면 술을 마시러 달려나가고 싶어 안달이 났다.

가족과 별장에서 보낸 저녁 식사 중간중간 빠져나와 가방 속 스카치위스키를 마셔 취기를 돋웠다. 식사 도중 마신 와인 몇 잔으로는 부족해서다. 아픈 아버지를 보러 매일 부모님 댁으로 가기 전 회사 앞 바에 들러 스카치를 두 잔, 부모님 집에 도착해서는 맥주 두 병을 마신 후 집 안을 지나다니면서 벽장에 숨겨둔 위스키를 슬쩍슬쩍 마셨다. 남자친구 집 뒷문 현관에, 부모님 집 변기 뒤에, 그녀의 손 뻗어 닿는 곳 어디든 독주를 숨겨놓았다. 언제든 원할 때 마실 수 있도록.

그녀는 멀쩡히 직장생활을 해내는 듯 보이지만 사실은 매일 아침 숙취에 시달리며 사무실 자리에 앉았다. 퇴근 시간이 가까워지면 같이 술 마시러 갈 사람이 없나 초조하게 두리번거렸다. 하지만 아버지의 죽음으로 알코올중독이 더 심해지기 전까지는 주변 사람 누구도 그녀에게 특별한 문제가 있다는 걸 알지 못했다.

이렇게 겉보기에는 멀쩡하게 정상적으로 생활하며 회사 일도 가정일도 충실히 해나가는 타입을 '적응형 알코올중독자'라고 한다. 이들 중에는 오히려 남들보다 교육수준이 높고 고액 연봉을 받으며 전문직에 종사하는 사람도 많다. 하지만 속으로는 냅처럼 술을 마시고 싶다는 열망에 하루 종일 시달린다. 고도적응형 알코올중독이다.

내 글들을 읽으며 자기 자신을 언뜻 비춰보는 사람들도 대부분 이런 타입에 속할 것이다. 일도 가정도 친구 관계도 흠잡을 것 없이 평범하게 일상생활을 영위하지만 단지 남들보다 조금 더 술에 대한 애정이 각별한 사람. 술자리에 가면 항상 남들의 2배속으로 술잔을 꺾어 결국 자기 주량보다 살짝 오버하게 되는 사람. 그렇다고 해서 큰 사고를 치거나 주사를 부리지는 않으니까 딱히 심각하진 않다고 생각하는 사람.

이런 사람들은 항시 어딘가 술 마실 핑계가 없나 기대감에 두리번거린다. 식사 메뉴를 정할 때도 메뉴 그 자체보다는 어떤 술과 어울릴지를 생각해 선택하곤 한다. 혼자 있는 밤, 맥주 한 캔만 마시자고 시작한 게 금세 두세 캔으로 이어져 다음 날 아침 찌뿌드드한 컨디션으로 후회 속에 일어난다. 이건 전부 나의 이야기지만 평범하게 술을 좋아하는 당신의 이야기이기도 하다. 우리 모두는 어느 정도씩 은은하게 알코올중독의 기운을 품고 살아가는 것이다.

적응형 알코올중독자가 말 그대로 술에 집착하는 자기 모습

그대로 삶에 잘 적응해 살아가는 거라면 별문제 없는 것 아닐까? 하지만 이런 사람들의 삶은 잘 메워진 평지를 걷는 게 아니라 성긴 그물 위에서 위태롭게 줄타기를 하는 것과 비슷하다. 인생사 조금이라도 거친 바람이 불면 줄에서 떨어져 그물 구멍 아래로 떨어져 하염없이 술로 빠져들게 된다.

내 경우도 딱 그랬다. 계획한 일들이 희망대로 잘 굴러가는가 싶던 시점에 갑자기 모든 것이 와장창 박살 나면서 망연자실, 절망의 구렁텅이에 빠졌다. 우울과 좌절감을 잊으려면 술 외에는 방법이 없다고 생각했다. 알코올의존자들은 불행이 닥쳐오면 그것을 마음껏 취해도 된다는 운명의 신호처럼 여기곤 한다. 자기 연민에 한껏 빠져들며 인생 모든 시간을 술병 안으로 집어 던지는 것이다.

내 정신의 기초체력이 튼실한 편이었다면, 그래서 알코올의존 성향이 없었다면 대부분 사람들이 그러하듯 한바탕 푸닥거리를 끝내고 우울이 가신 뒤 일상을 회복했을지 모른다. 그러나 나는 퇴사후 몇 년간 아무것도 해놓지 못했다는 자괴감과 앞으로 인생을 어떻게 살아야 할지 모르겠다는 불안감에 내면이 피폐해진 상태였다. 무엇보다도 기자로 일할 때부터 적응형 알코올중독자로 살아온 것이 화근이었다. 위태롭게 줄타기하다가 풍파에 밀려 떨어져 아래로, 아래로 추락하고 말았고 그곳은 술과 나만이 존재하는 고립의 세계였다.

적응형 중독은 사람 몸에 계속 잠복해 있다가 감정적으로 취약해진 시기에 튀어나와 삶을 온통 헤집어놓는다. 갑작스러운 실직이나 휴직 등으로 인해 시간이 남아돌게 될 때, 직장에서의 스트레스나 업무상의 실패, 실연 등으로 좌절감과 우울을 느낄 때면 그게 강력한 핑계라도 되듯 술독 안으로 마음껏 점프해 들어간다.

평소에는 평정을 가장하고 살아가다가도 언제, 어디서, 어떤 상황에서 나쁜 술 습관이 튀어나올지 모른다는 것도 적응형 중독자가 가진 심각한 문제다. 일간지에서 일하던 시절, 내가 몇 달에 걸쳐 만나려고 애를 쓰던 대기업 임원이 있었다. 그는 그룹 오너 아들의 오른팔로 몇 년 새 굵직한 M&A를 줄줄이 성사시켜 재계의 주목을 받던 사람이었다. 몇 차례 전화 통화 끝에 드디어 만날 약속을 잡고 우리는 차를 한잔 마시며 담소를 나눴다. 며칠 후, 그로부터 아는 사람들과 함께 저녁을 하는데 생각 있으면 합류하라는 연락을 받았다.

나는 한달음에 식당으로 향했고 거기에는 그 임원을 비롯해 투자은행과 외국계 컨설팅회사의 관계자들이 쭉 앉아 있었다. 긴장될수록 유쾌한 척하는 나는 특유의 너스레와 실없는 소리를 남발하며 분위기를 띄웠고, 자발적으로 기네스와 발렌타인을 섞은 폭탄주를 수십 잔씩 돌려대며 흥청망청 놀았다.

문제는 내가 중독자 특유의 '주량도 개의치 않고 때와 장소를 잊은 채 무작정 퍼마시기'를 시전했다는 거다. 잔뜩 만취한 나는 직접 차를 몰고 가겠다고 선언했고(하느님!) 그 자리에 있던 사람들은 기겁하며 말렸다. 한 사람은 내 차까지 쫓아와 보닛 위에 엎어질 기세로 말렸지만 나는 기어이 시동을 걸었다. 그런데 갑자기 속이 메슥거리면서 토악질이 치밀었다. 황급히 문을 열고 주차장 바닥에 한참을 토했다. 나를 말리던 사람은 그 꼴을 보고는 절레절레 고개를 저으며 돌아갔다. 나는 그대로 차 안에 뻗어 잠이 들고 말았다.

그날, 차를 몰고 올림픽대로 위에서 광란의 질주를 하지 않은 것은 천만다행이었으나 나는 다시는 그 임원과 만날 수 없었다.

정신의학 전문가들은 적응형 중독자들이야말로 상황이 심각해지고 회복이 어려울 지경이 되어서야 병원을 방문하는 경향이 있다고 지적한다. 평소에는 별 탈 없이 지내니까 스스로 멀쩡하다고 생각해 중독을 인정하지 못하는 것이다. 전문가들은 그럴수록 문제를 직시하고 객관적으로 판단을 내려야 한다고 조언한다. 나처럼 극단적인 상황까지 나빠지기 전에 평소에 자기 상태를 파악하라는 거다.

이미 우리 주변에 가장 간단하고도 기초적인 방법이 존재한다. 이것은 'CAGE 질문법'이라는 것으로 임상에서 간단하게 사용하는 테스트다. 나 역시 병원에 갔을 때 의사로부터 이 항목들을 질문받았다. 함께 체크해보자.

□ 술을 끊어야겠다고 생각한 적이 있습니까?

숙취에 시달리는 새벽 5시, 뒤집어지는 속을 붙잡고 냉장고로
기어가면서 늘 떠올리는 생각 아닌가?

□ 음주와 관련해 다른 사람에게서 잔소리나 비난을 들은 적이 있습니까?

20대 후반에 사귀던 남자친구는 나의 술 마시는 습관을 아주
못마땅하게 여겼다. 내가 여느 때처럼 술을 마시다가 딱 1차만
더 하자고 조르자, 화가 났는지 질렸는지 그대로 소주 한 병을
까서 분노의 원샷을 한 적이 있다. 그건 아마 나에 대한 무언의
비난이었겠지? YES.

□ 음주 때문에 죄책감을 느낄 때가 있습니까?

20대 때는 질펀하게 마시고 난 다음 날 지독한 숙취와 함께 죄
책감이 쓰나미처럼 덮쳐와 괴로웠다. 요즘은 술병을 따는 순
간부터 후회한다. 죄책감은 안주나 다름없다.

□ 술을 마신 다음 날 아침에 숙취 때문에 해장술을 마신 적이 있습니까?

아무리 술을 좋아해도 숙취에 또 마시는 사람이 어디 있겠나
싶지만, 과음으로 숙취에 시달리며 해장국을 먹다가 그새를
못 참고 소주를 주문한 적이 있다. 과음한 다음 날이면 정체를
알 수 없는 우울감이 밀려오는데 술을 마시면 어쨌든 기분이
나아지니까.

문항 중 두 개 이상만 해당돼도 알코올중독일 가능성이 높고 세 개 이상이라면 적극적인 치료가 시급한 정도라고 한다. 놀랍지 않은가? 적어도 모든 문항에 '예스'여야 알코올중독이라고 생각했는데 말이다.(실제로 모든 문항에 예스이긴 하다.)

대부분의 자가진단표가 다 이런 식이다. 보통 애주가들은 소주든 맥주든 서너 잔, 대여섯 잔은 기본, 일주일에 두세 번은 마시기 마련인데, 인터넷에 돌아다니는 진단표 기준대로라면 당장 입원부터 해야 할 판이다. 의학계에서 문제성 음주라고 제시하는 기준이 우리 같은 술꾼이 보기에는 너무 귀여운 주량이라 위기감이 들지 않는다. 대체 누가 겨우 저만큼씩 마신단 말인가. 한국 기간산업인 주류업계의 미래는 누가 책임지는가.

실제 통계를 봐도 그렇다. 보건복지부에서는 1회 평균 음주량 일곱 잔(여자는 다섯 잔) 이상씩 주 2회 이상 마시는 것을 '고위험음주'로 분류하는데, 2017년 조사 결과 평소 고위험음주를 하는 성인 인구 비율은 14퍼센트로 나왔고 남성만 따로 보면 21퍼센트나 된다. 친구 다섯 명이 모이면 한 명 정도 술 마시는 분위기를 주도하는 친구가 끼어 있기 마련인데 딱 그 정도 비율이다.

사람들의 전반적인 음주량이 문제성 음주로 분류하는 기준점에 비해 훨씬 높다 보니 진단표 점수가 높게 나와도 별 문제의식이 없다. 나뿐 아니라 주변 사람 대부분이 알코올의존일 테니까. "너도? 나도 알코올중독." 이렇게 낄낄거리고 끝이다. 우리 사회 특유의 술에 지나치게 관대한 음주 문화 때문에 이런 진단표는 현실성이 떨어지는 것처럼 느껴진다. 알코올의존 성향이 짙은 사람들에게는 그다지 경각심을 일깨워주지 못한다.

하지만 스스로 음주 문제가 있다고 느낀다면 정색하고 진지하게 진단표를 다시 체크해볼 필요가 있다. 음주에 죄책감을 느낀다는 건 내심 자신의 술 습관을 심각하게 여긴다는 뜻이다. 술 때문에 비난을 받는다는 건 남들조차 음주 문제를 눈치챌 정도로 티가 난다는 의미다. 이건 결코 웃어넘길 일이 아니다.

20여 년간 알코올의존 성향으로 살아온 나도 이런 진단표를 볼 때마다 "역시 난 알코올중독"이라며 너스레를 떨었지만 속으로는 켕기는 기분이었다. 내 문제성 음주를 인정하는 것도 두려웠지만 그것보다 술을 끊어야 할까 봐 겁이 났다.(의존자들이 중독 여부를 부정하는 가장 큰 이유일 것이다.) 억지로 변화를 추구해야 한다는 게 불편했던 것 같다. 하지만 만약 진지하게 진단 결과를 받아들이고 음주 습관을 고치려고 노력했다면 병원 문턱을 밟는 일은 없었을 것이다.

음주 문제로 씨름하면서 깨달았다. 삶을 살아가는 도중 가끔은 멈춰서서 스스로의 욕망과 갈망에 대해 냉정하게 돌아보는 시간을 가져야 한다는 걸. 우리는 의외로 자신에게 관대하다. 위태로운 방향으로 나부끼고 있는 욕구들을 그냥 손 놓고 바라만 보는 경우가 많다. 그런 욕구마저 절제하고 살아가기에 사회는 너무나 거칠고 인생은 너무나 힘겹다. 적어도 가능한 범위 내에서는 내가 하고 싶은 대로 하며 살면 안 될까? 하지만 그렇게 마음대로 노를 저어 나가다 보면 엉뚱한 바다 위에서 표류하게 될지도 모른다. 속절없이 음주의 세계에서 부유하던 나처럼.

음주 문제는 남에게 털어놓기 힘든, 가장 내밀한 고민 중 하나다. 혼자서 생각해보다가 마음대로 합리화하고 정당화하기 쉽다. 나도 그랬다. '기자라는 직업이 스트레스가 많고 사람과 만날 일이 많으니 과음하는 건 당연하지.' '태어나길 술에 환장하게끔 생겨 먹은 걸 어떡하라고.'

하지만 냉정하게 보자. 남들은 나처럼 술에 '집착'하지는 않는다. 엄연히 존재하는 문제를 못 본 척, 아닌 척한다고 사라지는 게 아니다. 지각 있는 사람이라면 나쁜 습관을 고치려 들지, 방치하지 않는다. 그래서 내가 스스로 지칭하던 '지각 있는 술꾼'이란 모순된 표현이자 애초에 성립될 수 없는 말이다.

완벽주의자의 하나뿐인 친구

"왜 기자를 그만두셨어요?"

내가 만든 유튜브를 보고 나를 인터뷰하겠다며 한 기자가 찾아왔다. 그녀는 내가 그만둔 바로 그 직장에 다니고 있었고 나와 비슷한 연배, 비슷한 연차의 워킹맘이었다. 나는 잠시 아찔하게 당황했지만 티를 내지 않고 그럴싸한 말들을 술술 늘어놓았다. 변해가는 미디어 환경 속에서 언론사의 권위, 기자의 입지가 얼마나 좁아지고 있는지, 데스크를 맡은 상사가 얼마나 편협하게 특정 논조로 기사 쓰기를 요구해왔는지, 내가 궁극적으로 하고 싶은 일은 글을 쓰는 일이기에 직업, 직장에 얽매일 필요는 없어 홀로서기를 시도했다는 이야기까지.

다 거짓말이다. 아니, 그것들이 퇴직의 빌미를 제공한 작은 이유들임은 맞지만 진짜 원인은 내 안에 따로 있었다.

내가 왜 내일이 없는 사람처럼 술에 의지하게 됐는지를 설명하려면 내가 가장 꺼리는 이야기, 대체 왜 퇴직했는지, 무엇보다 내 직업에 자부심이 넘치고 다른 일은 상상도 하지 못하던 내가 왜 직장을 스스로 나왔는지 털어놔야 할 것 같다.

워킹맘의 삶이 고단한 것은 구태여 구구절절 설명이 필요 없지만, 특히 기자이자 엄마로 산다는 건 미친 듯한 일정을 하루라는 한정된 시간에 욱여넣는 생활의 연속이었다. 아침 8시까지 유치원에 아이를 데려다주려면 꼭두새벽부터 일어나 서둘러야 했다. 아파트 바로 건너편에 있는 유치원에 아이를 던지듯 맡긴 후 부랴부랴 회사로 뛰어가 아침 회의, 온라인 기사 업로드, 각종 전화 취재와 취재원을 찾아가 만나는 대면 취재를 한다. 점심에는 취재원과 일을 겸한 식사 자리를, 오후에는 나머지 취재와 기획을 위해 뛰어다니다 보면 정작 기사 마감할 시간이 부족했다. 아이를 돌봐야 하니 야근도 쉽지 않다. 사무실로 돌아와 팀장에게 눈도장을 찍고 일거리를 챙겨 눈치를 보며 슬쩍 정시 퇴근을 했다.

집에 돌아오면 아이 하원을 도와준 친동생이 아이와 함께 나를 기다리고 있다. 팽개치듯 신발을 벗고 외출복 차림 그대로 저녁 준비를 시작한다. 배터리가 다 방전된 상태에서 다시 가사노동을 시작하려면 새로운 에너지원이 필요하다. 나는 냉장고에 있는 맥주 한 캔을 꺼내 한 손을 싱크대에 짚은 채 무슨 자양강장제라도 되는 것처럼 한 모금만에 반 캔을 냅다 꿀꺽 들이켰다. 급하게 올라오는 술기운에 의지해 나머지 노동을 허덕허덕 이어갔다. 동생이 그런 나를 보고 "언니가 불쌍해 죽겠다."라며 엄마에게 하소연했을 정도이니 제삼자가 보기에도 꽤 무리하고 있었던 모양이다.

평소 '뭐든지 절반씩', '내 새끼는 네 새끼다.'라는 모토로 육아와 가사는 남편과 철저히 분담해오고 있었지만, 하필 승진 시기가 임박해 그도 매일 야근이었다. 집안일도 육아도 아이의 유치원 대소사를 챙기는 것도 전부 나 혼자의 몫이 됐다.(결혼과 출산을 생각하는 분들은 이 부분을 염두에 두길 바란다. 당신 인생에서 가장 중요한 순간 당신의 배우자가 피치 못하게 조력을 해줄 수 없을지도 모른다.)

문제는 그저 시간이 부족하고 해야 할 노동이 많다는 게 아니다. 아이를 위해 헐레벌떡 집으로 뛰어 들어오는 내 발걸음에는 못다 한 업무, 불만족스러운 성과로 인한 죄책감이 질질 족쇄처럼 함께 이끌려 들어왔다. 자신에 대한 기대치가 너무 높았고 그런 이상에 부합하지 못하는 스스로에 미친 듯이 괴로워졌다. 전형적인 가면증후군이었는지도 모른다. 무능력한 자신을 몰래 감춘 채 겨우겨우 일을 해내고 있다고 느낀다는, 바로 그 감정 말이다. 육아휴직을 끝내고 회사로 돌아간 지 불과 몇 달 되지 않은 때라 빨리 성과를 보여야 한다는 중압감도 심했다. 누가 채근하는 것도 아닌데 스스로를 불안과 긴장으로 밀어 넣고 있었다.

그때 나는 중앙일보에서 매주 발행되는 섹션지 팀에서 일하고 있었는데 일주일에 장편 기사 여러 개를 마감하면서도 매일 하나 이상의 온라인 기사를 올리려면 하루 열 시간 근무로는 턱없이 부족했다. 다른 팀원들은 사무실에서 야근을 했지만 나는 집에서 아이를 먹이고 씻기고 재우고 난 후에 부엌에 앉아 노트북을 열고 밤부터 새벽까지 기사를 마감했다. 야근 못 하는 처지가 눈치가 보여 더 과욕을 부린 건지도 모른다. 딱히 누구도 탓하지 않았는데 말이다. 일주일에도 며칠씩 잠을 줄이며 일을 했고 다음 날 대장(기사가 신문처럼 인쇄되어 나온 종이)에서 오탈자를 확인할 때엔 너무 피로해 눈이 잘 보이지 않을 정도였다.

그렇게 허덕이며 살아가던 어느 날, 마치 팽팽하게 당기던 실이 한순간에 끊어지듯 갑작스럽게 이 모든 걸 그만두고 퇴사하자는 결심이 섰다. 스스로도 믿기 힘들 정도로 단호한 결정이었다. 이렇게 어설프게, 매일매일 패배하는 느낌으로 일을 하느니 차라리 그만두는 게 낫다고 생각한 것이다.

성공한 기자 출신으로 커리어 면에서 승승장구해 내가 존경해 마지않던 N 선배의 말이 떠올랐다.

"여기자로 성공하려면 아이를 갖는 건 포기해야 하는 건지도 몰라."

내가 사표를 내겠다고 밝히자 주변의 선배들은 깜짝 놀랐다. 나 스스로 기자가 천직이라고 확고하게 느껴온 것처럼, 그들도 비슷하게 생각했기 때문이다. 선배들은 입버릇처럼 "너만은 끝까지 회사에 남아 편집장까지 해먹을 것 같다."라며 놀려댔다. 그런 내가 일언반구도 없이 혼자 고민하다 갑자기 퇴직을 통보한 것이다. 다른 팀 선배는 나를 따로 불러내 "지금이라도 인사팀에 번복하라."라며 반쯤 협박조로 을러댔다.

"미소야. 우리 같은 사람들은 일을 안 하면 미쳐버린다고."

(몇 년 뒤에 정신과에 앉은 채로 그 선배의 말을 생생하게 떠올렸다. 선배 말이 맞네요.)

하지만 이미 결심은 굳어진 후였다. 어찌할 수 없는 시간적, 육체적 한계에 시달리면서, 일과 가정 모두 엉망진창으로 해낼 바에는 차라리 한쪽을 포기하겠다는 심정이었다. 부끄러웠다. 한 명 몫을 온전히 해내지 못하며 사회생활을 한다는 게.(주변 사람들의 평가는 그렇지 않았는데도!) 미안했다. 아이에게 온전히 시간을 쏟지 못해 늘 애정에 목마르게 키운다는 게. 하지만 가정을 포기할 수는 없으니 직장을 그만둘 수밖에.

어쩌면 이건 내 강박에서 비롯된 터무니없는 생각일지도 모른다. 다른 동료 여성 기자들은 아이를 낳고서도, 그것도 둘씩 낳고서도 버젓이 회사를 잘 다니고 있었으니까.(물론 그들의 삶이 피폐하기

짝이 없기는 하지만.) 그들이라고 일과 가정이 완벽하겠는가? 물론 일부는 남자 기자들 두세 명씩의 몫을 해내며 펄펄 날아다니기도 했다. 문제는 내가 그 완벽해 보이는 '슈퍼맘'과 비교하며 너무 높은 기준을 설정해놓고 거기 맞지 않는 자신의 모습을 보며 매일 고통스러워했다는 점이다. 그렇다. 정작 내 생활은 허술하기 짝이 없는데도 완벽주의적인 성격 때문에 일을 그만뒀던 것이다.

"알코올중독자 중에는 완벽주의자가 많죠."

나의 첫 정신과 진료 날 의사가 했던 말이다. 자기 인생을 진창으로 던져버리는 알코올중독자가 완벽주의자라고? 어처구니없는 이야기 같지만 나 자신이 직접 경험해봤기에 어떤 의미인지 듣자마자 이해할 수 있었다.

세상 그 누구도 자기가 바라는 이상형의 자기 자신이 될 수는 없다. 부족한 나를 용서하고 추스르며 어느 정도 삶에 만족하며 살아갈 줄 알아야 한다. 하지만 완벽주의자들은 까탈을 부린다. 자기 기준에 부합하지 못하는 스스로를 보며 불안과 긴장에 시달린다. 멍청하게도 자기 손으로 자기 목을 옥죄는 꼴이다.

하지만 술을 마시는 순간만큼은 옥죄던 두 손을 풀어 느긋하게 술잔을 감싸 쥔다. 목구멍을 타고 내려서 온몸으로 스며드는 알코올은 따뜻한 용서의 기운이 되어 자기 자신에게 구속되어 있던 나를 해방시킨다. 그 순간의 안도감, 그 한 모금의 자유로움은 얼마나 감미로운가. 스스로에게 더없이 관대하게 만들어준다는 점 때문에 완벽주의자들은 알코올의 매력으로부터 헤어나올 수가 없다.

완벽주의자에는 두 가지 버전이 있다. 높은 자기 기준을 설정하고 스스로를 적당히 밀어붙여 지쳐 쓰러지지 않고 점점 더 나은 성과를 만들어내는 사람. 이게 세상에서 통용되는 완벽주의자의 정의라면 더 불행한 버전도 있다. 스스로 정한 기준에 자신이 미치지 못할 때 부족함 그 자체에 절망해서 손을 놓거나 도피하고 외면해버리는 타입. 나 같은 범인이 후자의 경우라면, 소위 위인이라고 일컬어지는 업적을 남긴 사람들 중에서 전자가 많을 것이다. 하지만 역사 속 걸출한 인물들 중에서도 적지 않은 수가 세상의 눈을 피해 알코올에 의존하며 살아간 것을 보면, 완벽주의가 주는 중압감은 그가 삶에서 어떤 성과를 냈는지에 관계없이 엄청난 모양이다.

"이런 사람들은 주변 사람들에게도 항상 완벽한 모습만 보이길 원하기 때문에 일이 잘 안 풀릴 때는 세상으로부터 숨어버려요. 그래서 우울증을 앓거나 심한 알코올의존증에 시달려도 가까운 사람들조차 까맣게 모르는 경우가 태반이죠."

의사가 알코올중독자와 완벽주의 사이의 상관관계에 대해 이야기할 때 내 머릿속에는 얼마 전 드라마에서 본 한 위인이 떠올랐다. 거대한 안락의자에 앉아 불독처럼 완고한 표정을 하고 한 손에는 시가, 한 손에는 위스키 잔을 든 노인. 제2차 세계대전을 승리로 이끈 윈스턴 처칠이다. 그는 낮에는 맥주를 마시고 저녁에는 위스키를 탄 차와 샴페인을 마셨다. 종일 술잔을 손에서 놓지 않는 술꾼이었다. 그리고는 마치 변명이라도 하듯 "알코올이 나에게서 가져간 것보다 더 많은 것을 알코올에서 얻었다."라는 말을 남겼다.(암요, 뭘 좀 아시는군요!)

위대한 전쟁영웅의 삶이 빛난 것과 대비되게 그의 개인적 삶에는 불행의 그림자가 짙었다. 명문 귀족 집안에서 태어났지만 체구가 왜소했고 성적도 신통치 않았다. 부모는 자식들에게 큰 관심이 없었고 기숙학교에 방치하다시피 그를 맡겼다. 사관학교를 나와 전쟁 참전을 계기로 정계에 진출, 20대에 하원의원이 됐지만 그때부터 우울증으로 인한 자살 충동에 시달렸다. 그는 기차 플랫폼에 서지도, 뱃전에 서거나 발코니에서 잠을 자는 것도 할 수 없었다. 스스로 목숨을 버리고 싶은 충동 때문이었다.

그의 우울증은 가족력인지도 모른다. 처칠의 아버지 랜돌프 역시 장관을 지낸 유망한 정치인이었지만 우울증과 매독으로 일찍 사망했고 처칠의 자녀들 역시 알코올중독과 우울증을 앓았다.

우리가 아는 처칠의 이미지는 완고한 성격과 굽히지 않는 소신, 정치적 위기 상황에도 포기하지 않던 신념으로 대표된다. 승리의 V를 그리던 총리의 이면에 심약하고 우울한 자아가 자리 잡고 있었다니. "완벽주의는 무기력을 낳는다." 처칠이 한 말이다. 하지만 나는 오히려 이 말 때문에 그 자신이 완벽주의에 쫓긴 사람은 아닐까 생각했다. 어쩌면 그는 자기가 인식한 '원래 내 모습'과는 완전히 다른, 철인에 가까운 누군가를 쫓으며 평생 살았던 것은 아닐까. 처칠은 자기 우울증을 "나를 따라다니는 검은 개"라고 표현했지만, 정작 그 개는 이상에 미치지 못하는 부적격한, 스스로 들여다본 자기 자신의 상은 아니었을까.

정계를 은퇴한 처칠은 한시도 쉬지 않고 그림이나 집필에 몰두했다. 자신감 넘치고 고집스러운 영국 총리라는 겉모습 이면에 채워도 채워도 목이 마른 것 같은 성취에 대한 갈망이 있었고, 끝없는 좌절과 고통에 몸부림치는 왜소한 체격의 한 남자가 있었다. 그는 한순간도 술잔을 손에서 떼놓지 않고도 밤에는 브랜디 1리터를 마시고는 베개를 껴안고 울었다. 나는 그가 술로부터 무엇을 얻었는지 희미하게 짐작이 간다. 마치 적국과도 타협을 위해 손을 잡듯, 갈등하는 내면의 자아와 화해하기 위해 하루 종일 술잔을 들고 말없이 건배를 나누었을 것이다.

다시 나의 이야기로 돌아오자면, 안타깝게도 나는 노벨문학상을 탈 정도로 재능이 넘치던 처칠과는 처지가 달랐다. 회사에서 벗어나 한 개인이 되어 글을 쓰겠다는 포부를 가진 후에도 완벽주의자이자 알코올중독자인 성향이 발목을 잡았다. 매일 밤 술 대신 보이차 한 잔을 들고 서재로 가서 노트북을 열고 앉았다. 하지만 단

한 글자도 쓸 수 없었다. 무엇을 쓰더라도 어설프고 부족하고 거짓된 이야기들 뿐이었다. 신문사에서 일하던 때, 주제가 무엇이든 내가 취재한 팩트에 입각해 정돈된 글을 생산하던 때와는 180도 달랐다. 게다가 이제는 내 글을 기다리는 사람(특히 데스크)도 없고 쓴다고 해도 어떤 대가도 없다. 의무가 사라진 노동은 스스로 강제하기가 힘들었다.

곧 나는 서재에서 슬그머니 빠져나와 거실에 비스듬히 누워 영화를 보며 와인을 홀짝홀짝 마시기 시작했다. 글을 쓰겠다는 나와의 약속을 모른 척 외면하고는 한밤중에서 새벽까지 하염없이 들이붓는 술병들로 도망쳤다. '해야 한다.'라는 의무감이 없었던 건 아니다. 다만 엉망진창인 것들을 만들어내고 나서 좌절하기보다는 아무것도 하지 않는 쪽을 택했을 뿐이다. 찬장에는 얌전하게 자리 잡은 술병들이 각각의 교태로운 개성을 뽐내며 나를 유혹한다. 창작의 고통은 쓰되, 그 결과는 훌륭하지 못할뿐더러 형편없는 수준이다. 그에 비해 혀에 부딪혀 즉각적으로 피어나는 아름다운 향과 맛의 술이 담보하는 기쁨은 얼마나 확고한가. 실패 없는 즐거움이며 완벽한 도피, 그리고 이 공허하게 한없이 이어지는 시간을 채우기에 가장 적절한 물질 아닌가.

스스로 생각해도 어처구니가 없다. 완벽하지 않을 바에는 그냥 폐인으로 전락하겠다는 건가? '시도하지 않으면 실패도 없다.' 이

것은 쉽게 좌절하는 완벽주의자들에게 금과옥조와도 같은 말이다. 실패하고 싶지 않으면, 시도하지 말아라.

알코올에 의존하는 사람들은 멍청하게도 귀한 시간을 술에 타서 하염없이 흘려 버리는 한심한 족속으로 보일지도 모른다. 하지만 세상 속 편해 보이는 그들의 속마음을 까뒤집어 보면 미세하게 누적된 실패와 좌절된 열망이 얽히고설켜 내면에서 몇 번이나 폭발한 끝에 폐허가 되고 만 풍경이 보일 것이다.

하지만 누군들 그렇지 않단 말인가. 다만 다른 사람들이 매일 두려움을 이기고 한 걸음을 내딛는 쪽을 선택한다면, 우리는 공포에 잠식당해 끝없이 들이붓는 알코올의 물결 속에 스스로 걸어 들어가 익사하기를 택한 것이다. 그리고 그 죽음은 다른 누구도 알 수 없는 틈에 내면에서 서서히 벌어진다는 점에서 더욱 위험하다. 스스로 뛰어들까 봐 두려워 물가에도 다가가지 못했다는 처칠은 정작 매일 매일 술을 들이부으며 작은 자살을 실행하고 있었는지도 모른다. 마치 내가 매일 밤 거실 소파 위에서 해오던 것처럼.

너 자신을 알라

다용도실에 놓인 재활용 쓰레기통에 참이슬 종이 소주 팩 두 개가 버려진 걸 보고 뒷덜미의 피가 싸늘하게 식는 느낌이 들었다. 나흘 전 점심에 마시고 남은 한 팩과 따지 않았던 새것 한 팩이 모두 텅 빈 채 버려져 있다. 냉장고 안 보이는 구석에 놔뒀는데 어떻게 찾았지? 나는 출근하려는 남편을 불러 세워 물었다.

"이거 왜 버렸어?"

"거의 다 마셨길래."

"하나는 새 거였는데?"

짜증을 내며 묻자 남편은 억지웃음을 지으며 대답했다.

"네가 마실까 봐."

분노와 수치심, 민망함이 뒤섞인 감정이 스치고 지나간다. 내 상태를 가늠하려고 일부러 냉장고를 뒤졌을까. 치료를 위해 약까지 먹으면서 평일 낮에 기어이 술을 마시고 만 나를 비난하고 경고할 목적으로 내다 버린 걸까. 남편은 나의 음주에 대해 대체로 침묵하며 용인했고, 정말로 도가 지나치다고 생각될 때만 한마디씩 던져 제동을 걸었다. 그때마다 나는 중독자다운 뻔뻔스러움과 능청맞음으로 무시하고 넘어갔다. 하지만 내가 병원에 다니며 약을 먹는다는 사실을 안 이후부터는 전과 다르게 엄격해졌다. 자기 전 진토닉을 한두 잔 들이켤 때마다 "요 며칠간 많이 마신다?" "어이, 벌써 두 잔째인데 그만 드쇼." 하는 지청구가 날아들었다.

그럴 만도 한 게 내가 생각해도 최근 몇 주 사이 슬그머니 음주량이 늘었다. 병원 치료를 시작한 지 5개월, 약의 효과가 서서히 떨어져가는 걸까? 그 사이 약의 종류도 바꾸고 용량도 조금 늘리는 등 처방에 변화를 줬는데 말이다.

일종의 패턴이 있다. 바뀐 약을 처음 복용할 때는 효과가 짱짱하다. 기분을 한껏 끌어올려 우울한 상태에서 벗어나게 되면서 술 생각도 통 나지 않는다. 그러다 한 2주 정도 지나면 다시 마음의 귀퉁이부터 축 처지며 어두워지는 느낌이 들고, 이 상태로 며칠이 지나면 습관처럼 술 생각이 난다. 오전 10시부터 '아아…… 넷플릭스 보면서 컵라면에 소주 빨고 싶다.' '아아…… 배달음식 시켜놓고 술 먹고 싶다.'라고 단전에서부터 우러나오는 한탄을 내뱉는다.

물론 약을 먹기 전보다는 훨씬 기분도 쌩쌩하고 술에 대한 갈망도 덜해서 전처럼 아침부터 병나발을 부는 일은 없다. 하지만 갑작스럽게 '마시고 싶다.'라는 충동이 불쑥 솟아나는 순간마다 불길하다. 기껏 약으로 다스려놓은 중독의 심리가 다시 발동해 전처럼 폭주할까 봐 걱정된다.

현실을 직시하는 차원에서 지난주를 복기해본다. 월요일부터 뭔가 참을 수 없는 답답함이 밀려와 내내 한숨을 쉬다가 점심때 기어이 배달 삼겹살을 시키고 소주 한 병을 깠다. 넷플릭스에서 태국 드라마를 틀고 그 한 병을 꼴꼴꼴 따라 드라마 한 편이 채 끝나기 전에 다 마셔버렸다. 돼지고기 지방의 고소함과 차가운 소주의 조합이 어찌나 달고 맛나던지 이걸 쓰고 있는 지금도 군침이 돈다.

금요일에는 아침에는 일어나자마자 내가 가장 좋아하는 조합, 육개장 사발면과 소주가 떠오르더니 하루 종일 머릿속에서 떠나질 않았다. 그 칼칼한 감칠맛 국물을 한 번 들이켜고 쌉쌀한 소주 한 잔 마시면 세상 부러울 게 없을 것 같았다. 저녁 시간이 될 때까지 내내 참다가 오후 5시 30분이 되자마자 슈퍼로 뛰어가 팩소주 두 개와 사발면을 사 들고 돌아왔다.

왜 종이팩으로 샀느냐. 병으로 사는 것보다 죄책감의 무게가 덜하다. 종이팩은 비교적 용량도 적고 어디 캠핑이라도 가는 사람 같아서 덜 부끄럽다. 중독자의 마지막 남은 양심이랄까. 아무튼 남편이 돌아왔을 때쯤에는 이미 라면에 소주를 먹고 취한 상태였지만 오랜 기간 숙달된 나는 취하고도 티 내지 않는 법을 완벽하게 마스터했다. 들키지 않고 태연하게 넘어갔다.

주말에는 원래 있던 점심 낮술 약속이 취소되는 바람에 아쉬움을 달래러 집에서 혼술을 했다.(언제는 혼술이 아니었나.) 떡볶이에 질감이 살랑살랑 가벼운 칠레산 피노누아를 아주 차게 식혀서 먹었는데 괜찮은 마리아주였다. 흐뭇하게 취한 채 낮잠이 들었다.

망했다. 이건 '마시고 싶다.' 수준이 아니라 이미 엄청나게 마시고 있었던 거잖아! 완전히 적신호다. 중독의 병증이 서서히 다시 올라오고 있다. 원인을 찾아내야 한다. 두꺼운 백과사전을 뒤지듯 나는 지나간 기억과 감정의 수많은 페이지를 꼼꼼하게 되짚어 대체 왜 세 번이나 취하도록 마셨는지 알아내려 노력해본다.

확실히 지난주에는 감정 상태가 썩 좋지 않았다. 이상하게 축 처지고 불안했고 부정적인 생각들이 머릿속을 채웠다. '지금 쓰고 있는 이 글들은 아무짝에도 쓸모없고 무가치해.' '아무도 이런 내용을 원하지 않아.' 그럴 때마다 술을 마시고 싶다는 충동이 꼬리처럼 뒤따랐고 매번 나는 그 충동에 졌다. 아니, 싸워볼 생각조차 하지 않았다.

왜 그렇게 전의를 상실했던 걸까? 어쩌면 날씨 때문일지도 모른다. 여름부터 초가을까지의 길고 긴 비가 그치더니 9월 중순부터 돌연 쨍하니 화창한 날씨가 이어졌다. 캔디바 색깔의 새파랗게 눈부신 하늘과 순결하도록 새하얀 구름이 완벽한 조화를 이루며 오후 내내 그림처럼 멈춰 있었고 해 질 녘에는 먼 지평선에서부터 주황빛에서 보랏빛으로 스러져가는 노을이 애틋하게 마음을 조인다.

이토록 눈부신 가을이 내게는 서럽도록 아프게 다가온다. 쏟아지는 햇볕과 대조되는 마음속 어두운 그림자가 평소보다 더 짙게 드리워지고, 세상의 아름다움으로부터 종종걸음쳐 어디론가 숨고 싶은 심정이 된다.

계절이 급격하게 바뀌어 추운 날들로 접어드는 이때가 우울을 앓는 사람들에겐 치명적이다. 이른 아침 코끝이 쨍하도록 시린 공기가 느껴지면 쓸쓸함이 느껴짐과 동시에 올해도 다 저물어간다는 초조함에 서글퍼진다. 원래의 우울한 기질에 더불어 계절성 우울증이 한 겹 더 겹쳐서 마음을 짓누르는 거다. 가을을 '탄다'라는 표현보다는 가을을 '앓는다'라는 말이 더 정확할 것이다.

울적한 마음에 위안거리를 찾고 자연스레 술을 떠올린다. 온 집 안을 더듬어 술병을 찾고 거실 바닥에 앉아 그 병을 열어 잔에 따를 때의 해방감. 스스로에게 행복해질 권리를 허용하는 것 같은 착각. 나에게 전하는 유일한 위안이 술잔뿐이라는 것을 자조하면서도 채우기를 멈추지 않는다.

알고 있다. 이것은 일종의 도피다. 외면이다. 원고 작업과 집안일 등등 할 일이 쌓여 있는데도 주어진 시간을 술로 찰랑찰랑 채우면서 현실로부터, 의무감으로부터 도망친다. 이건 위안조차도 아니다. '포기하면 편해.' 내 삶에 대한 자포자기의 선언이다. 어떨 때는 우울해서 술을 마시는 게 아니라 술을 마시는 행위로 나 자신에게 스스로의 우울감을 입증하는 것 같은 느낌마저 받는다. '나 이만큼 우울해. 점심부터 소주 마실 만큼 슬퍼.'

그렇다고 술을 마신다고 기분이 좋아지느냐 하면 그것도 아니다. 아침마다 복용하는 날트렉손 덕분에 전처럼 술로 기분전환이 되는 효과는 제로가 되어버렸다. 오히려 술을 마시고 한잠 늘어지게 자고 난 후에 쓰나미처럼 나를 덮치는 자책감과 자괴감, 발 디딘 땅이 무너져 나를 집어삼키는 것만 같은 자기혐오의 구렁텅이에 뒹굴며 더 괴로워질 뿐이다. 이렇게 무너진 감정 상태는 다음 날 또 다른 술을 부른다. 늘 그렇듯 악순환이다.

안돼, 이대로 주저앉을 수는 없다. 마음속으로 뺨을 때리면서 정신을 차려본다. 괜한 날씨 탓을 하는 걸 관두고 다시 한번 지난주를 돌아봤다. 술에 대한 내 갈망이 어떤 식으로 발동했는지 구체적인 상황을 떠올리며 더듬어본다. 라면에 소주, 떡볶이에 와인…… 문득 모든 것이 음식에서 시작됐다는 생각이 들었다. 고기가 먹고 싶고 라면이 먹고 싶어서, 떡볶이가 먹고 싶어서 음식을 탐했는데 그런 푸짐하고 자극적인 음식을 앞에 놓으니 당연히 술 생각이 간절해졌던 거다.

얼마 전 건강검진에서 2년 전보다 3킬로그램 정도 더 쪘다는 걸 알게 된 후 식사량을 줄인 게 문제였던 것 같다. 아침은 곡물 셰이크, 점심은 샐러드, 저녁은 일반식으로 조절하고 있었는데 하루 두 끼나 저칼로리로 먹다 보니 그 반작용으로 오히려 음식에 대한 탐욕이 커졌다. 일종의 풍선효과랄까. 하루는 맛없는 샐러드를 씹고 다음 날 점심은 배달음식을 시켜서 폭식하는 식의 한심한 패턴이 반복됐다.

음식 그 자체가 술을 떠올리게 하는 강력한 단서인데, 음식에 대한 갈망이 전보다 강해지면서 덩달아 술에 대한 욕구까지 점화된 거다. 술을 생각나게 하는 '단서'인 음식을 집착적으로 떠올리면서 예전에 학습된 쾌감, 술을 마시면 기분이 좋아진다는 데까지 생각이 무의식적으로 연결된다. 성급한 신경회로는 이미 술을 마신 것처럼 도파민을 내보내고 여기에 자극받아 술을 더욱더 강렬하게 원한다. 이런 식으로 식욕과 음주 욕구는 가까이 이웃하며 아주 긴밀하게 연동된다. 다이어트가 문제였다. 그로 인해 억눌린 식욕이 간헐적으로 분출되는 게 문제였다.

좋다. 다이어트가 문제였다면 잠시 중단하면 그만이다. 하지만 날씨나 식욕 같은 부차적인 요인들이 나를 뒤흔드는 건 좀 더 근본적인 차원에서부터 뭔가 잘못되고 있다는 증거다. 술을 줄여보겠다던 내 의지가 처음보다 상당히 약해진 게 스스로도 느껴진다. 치료 초기 약물의 극적인 효과에 대만족한 나머지 아침에 먹는 다섯 개의 알약, 그 약물들을 지나치게 믿고 의존하고 있었던 거다. 술을 마시는 빈도와 양이 늘어나더라도 약물이 최후의 바리케이드가 되어줄 거니까 예전처럼 밑바닥까지는 떨어지지 않을 거라는 근거 없는 믿음 때문에 경계심을 늦추고 내킬 때마다 마셔버렸다.

약을 꾸준히 복용하는 것까지는 좋다. 큰 도움이 된다. 그렇다고 스스로 생활을 제한하도록 의지력을 발휘하는 것까지 멈춰서는 안 됐다. 그 결과 나도 모르는 새 매일같이 실패하는 생활이 또 반복되고 있었다.

그렇다면 내가 숭배하고 맹신해 마지않는 이 알약들이 나의 강력하고 끈질긴 갈망에 맞설 정도로 전지전능한 물질일까? 나는 다시 관련 논문과 전문 자료를 뒤져 날트렉손의 효능과 한계를 알아보기로 했다. 중독에 대항하는 나의 최종병기의 강점과 약점을 잘 알아야 덮쳐올 충동에 대비할 수 있을 테니까.

다행히 잘 정리된 자료가 있었다. 「갈망감의 신경생물학적 기전과 항갈망제의 임상적 사용」을 참고해 설명하자면 이렇다. 알코올은 도파민 분비를 증가시켜 쾌감을 주는데 날트렉손은 특정 수용체에 작용해 도파민 분비 증가를 막는 효과를 내어 술 마실 때의 즐거움을 약화시킨다. 이걸 '유인적 현저성'으로 인한 갈망감을 약화시키는 원리라고 하는데, 유인적 현저성이란 쉽게 말해 술을 마시면 즐거우니까 선호의 감정이 생기고 그로 인해 섭취를 유인하게 되는 걸 뜻한다.

나는 약을 복용하고서도 음주를 갈망하는 나의 상태를 '거세당한 내관'에 비교한다. 남성기를 잃어 남자 구실을 못 하게 됐는데도 성욕은 그대로 남아 어쩔 줄 모르는 것처럼 쾌감도 주지 못하는 술을 관성처럼 계속 찾기 때문이다. 날트렉손의 약효 덕분에 더 이상 술이 좋은 느낌을 주지 못한다면 술에 대한 선호(liking)는 줄어들 것인데 왜 원하는(wanting) 감정은 지속되는 걸까?

이건 갈망감의 신경생물학적 기전을 설명하는 이론인 유인-민감화 모델로 설명할 수 있다. "중뇌변연도파민 회로를 자극하는 약물을 장기적으로 사용하면 신경적응 변화가 일어나서 그 약물에 대해 강한 유인적 현저성을 부여하게 된다. (……) 유인적 현저성에 대해 민감화된 상태는 약물을 끊은 이후에도 상당 기간 지속이 되며, 민감화된 약물을 더 이상 좋아하지 않더라도 계속해서 원하고 추구하는 행동이 지속될 수 있다." 즉 술이 쾌감을 주지 못해 술에 대한 선호가 사라져도 원하는 느낌은 지속된다는 것이다.

또 다른 문제도 있다. 알코올은 도파민 분비만 증가시키는 게 아니라 GABA수용체를 활성화하고 NMDA수용체를 억제해 불안 해소와 진정 효과를 낸다. 긴장이 풀리고 불안이 사라짐으로써 안

락함을 느끼게 되는 원리인데, 이건 날트렉손이 조절하는 도파민과는 관계가 없는 부분이다. 약을 복용하고 술을 마셔도 이완 효과로 인한 기분 전환은 어느 정도 가능하다는 거다.

결국 날트렉손이 중독의 병증을 모두 해결해주지는 못한다. 다른 약도 마찬가지다. 항우울제와 양극성장애 약이 침울한 감정을 끌어 올려주고 조울의 기복을 줄여주기는 하지만 술을 원하는 습관까지 고쳐주지는 않는다.

내가 너무 나태했다. 약물을 지나치게 맹신했다. 마실까 말까 갈등하는 것조차 귀찮아서 그냥 내키는 대로 마셔버렸다. 중독으로부터 벗어나는 건 나 자신과의 싸움이라서 시도 때도 없이 튀어나오는 갈망을 억지로 틀어막으려고 안간힘을 쓰고 강렬한 충동에 맞서야 한다. 그런 내적 갈등이 싫다면 다시 중독의 구렁텅이로 굴러 들어가서 영원히 엉망진창으로 살거나 아니면 다시 처음부터 재활의 과정을 거치는 수밖에. 그때의 쓰디쓴 수치심과 절망감을 다시 맛보고 싶은가? 절대 아니다.

나는 전투에 임하는 것처럼 전략을 세웠다. 이미 중독을 경험해본 뇌가 술 마시는 행동을 상상하며 충동과 갈망을 일으키는 건 내 힘으로 억제할 수 없는 부분이다. 그래서 내 생각과 감정은 그대로 두더라도 내 생활 자체를 통제해보자고 마음을 먹었다.

일과에 엄격한 규칙을 정했다. 아침 6시 30분에서 7시 사이에는 항상 일어나 커피 한 잔을 마셔 정신을 깨고 서재 책상 앞에 앉는다. 그리고 노트를 펴서 모닝 저널을 썼다. 별건 아니고 내가 오늘 반드시 해야 할 일의 목록을 만드는 거다.

7시부터 8시까지는 신문 정독. 9시에는 7킬로미터 러닝, 10시 30분부터는 앉아서 글쓰기. 하루라는 시간을 촘촘한 칸으로 구획을 나눠 매일 특정 시간에 해야 할 일들을 정례화했다. 같은 일정을 반복해서 특별히 의식하지 않아도 몸이 저절로 그 규칙대로 생활하게 만들고 싶었다. 이건 내 삶이 일탈하지 못하도록, 정해진 길대로 기차 철로를 놓아 그 궤적만을 따르도록 만드는 작업이다.

그러려면 하루의 시작이 중요하다. 매일 같은 시간에 책상에 앉아 모닝 저널을 쓰고 시간 배분을 하는 것. 신기하게도 내가 할 일을 기록하는 것만으로도 불가항력적인 강제성이 부여되는 느낌이었다. 왜 그런 말이 있지 않은가. 생각 없이 살다 보면 사는 대로 생각하게 된다고. 중독의 기간 동안은 혼탁한 감정이 생각을 지배했고 그 어긋난 감정대로 사느라 하루를 망쳤다. 이제는 나의 생각으로 감정을 압도하기 위해 아침마다 하루를 어떻게 살지 숙고하는 시간을 가진다.

이렇게 생활을 정비하는 와중에 재미있는 현상을 발견했다. 중독의 병증과 원인을 고심하고 내 나름으로 파악한 내용을 글로 정리할수록 술에 대해 요동치던 감정이 고요해진 것이다. 문장을 쌓고 문단을 완성하느라 고심하는 사이 그 생각의 무게에 밀려 술에 대한 갈망이 내 안에서 서서히 멀어져간다. 욕망이라는 복잡한 감정의 실타래를 손가락으로 쓸어내리며 천천히 풀어가는 과정에서 되려 그 욕망이 해소되는 기분이다.

세계적인 신경과학자인 앨릭스 코브가 쓴 『우울할 땐 뇌과학』에는 감정과 인식은 각자 다른 뇌 영역이 매개한다는 내용이 나온다. 특정 상황에서 자기 자신의 반응을 '인식'하면 계획과 실행 등 이성적인 활동을 주관하는 전전두피질이 활성화되어 뇌에서 감정을 주관하는 편도체 부위를 진정시킬 수 있다고 설명한다. 즉 스스로를 이성적으로 '파악'함으로써 감정을 다스리는 것이 가능하다는 거다. "너 자신을 알라."라는 명언이 신경생물학적 통찰의 의미도 담고 있었던 모양이다.

한편 글을 쓰면서 내 행위에 대한 통제 효과도 누릴 수 있었다. 뭐든 쓰려면 일정 시간 동안은 서재 의자에 엉덩이를 붙이고 노트북 앞에 앉아야 한다. 거실에 널브러지거나 식탁 의자에 걸터앉는 건 용납되지 않는다. 나는 술을 한 모금이라도 마시면 일을 하지 못하는 타입이다. 자연스레 서재는 신성불가침의 알코올 금지 구역이 됐고 적어도 여기에서 머무르는 오전과 오후의 몇 시간은 금욕의 시간으로 굳어졌다. 이렇듯 중독의 현상을 돌아보기 위해 글을 쓰던 것이 뜻밖에 중독으로부터의 구원이 됐다.

가까스로 내 나름의 자기절제 방식을 터득하긴 했지만 사실 스스로 정한 일과를 어떤 강제성도 없이 자율적으로 지키는 건 쉽지 않다. 가득 채운 물 한 잔을 들고 걷는 것처럼 조금이라도 주의가 흐트러지고 의지가 약해지면 시간을 엉뚱한 데 쏟아버리고 만다. 언제 어떤 단서로 인해 술에 대한 충동이 촉발되어 나를 덮치러 튀어나올지는 예측불허다. 어쩌면 당장 몇 시간 후 마트 와인 코너를 기웃거릴지도 모른다. 내 삶에는 여전히 충족되지 못한 커다란 결핍들이 존재하고 거기에서 흘러나오는 각종 부정적인 감정들을 먹고 나쁜 습관이 계속 꽃을 피운다. 경계를 늦추지 말고 화근을 미리 잘라낼 것. 나와의 싸움에서 지지 않도록 미리 방비할 것. 이것은 분명 평생에 걸친 전투일 테니까.

중독의 기원을 찾아서

부산 남포동, 술집 네온사인이 현란하게 불을 켠 유흥가 거리에서도 한 블록 안쪽으로 들어간 으슥한 골목에 나와 친구들은 서 있었다. 이 낡은 건물의 2층, 우리의 목적지를 올려다봤다. 창문에서 불빛이 어른거리는 게 영업 중인 것 같기는 하다.

여기가 맞나, 한참 두리번거리고 망설이다 어둑한 계단을 올랐다. 다리를 옮길 때마다 자꾸 올라가는 짧은 청치마를 손으로 끌어내려야 했다. 2층에는 벽 하나를 차지한 커다란 철문이 굳게 닫혀 있고 무전기를 든 험상궂은 인상의 40대쯤 된 아저씨가 그 앞에 서서 엄한 눈으로 우리를 쳐다봤다.

"원두막 왔는데요."

잔뜩 주눅 든 목소리로 말을 걸었다. 아저씨는 무전기를 들고 말했다.

"여기, 손님 세 명 들어간다."

철문이 열리고 안으로 들어가자 담배 연기가 훅 끼친다. 거의 모든 테이블에 손님이 꽉 들어차 앉아 왁자지껄 떠들며 술을 마시고 있다. 하나같이 앳된 얼굴, 우리처럼 10대의 학생인 게 분명하다. 최대한 자연스러운 척 움직여 빈 테이블에 앉았다. 무뚝뚝한 표정의 아줌마가 와서 던지듯 메뉴판을 준다. 오뎅탕, 김치찌개 등등이 1만 원, 형편없을 게 뻔한 이곳 음식 질에 비하면 비싼 가격이지만 열여덟 살인 우리를 받아주는 술집이란 게 뻔하지 않은가. 오뎅탕과 소주를 주문하고 한결 느긋해진 마음으로 주위를 둘러본다.

술집 가득 앉은 여자애들은 하나같이 나이를 감추려고 짙은 화장을 하고 어른 같은 정장을 빼입었다. 연신 담배를 피워대며 재떨이에 침을 뱉는 남자애들도 어설프게 차려입은 건 마찬가지다. 그렇다. 여기는 남포동에서 몇 개 남지 않은, 10대들을 '튕기지' 않는 술집이다. 내가 고등학생이 되던 무렵부터 갑자기 청소년들의 술집 출입 단속이 심해졌고 예전 같으면 대충 눈감아주던 곳들까지 신분증 검사를 하며 학생들을 막았다. 그래서 친구들 사이에는 남포동과 서면 유흥가에서 학생 출입이 가능한 술집 이름이 아주 귀하게 전해졌다. 나와 '조금 노는 편'인 내 친구들은 주말을 틈타 그중한 곳인 여기 원두막을 '뚫으러' 온 것이다.

갑자기 누가 팔을 툭 치며 알은체를 해온다. 같은 학교에 다니는 J였다. 2학년 중에서 제일 '심하게 노는' 그룹에 속하는 그녀는 얼굴도 예쁘장하고 몸매도 늘씬해 주변 남학교에서 인기가 많았다. 늘 몸에 딱 붙게 수선한 교복 치마를 입고 날렵한 깻잎머리를 실핀으로 고정하고 다녔다. 딱히 친한 사이는 아니지만 아는 얼굴을 만나니 반가워 평소보다 과하게 반가운 체를 했다. J는 놀란 듯한 표정으로 나를 봤다.

"니도 이런 데를 다 오나?"

학교에서의 나는 지극히 평범한 학생이었다. 성적도 반에서 10등 안에 겨우 드는 수준으로 특출나게 잘하는 것도 못하는 것도 아니었고, 딱히 사고를 치거나 반항을 해 선생님들 입에 오르내린 적도 없었다. 함께 도시락을 먹으며 어울리는 친구 무리도 아주 평범한 아이들. 털털한 성격에 교복 셔츠를 치마 밖으로 다 꺼내 입고 칠칠맞지 못하게 다니며 아무에게나 실없는 농담을 하는 '여성스럽지 못한' 학생일 뿐이었다.

그런 내가 이런저런 사소한 계기로 다른 반의 '약간 노는' 친구들과 친분을 맺으면서 주말마다 일탈을 일삼기 시작했다. 다들 키가 크고 얼굴도 노숙해서 조금만 차려입고 화장을 하면 직장인인지 대학생인지 구분이 안 되는 아이들이었다. 논다고 해봐야 하는 일은 뻔했다. 술 마시고 남자아이들과 어울리는 것.

주말이면 용돈으로 몰래 산 화장품을 이것저것 찍어 바르고 엄마 정장 원피스를 슬쩍 훔쳐 입고 환락의 거리 남포동으로, 서면으로 출격했다. 목적지는 술을 마실 수 있는 곳이라면 어디든 좋았다. 누가 주선해준 옆 학교 남자애들과의 미팅 자리에서 술을 마셨다. 한밤중에 친구랑 용두산 공원에 올라가서 빈둥거리다 말을 거는 남자애들과 술 마시러 남포동으로 내려간 적도 있다. 그렇게 친해진 애들과 서면 시장의 통닭집에서 또 맥주를 마셨다. 학교 근처 하단 시장의 포장마차에서 사장 이모님과 친해져 계란말이와 소주를 주문했다. 부모님이 집을 비운 친구네에서 몰래 맥주캔을 땄다. 열여덟 살의 나는 그렇게 어른들의 시선을 피해 술을 탐하는 것으로 남는 시간을 보냈다.

그 나이에 으레 감행하기 마련인 일탈이었다고, 도덕 관념 희박하고 겁 없는 아이가 반항하고 엇나가기 쉬운 시절을 맞아 비행의 맛을 봤다고 단순하게 생각했다. 하지만 지금 내가 앓는 중독이 10대 때부터 이어져 내려온 결과라면, 그 시절의 나를 좀 더 이해해봄으로써 내 병증의 원인을 파악할 수 있지 않을까. 어쩌면 그때의 나도 지금의 나도 비슷한 이유로 술에 의지하는 걸지도 모른다.

그 시절 나는 티 나지 않게 우울한 아이였다. 친구들 앞에서는 짐짓 강한 척 무신경한 척 허세를 부려 '터프걸'이라는 별명으로 불렸지만 몰래 쓰던 일기장에는 수면제를 모으겠다느니 요절하고 싶다느니 하는 사춘기 특유의 음울한 자의식에 사로잡혀 있었다. 티조차 낼 수 없었던 건 집에 여유가 없어서였는지도 모른다.

유년기부터 초등학교 저학년까지는 증권사에서 초고속 승진을 하던 아버지 덕분에 살림이 넉넉했다. 호탕한 기분파였던 아버지는 사달라 한 적도 없는 재믹스 게임기를 척척 선물하고 우리 자매의 옷은 무조건 백화점의 김민지 아동복만 고집했다.

아쉽게도 좋은 시절은 길지 않았다. IMF가 오기 전인 90년대 중반, 주식시장부터 먼저 고꾸라졌다. 아버지가 투자자들을 대신해 사들인 주식 가격이 폭락하면서 투자금 일부라도 돌려주기 위해 가산을 모두 팔아야 했다. 그때 우리 가족은 바닷가에 지은 신축 40평형대 아파트의 입주를 기다리고 있었는데 단 하루도 살아보지 못한 채 남의 손에 넘겼다. 아버지는 회사를 그만뒀고 엄마는 아는 사람으로부터 소개받아 화장품 영업을 하며 생계를 이었다.

자랄수록 내 키는 점점 커지는데 집은 점점 작아졌다. 초등학교 시절 살던 아늑한 아파트를 떠나 산동네 다가구주택의 2층 셋집, 10평짜리 임대주택 등을 전전했다. 누우면 다리도 펼 수 없던 작은 방, 빚쟁이들에게 걸려오는 전화에 어색하게 거짓말로 둘러대던 일들이 생각난다. 한밤중에 부모님이 다투는 소리에 깨곤 했다. 우리 가족이 솟아날 구멍은 세상에 없는 것 같았다.

이렇게 적고 보니 극도로 암울한 시절이었던 것 같지만 사실 그때는 다들 이렇게 살겠거니 했다. 워낙 서민층이 사는 동네라 형편이 비슷비슷해 별 박탈감을 못 느꼈다. 부모님 덕분도 컸다. 최악의 상황에서도 강한 생활력으로 버텨내 의지가 되어주셨다. 없는 살림을 쪼개 학원비를 대주시던 게 기억난다. 주변에는 훨씬 더 가난하거나 부모님으로부터 심하게 방치당하고 학대당하던 친구도 있었기에 이 정도면 크게 불평할 처지도 아니라고 느꼈다.

어쨌든 삶이 갑자기 온통 흔들리는 경험이 사춘기 내 마음에 상흔을 남기긴 했던 모양이다. 불행은 인생이라는 커튼 뒤에 조용히 숨어 있다가 평온한 삶을 살던 나를 갑자기 낚아챘다. 그 충격은 앙금 같은 우울로 남아 조금만 삶이 흔들려도 마음을 온통 뿌옇게 흐려놓곤 했다.

한편으론 그 상처와 우울이 내가 실컷 일탈하고 규율을 어길 핑계가 되어줬다. 내가 내 나름의 불행의 무게를 짊어졌는데 세상이 정한 제약까지 따라야 하나 하는 생각. 어른들이 정한 규율을 어기는 나쁜 짓을 해도 될 권리가 있다고, 그렇게 해야만 내 괴로움에 대한 보상이 된다고 여겼다. 어쩌면 불안정한 가정에서 자란 아이들이 엇나가는 데에는 이런 내면의 심리가 존재하는지도 모르겠다. 상처받은 것, 충분한 보살핌을 받지 못한 것에 대한 분노와 슬픔이 반항의 정당성을 부여하는 거다.

도나 타트의 소설 『비밀의 계절』은 화자의 한탄으로 시작한다. "내 삶의 치명적인 결함이란, 어떤 대가를 치르더라도 내 삶을 다채롭게 만들어야 한다는 병적인 집착, 바로 그것인 듯하다." 그 시절의 나도 마찬가지였다. 소소한 일탈도 세상 모든 경험을 내 것으로 만들고 싶다는 열망에서 시작됐다. 사회적 규율을 어기고 술을 마시는 경험은 미성년 때만 할 수 있으니까.

　아니면 그렇게 해서라도 나에게 뭔가 특별한 구석을 만들어주고 싶은 마음의 발로였을지도 모르겠다. 사춘기 시절 나를 사로잡은 전혜린의 수필에는 그녀가 어릴 때부터 줄곧 비범한 생활의 영위를 열망했다는 내용이 나온다. "절대로 평범해져서는 안 된다!" 나는 스스로를 선을 넘는 이탈자, 얌전한 양 같은 또래 무리 사이의 검은 양으로 여기며 만족했다. 지금 생각하면 낯이 뜨겁지만, 누구나 왼팔에 흑염룡 하나쯤 키우는 질풍노도의 시기 아닌가. 그 나이 때에는 누구나 '남과 다른 나', '뭔가 특별한 나'를 꿈꾼다.

　그리하여 나의 세계는 평일과 주말, 낮과 밤이라는 두 영역으로 완전히 구분됐다. 평일에는 학교에서 얌전한 학생으로 눈에 띄지 않는 생활을 하다가 주말 저녁이 되면 또 다른 친구들과 함께 짙은 화장에 높은 하이힐을 신고 남포동 시내를 쏘다녔다. 빛과 어둠, 두 세계에 다리를 걸쳤다는 점에 내심 뿌듯했다. 나만의 특권처럼 느껴졌다.

　하지만 실제로는 반대였다. 놀러 다니는 친구들과는 도통 말이 통하질 않아 속내를 터놓고 친해지질 못했고, 학교에서 어울리는 친구들은 선량하고 순했지만 어딘지 시시했다. 어느 쪽에도 속하지 못하고 양쪽 모두에서 겉돌기만 했다. 아이들이 단단하게 무리를 지어 노는 동안 나는 주변을 서성거리기만 했다. 누군가 숫자를 외치면 그 수만큼의 사람들이 껴안는 놀이에서 혼자 매번 덩그러니 남겨지는 사람 같았다.

혼자됨은 소외의 결과라기보다 어느 정도 자발적이었다. 부산 서쪽의 공단지대, 가난한 마을의 학교에서 스스로를 비범하다 여기는 조숙한 아이가 마음 통하는 친구를 사귈 확률은 그다지 높지 않았으니까.

하굣길에는 높은 언덕 꼭대기의 학교에서 긴 경사로 길을 따라 내려가며 이어폰을 끼고 콘이나 림프비즈킷같이 당시 유행하던 뉴메탈 밴드 음악을 들었다. 지는 노을을 배경으로 우뚝 솟은 공장 굴뚝에서 라면스프 냄새, 사탕 냄새가 풍겨왔다. 외로움은 차라리 황홀함에 가까웠다. 수많은 타인들로부터 구분 지어진 느낌, 특별한 징표의 대가로 주어진 슬픔.

청소년다운 유치한 오만함에 휩싸여 외톨이를 택한 와중에 그나마 술이 하나의 계기가 되어 또래집단에 엉겨 붙게 해줬다. 비밀스러운 일탈을 함께 일삼는 아이들끼리는 친구 무리로 단단하게 엮였고 그 안에서 희미하게나마 소속감을 맛봤다. 마음 맞지 않는 친구들이라도 놀러 다니고 싶다는 목적을 달성하기 위해 대충 어울리며 지낼 수 있었으니까.

어쩌면 타고난 성향의 문제였는지도 모른다. 유치원생이던 일곱 살 어느 날, 엄마가 내 옆머리를 보고 깜짝 놀랐다. 머리카락이 숭덩 빠져서 숱이 거의 없는 상태였다. 무슨 병이 있나 병원을 가봐도 원인을 알 수 없었다. 알고 보니 내가 혼자 있을 때마다 스스로 머리카락을 뽑고 있었던 거다. 발모광. 스스로 털을 뽑으려는 충동을 억제하지 못하는 증상으로 주로 소아기에 나타나며 원인은 불안과 긴장 등의 감정으로 인한 스트레스라고 추정된다.

원래도 불안 성향이 있는 데다 집안 형편이 급격하게 어려워지는 경험을 하며 더 심해졌다. 자존심이 세서 겉으로는 강한 척, 대담한 척 연기를 했지만 실제로는 유약하고 예민한 성정이었던 거다.

그런데 술을 마시면 스위치가 딱 켜지듯 내 안의 무언가가 달라졌다. 불안으로 팽팽하게 당겨진 끈 같던 신경이 순식간에 느슨해지며 기분이 붕 뜬다. 나를 옥죄던 정체 모를 답답한 구속감으로부터 순식간에 해방되는 그 느낌. 연거푸 잔을 들이키는 동안 이성이 저만치 떠밀려 내려가고 한결 자유로워지면서 나 자신의 캐릭터가 바뀌는 게 선명하게 느껴졌다. 대담하고 용기가 넘쳐 밤거리를 활보해도 하나도 겁나지 않는 사람, 짓궂은 농담을 던지고 과장되게 행동해 친구들로부터 웃음을 자아내는 사람. 마치 한 단계 레벨

업 되어 더 강하고 더 재미있는 캐릭터로 변신한 듯했다. 청소년다운 유치한 소망, 원래의 자신이 아니라 더 이상적인 사람이 되길 꿈꾸는 내게 술은 마법의 약물로 작용했다.

사람들은 보통 알코올이 사람을 흥분시켜 기분을 좋게 만든다고 생각하는데 사실은 그 반대다. 술을 마신 직후 알코올은 뇌에서 진정작용을 일으켜 마음을 안정시키고 긴장을 해소해준다. 가슴 안에 꽉 차 있던 불안함을 내보내준다. 이 진정작용이 과도해지면 우리의 충동과 본능을 억제하고 있던 이성까지 느슨하게 풀어져 자제력과 통제력을 잃게 되는 것이다.

의학 전문가들은 청소년 시기 음주가 신체에 미치는 영향에 대해 엄중한 어조로 경고한다. 청소년의 뇌는 아직 성숙하지 않아 여전히 발달하는 중이기 때문에 성인보다 무언가에 중독되기가 더 쉽다. 특히 전두엽은 청소년기 내내 성장하는데, 이때 술을 마셔서 감정이 요동치는 경험을 하다 보면 성인이 되어서도 충동적이고 공격적인 성격으로 굳어지고, 감정조절 문제로 정신과적 합병증까지 생겨날 수 있다. 알코올이 뇌세포를 파괴해서 학습 능력을 저해하는 건 물론이고, 이 시기의 음주가 중독의 기반이 되어 성인이 된 후 알코올중독이 될 확률이 다섯 배나 높아진다.

청소년들이 주취 상태에서 자신을 해칠 만한 행동을 하거나 위험한 상황에 노출되는 것도 문제다. 취한 청소년의 음주운전, 폭행, 자살, 성범죄 등의 사건 사고들. 내가 그렇게 술 마시는 자리를 쫓아다니면서 별 탈 없이 어른이 된 것은 순전히 운이 좋아서라고 새삼 느낀다.

하지만 꼭 그런 사고나 신체적 변화가 아니더라도 내 정서 자체에 되돌릴 수 없는 변형이 일어났다. 술은 너무 일찍부터 내 생활의 일부가 됐고 의식하지도 못한 새 지나치게 의존하게 됐다. 불안과 우울, 외로움은 우리가 평생에 걸쳐 맞서 싸우고 때로는 보듬어 껴안아야 할 감정이다. 그걸 참지 못하고 술에 취한 정신으로 외면해버리는 습관을 청소년기부터 들여버린 거다.

10대 때부터 원래 내 모습보다 술로 인해 진정된 상태의 나를 더 좋아했던 게 문제의 시작이었을지도 모른다. 자아의 일부를 알코올에 의탁한 셈이다. 더 과감하고 도발적인 사람이 되기 위해, 전혜린처럼 비범해지기 위해, 『데미안』의 싱클레어처럼 어둠과 빛의 두 세계를 오가기 위해 술을 탐했다.

어릴 적의 일탈이 내 외로움과 우울 탓이라 변명했지만 사실 철이 들어 그 시절을 돌아보면 그건 누구의 탓도 아닌 나 자신의 문제였다. 각각의 사람이 하나의 섬이라면 다른 섬에 도달하기 위해 조류를 거슬러 파도를 헤치고 헤엄쳐 가는 고난을 감수해야 하는데, 나는 아무것도 하지 않고 내 섬에만 틀어박혀 있었다. 높은 자존심에 상처받기 싫어 누군가에게 손 내밀고 마음을 터놓길 거부했

다. 가끔 술의 힘을 빌려 공허한 관계나 맺었지 진정한 우정을 얻어
볼 시도조차 하지 않았던 거다. 적극적으로 헤엄쳐 나가며 사회성
의 근육을 길러야 할 시기에 나태하게도 술통에 매달려 이 섬 저 섬
정착하지 못하고 떠돌아다녔다.

최근 청소년 음주에 대한 보고서들을 읽던 중 내 경험을 정확
히 설명한 구절을 찾았다. "빈번한 음주로 인해 감정의 둔화가 일어
나 진실한 친구 관계 형성이 어려워서 소외의식을 갖게 될 수 있다."
술을 매개로 또래 무리에 속할 수 있다고 생각했는데 실제로는 그
반대로 외로운 정서를 부추겨왔던 거다.

2019년 한국의 청소년 음주율은 15퍼센트로 2012년의 19.4
퍼센트에 비하면 훨씬 낮아졌지만 술 마시는 청소년 2명 중 1명이
위험음주(지난 30일간 1회 음주량이 소주 세 잔(여자) 또는 다섯 잔(남자)
이상) 행태를 보이는 것으로 조사됐다. 많이 마시는 청소년이 늘었
다는 거다. 만약 내가 고등학생 시절의 나에게로 가서 20년 후 너는
알코올중독에 시달리게 될 거라고, 그 20년간 술로 인해 많은 돈과
시간을 낭비하고, 가능했을지도 모를 많은 것들을 술로 인해 이뤄
내지 못할 거라고 속삭인다면 과연 들었던 술잔을 내려놓을까?

중독도 유전이 되나요

밤바다는 검게 파도치며 좁은 해변으로 밀려든다. 초가을 바닷가 해변에는 산책을 나온 연인과 아이를 동반한 가족 몇 명을 제외하고는 인적이 드물었다. 완만하게 울리는 파도 소리, 아이들이 이따금 질러대는 고함이 그치면 적막이 밤을 감쌌다. 수평선 위 작은 배 몇 척으로부터 빛줄기가 흘러나와 먼바다를 비춘다.

평화로운 풍경 속에 한 남자가 비틀거리며 등장했다. 모래사장을 따라 한참을 휘청이며 걷더니 어느새 방향을 바꿔 바닷물로 들어가기 시작한다. 지평선을 응시하며 한 걸음, 한 걸음. 수심이 얕은 바다라 한참을 걸어 들어가도 무릎밖에 물이 차지 않았다. 해변의 사람들은 제각각 자신의 길을 걸을 뿐 딱히 남자에게 주의를 기울이지 않는다.

잠시 멈춰선 남자는 고개를 들어 멀리 배에서 흘러나오는 빛과 밤하늘의 별을 번갈아 바라봤다. 붉게 충혈된 눈동자에 불콰하게 취한 기색이 역력하다. 곧 작게 노래를 흥얼거리며 파도를 헤치고 더 깊은 바다를 향해 걸어 들어갔다. 어느새 바닷물은 그의 가슴팍까지 차올랐다.

영국의 작가이자 평론가 올리비아 랭은 『작가와 술』, 『외로운 도시』에서 위대한 예술가들의 삶을 추적하며 이들이 암울한 시대적 배경, 불우한 환경 속에서 내면의 결핍을 어떻게 예술혼으로 승화했는지 탁월한 통찰력으로 짚었다. 특히 『작가와 술』에서 랭은 미국의 위대한 작가들이 왜 그렇게 삶이 망가질 정도로 알코올에 의지했는지, 왜 죽음에 이를 때까지 벗어날 수 없었는지를 그들의 작품과 연결 지어 돌아봤다.

이 책에는 20세기 영미문학의 거장 존 치버의 어릴 적 일화가 나온다. 방탕하고 경제적으로 무능했던 치버의 아버지는 그가 열다섯 살쯤이던 어느 날 물에 빠져 죽겠다며 집을 나섰다. 뒤늦게 이 사실을 어머니로부터 전해 들은 치버는 차를 몰고 아버지가 갔다는 유원지로 향했다. 구경꾼들이 몰린 곳으로 가보니 잔뜩 취한 아버지가 롤러코스터에 올라가서 술병을 흔들며 물로 뛰어내리겠다며 소리를 지르고 있었다. 치버는 분노를 느끼며 아버지를 팔을 끌고 집으로 데려왔다.

그런데 그 이야기를 읽는 순간 내게도 비슷한 경험이 있었다는 걸 갑작스레 깨달았다. 사람들은 가끔 기억하고 싶지 않은 것들에 묵직한 돌을 매달아 머릿속 저편 우물에 빠뜨리고선 마치 그런 일은 없었다는 듯 살아가곤 한다. 그러다 우연한 계기로 끈이 끊어지면 순식간에 수면 위로 기억이 붕 떠오르는 것이다. 끔찍하게 아파서 잊으려 노력한 끝에 기어이 지우고 말았던 과거와 마주하는 순간, 한 줌의 진실이 흘러나온다.

중학교 2학년 때 어느 날 밤의 일이다. 하루는 집으로 돌아오지 않은 채 연락이 끊긴 아버지를 찾아 한참을 헤매다가 집 앞 다대포 바닷가까지 내려갔다. 설마 하는 마음으로 어두운 바다를 두리번거리는데 저 멀리 아버지가 휘적휘적 바닷물을 헤치고 들어가고 있었다. 기겁한 나는 미친 듯이 아버지를 잡으려 뛰어내려갔다.

"아빠, 빨리 나와!"

그는 잠시 멈추는가 싶더니 뒤도 돌아보지 않고 그대로 더 깊이 걸어 들어갔다. 애타게 소리 지르는 내 목소리에 주변 사람들의 시선이 우리 부녀에게 쏠렸다. 그러거나 말거나 나는 더 큰 소리로 소리를 질렀다.

"아빠, 빨리 나와! 제발 나와! 그만 들어가라고!"

그래도 태연히 걸어 들어간다. 수심이 낮은 바다이기에 망정이지 아버지는 꽤 멀리까지 걸어 들어가 있었다. 물은 허리를 넘어 가

습께까지 차올랐다. 더 들어가면 내가 끌고 나오지 못할지도 모른다는 생각이 겁이 더럭 났다.

신발과 양말을 벗고 바다로 뛰어들었다. 초가을 바닷물은 선뜩했지만 가릴 상황이 아니다. 아버지의 등을 따라잡으려 허우적대며 최대한 빠른 걸음으로 쫓아갔다.

"아빠! 아빠! 가지 마!"

내 목소리가 지척에 들리자 그제야 아버지가 돌아봤다. 아무렇지 않게 내 쪽으로 천천히 걸어 돌아오기 시작했다. 가까이 다가온 그에게서 술 냄새가 물씬 풍겼다. 나를 보며 아무 말도, 변명도 없이 그저 공허하게 웃었다. 그 얼굴에 가슴이 시큰하니 아팠다. 가을밤 바닷물이 스며 마음 한구석이 싸늘하게 얼어붙었다.

당시 우리 가족은 궁지에 몰려 있었다.

아버지는 내가 중학교 1학년이던 때 지점장으로 일하던 증권회사에 '이런저런 사정'으로 사표를 냈다. 그리고 그 '이런저런 사정'으로 인해 우리는 가진 집과 재산을 다 날린 채 외할아버지가 거주하기로 되어 있던 열 평 남짓한 임대아파트로 도망치듯 이사를 했다. 제법 여유 있던 중산층 가정의 삶이 불과 1년 만에 와르르 무너졌다.

직업을 잃은 아버지는 궁여지책으로 번화가에 작은 식당을 개업했다. 하지만 개업 초기 지인들로 활기를 띠던 것도 잠시뿐, 곧 손님이 오지 않는 날이 오는 날보다 더 많아졌다.

　남루하고 텅 빈 가게를 혼자 지키던 그 1년여의 시간은 그의 삶에서 가장 고통스러운 때였다. 흰머리가 드문드문하던 아버지의 머리는 불과 반년도 안 되어 반백이 되어버렸다. 술에 취해 집으로 돌아와 쓰러지듯 잠드는 날이 늘어났다. 오직 술만이 자신의 불우한 처지를 잊게 해주고 울분을 토하게 해주는 유일한 친구였을 것이다.

　사실 삶이 곤궁해지기 전에도 아버지는 술을 몹시 좋아했다. 증권회사에서 일하다 보니 고객들을 접대하기 위해서라도 거의 매일 술을 마셔야 했던 데다 사람들과 어울리기 좋아하는 성격 탓에 이런저런 술자리에 참석하길 즐겼다. 주말에는 테니스와 골프로 바빠서 초등학교 저학년까지 기억 속의 아버지는 대개 부재중이었다.

　어린 시절, 잠들기 전에 이불을 머리끝까지 덮은 채 귀를 쫑긋 세우고 아파트 복도에 아버지의 발소리가 들리는지 긴장하며 살피던 기억이 난다. 술 냄새를 풍기며 돌아온 아버지는 나와 동생이 잠들었건 말건 우리 뺨에 수염을 문지르며 애정표현을 했고 심사가 뒤틀린 날은 거칠게 화를 내며 엄마와 싸웠다. 어느 쪽이든 달갑지 않으니 무조건 자는 척을 했던 거다. 어떤 날은 술친구들을 잔뜩 데려와서 잠든 우리를 깨워 인사를 시켰다. 다음 날 거실에 나가보면 빈 양주병과 토닉워터 병이 탁자 위에 널브러져 있었다.

초등학교 저학년이던 나는 술꾼인 아버지가 너무 싫어서 매년 설날이면 친척들이 다 모인 자리에서 맹렬히 몰아붙여 술을 끊겠다는 다짐을 받아내곤 했다. 아버지의 그 울컥하는 다혈질의 성격이 다 술 탓인 것만 같아서 벽장 가득한 값비싼 양주들을 전부 갖다 버리고 싶었다. 그러던 내가 아버지만큼 술을 좋아하는 사람이 되다니 인생 최고의 아이러니다.

앞서 소개한 일화 속의 주인공 작가 존 치버 역시 마찬가지다. 아들 앞에서 심한 주정을 부릴 정도로 알코올중독자였던 그의 아버지는 결국 진전섬망(알코올중독의 금단현상 중 하나)으로 사망했다. 어린 시절 치버는 술에 취해 폭력을 휘두르는 아버지를 비난하고 원망했지만 결국 그도 미국 문학사에서 대표적인 술꾼으로 남을 정도로 수십 년을 심각한 알코올중독으로 고생했다.

결국 술꾼 기질은 유전인 걸까? 어린 시절을 돌이켜보면 우리의 아버지들은 음주량이 성공의 척도, 사회생활의 능력이라도 되는 양 대부분 알코올중독에 가깝게 술을 마셔댔다. 그걸 보고 자랐으면서도 술이라면 사족을 못 쓰는 나 같은 사람도 있지만 반대로 내 친구 같은 사람, 아버지가 건강을 해칠 정도로 마셔대는 걸 보고 자라 술이라면 입도 대기 싫어하는 이도 있다. 술꾼의 자녀로 태어난 이상 우리는 평생 중독의 위험 언저리에서 살아가야 할 가혹한 운명에 처한 걸까? 아니면 대물림은 그저 복불복일까?

1970년대의 한 연구에서는 알코올중독이 있는 부모를 둔 사람들이 그렇지 않은 사람들보다 알코올중독 빈도가 높고 증상도 더 심하다는 점에 주목해 중독이 유전된다고 주장했다. 하지만 1985년 다른 연구에서는 생물학적 부모가 아닌, 입양가족의 알코올중독 비율이 높을수록 입양아의 중독도 증가했다는 점이 드러났다. 즉 비유전적 요소, 성장배경 등의 환경적 요소가 중요하다는 것이다.

오늘날 학자들은 문제적 음주 성향이 대물림되는 것을 크게 환경적 요인, 생물학적 요인으로 구분해서 설명한다. 중독자의 가정에서 태어난 사람은 폭력이나 폭언 같은 부모의 비이성적인 행동에 노출되며 자란다. 술 문제 때문에 경제적으로 무능력해 자녀에게 좋은 교육 환경을 제공하지 못하는 경우도 많다. 이런 열악한 환경에서 스트레스와 각종 정서적 불안 요인을 안고 자란 사람은 심리적 취약성으로 인해 부모와 똑같이 알코올중독에 빠질 확률이 높다는 거다. 반대로 고소득, 고학력에 안정적인 양육을 제공한 부모라 할지라도 집안 분위기가 너무 알코올친화적이면 자녀가 음주에 대해 긍정적인 인상을 갖게 될 수 있다. 이런 게 환경적 요인이다.

타고 나길 술에 빠지기 쉬운 유전자를 가진 건 생물학적 요인이다. 우리 몸에 들어온 술은 알코올탈수소효소(ADH)에 의해 아세트알데히드라는, 구토나 어지러움 등을 일으키는 독성물질로 분해되고, 아세트알데히드는 다시 아세트알데히드분해효소(ALDH)에 의해 독성 없는 아세테이트와 물로 분해된다. 취하고 깨는 과정에서 우리 몸속에서 벌어지는 일이다.

그런데 알코올중독자들을 조사해보니 알코올탈수소효소가 적어 아세트알데히드가 잘 생겨나지 않아 쉽게 취하지 않는 반면, 아세트알데히드분해효소는 많아서 숙취가 없는 체질들이었다. 쉽게 말해 술을 잘 마시게 해주는 효소를 타고 난 사람일수록 알코올 중독이 될 확률이 높다는 거다.

그 밖에도 의학자들은 중독과 관련 있는 유전자를 속속 찾아내고 있다. 예일대 의대의 유전학 연구팀은 알코올중독자들에게 공통으로 존재하는 유전적 변이 29개를 발견했고 이런 변이는 후손에게 유전될 가능성이 높다는 점을 밝혀냈다. 예를 들어 세로토닌 수송체, 도파민 수송체의 유전적 변이체를 가진 사람은 비교적 알코올의 반응에 둔감하다. 이런 사람들은 다른 사람보다 술을 더 마셔야 알코올의 효과를 느낄 수 있어 중독이 되기 쉽다.

이런 사실들을 종합해 학계에서는 통계적으로 유전적 소인에 의한 알코올 의존형성의 위험요율은 50~60퍼센트에 이르고 알코올 남용의 유전 가능성은 약 38퍼센트에 달한다고 파악한다. 그렇다고 단지 몇 개의 유전자만으로 큰 효과를 낼 가능성은 적고, 이 유전자들이 환경적 요인과 함께 어우러져 중독이라는 결과를 낳는다는 게 현재로서는 가장 정확한 설명으로 여겨진다. 뭐가 됐든 중독자인 부모를 둔 자녀가 알코올의존 성향을 갖게 될 가능성이 높다는 사실은 충분히 입증된다.

유전성에 대한 근거를 살펴보고 나니 내가 평생에 걸쳐 술에 대해 집착에 가까운 애정을 가지며 살아온 이유의 일부를 밝혀낸 기분인 한편, 이게 순전히 내 부족한 의지의 탓만은 아니라는 생각에 소소하게나마 위안이 됐다. 술이라면 사족을 못 쓰던 내 아버지, 늘 밥상에 반주를 달고 살던 할아버지 역시 우리 집안의 핏줄 속에 흐르는 체질 유전자, 알코올에 끌릴 수밖에 없는 몸에 굴복했던 건지도 모른다.

"불행한 가정은 저마다의 방식으로 불행하다."라는 그 유명한 문장처럼, 술꾼 기질도 각자 다른 방식으로 대물림된다. 성향, 기질, 부모와의 관계 등 복잡미묘한 요소들이 뒤섞여 저마다의 독특한 유전의 배경이 완성된다. 그러니 중독의 기원을 찾으려면 오래전으로 거슬러 올라가 평생의 기억을 뒤적거려야 한다.

어린 시절의 내게 술이란 아득히 먼 아버지의 세계에 속한 것이었다. 매일같이 술 냄새를 풍기며 밤늦게 귀가하던 아버지는 아침이 되면 다시 멀끔한 모습으로 출근길에 나섰다. 말끔한 정장 위에 뉴스 속 해외특파원처럼 근사한 청록색 트렌치코트를 걸치고 검은 가죽 서류 가방을 든 뒷모습. 유덕화와 닮았다 할 정도로 매섭게 잘 생긴 이목구비에 날씬한 몸매의 그가 나는 내심 자랑스러웠다.

초고속으로 승진해 젊은 나이에 지점장이 된 유능한 직장인, 유쾌한 성격과 재기 넘치는 말솜씨로 사람들 사이에서 늘 분위기를 리드하는 사람. 당당하고 자신감 넘치고 호쾌한 성격에도 가끔은 자비를 털어 남을 도울 정도로 주변을 챙기는 상냥함. 나는 다혈질인 아버지의 성미를 건드려 불똥이 튈까 봐 두려워하면서도 마음 한구석으로 그를 열렬하게 선망해 아버지처럼 되거나 아버지의 바람대로 되어야 한다는 강박에 가까운 생각에 사로잡혔다.

열 살 무렵 텅 빈 집에 혼자 있을 때마다 안방 탁자에 다가가 아버지의 물건들을 만지작거렸다. 금색 테두리에 검정 오닉스가 박힌 넥타이핀을 옷에 달아보고 묵직한 지포라이터를 여닫는 소리에 귀 기울였다. 구수한 향이 나는 담뱃갑, 회사 이름이 또렷하게 박힌 배지, 내가 범접할 수 없는 멀고도 아득한 아버지의 세계에 속한 물건들이 창밖에서 쏟아져 들어오는 오후 햇살에 빛났다.

그리고 장식장을 가득 채운 국적도 이름도 알 수 없는 화려한 모양의 값비싼 양주들, 그 술이야말로 아버지의 세계에서 가장 큰 지분을 차지하는 것이었다. 나는 우리 가정에 균열을 일으키는 술에게, 그 술에 못 이겨 휘청이는 아버지에게 극도로 반감을 가지면서도 한편으로는 호기심을 느끼며 강하게 끌렸다. 술을 마시는 것이야말로 아버지가 속한 어른의 세계에 입장할 자격이라도 되는 양, 아버지의 활력과 유능함이, 내가 닮고 싶은 그 성격들이 술에서 비롯되기라도 한 것처럼 말이다. 그래서 가끔은 장식장에서 양주병을 꺼내 뚜껑을 열고 냄새를 맡고 몰래 다시 제자리에 돌려놨다. 대체 어떻게 생겨 먹은 음료이길래 어른들을 쥐락펴락하는지 알고 싶었다.

부모로부터 인정받기를 간절히 원하는 세상의 모든 딸들이 그러하듯 내게는 남자로 태어나지 못했다는 데서 오는 결핍이 존재했다. "너는 아들일 줄 알았다.", "너라도 아들로 태어났으면 아버지가 좋아했을 텐데." 어른들이 아무렇지 않게 스치듯 던지는 말들이 알게 모르게 자아에 남긴 얼룩들. 태어나면서부터 부족함을 안고 나온 느낌으로부터 벗어나기 위해 유년기부터 청소년기까지 발버둥쳤다. 유치원생 때는 어머니가 사준 머리띠의 리본을 질색하며 떼어버렸고 중학생 때는 톰보이처럼 잔뜩 큰 옷을 입고 어기적어기적 남자처럼 걸었다. 여성성이란 내게 부끄럽고 감추어야 할 약점이자 거추장스러운 꼬리표였다.

그런 내게 음주는 가장 마초적인 행위이자 남성성을 획득할 수 있는 방법 중 하나로 보였다. 아버지처럼 주량을 과시하고 남들에게까지 강요에 가깝게 술을 권하는 것. 음주에 능숙해지는 것이야말로 남성의 본질을 취해 여성이라는 틀에서 벗어날 수 있는 활동이라고 생각했다. 물론 이런 생각들을 의식하고 행동한 것은 아니다. 어린 내 나름대로 아버지가 속한 어른의 세계를 엿보고 막연히 짐작하며 잠재의식 속에 술에 대한 선호를 새겨 넣었을 뿐.

내 중독이 (프로이트적으로 말하자면) 일종의 남근선망에서 비롯됐다는 발상은 다소 터무니없을지도 모른다. 그런데 장 바우어라는 분석심리학자가 쓴 『알코올중독과 여성』이라는 책에서 이와 비슷한 분석이 언급된 것을 발견했다. 융 정신분석학의 관점으로 여성 중독자를 다룬, 다소 특이한 내용의 책이다. 바우어는 우리 문화에서 남성성의 가치가 너무 높게 평가되기 때문에 완벽주의적인 여성들이 남성적인 속성을 취하려다 술에 빠지곤 한다고 분석한다. "여성 알코올중독자들은 특히 불가능할 정도로 높은 수준의 아폴로적 기준을 따르는 완벽주의 아니무스의 노예로 살고 있는 것으로 보인다." 칼 융의 이론에서 아니무스는 여성의 무의식 속의 남성적 요소를 뜻하고 아폴로는 궁극의 남성성의 상징이다.

또 바우어는 이런 여성들의 심리의 근원에는 부성 콤플렉스가 있다고도 주장한다. 그가 여성 중독자들을 면담한 결과 아버지를 어머니보다 더 긍정적으로 묘사했고 지나치게 이상화하는 경향까지 있었다. 자신들의 이상적인 남성상을 아버지에게 투사했기 때문이다. "알코올중독인 여성들은 아버지의 딸들이다. 그녀들은 때때로 남성과 동일시된다."

즉 완벽주의자 여성들이 남성성을 갖춰 더 완벽해지려는 열망 때문에, 이상적인 남성상으로 미화된 아버지를 닮으려는 심리 때문에 술에 끌린다는 거다. 내 나름으로 짚어본 중독이 유전된 이유가 정신분석학적 측면에서 꽤 근거 있는 통찰이었던 셈이다.

중독의 대물림이란 우리 삶 전체를 통틀어 너무도 다양한 맥락에서 파생된 결과지만 증상은 모두 같다. 유전자 형질에 아로새겨진 기질 때문에, 혹은 그럴 만한 환경 속에서 자랐기 때문에 중독자가 될 확률이 높게끔 태어난 사람들은 속수무책 술로 빠져들곤 한다. 그러니 순전히 개인의 의지의 문제로만 치부할 수는 없는, 일종의 타고난 핸디캡으로 이해해준다면 중독자들이 받는 비난의 시선도 한결 부드러워질 것이다. 물론 그게 면죄부가 되지는 못한다. 유전이든, 후천적으로 생긴 것이든 병은 병일 뿐, 그럴싸한 변명거리가 있다 해도 이걸 치료하지 못한다면 내 인생만 거덜 날 뿐이니까.

문득 카르마와 다르마에 대해 떠올렸다. 거스를 수 없는 숙명, 카르마가 나를 중독의 길로 인도했다 하더라도 다르마, 즉 내 선택과 의지를 어떻게 실행할 것인지에 따라 삶을 다른 방향으로도 이끌 수 있다는 거야말로 내 희망이다.

평생을 중독자로 살았던 존 치버는 말년에 알코올치료센터에 들어가 길고 긴 음주의 세월을 끝내고 금주자로 일생의 마지막 몇 년을 보냈다. 그토록 술을 사랑하던 나의 아버지도 40대 후반에는 술을 끊고 그 열정을 목사 안수를 받기 위한 공부를 하는데 쏟아부었다. 중독이라는 무거운 유산을 물려받은 우리는 술꾼의 운명을 짊어지고 힘겨운 발걸음을 떼야 하지만 그 또한 주어진 내 몫으로 받아들일 수밖에. 우리 선택의 힘과 의지력이 운명보다, 유전보다 더 강하다는 걸 믿을 수밖에.

중독은 무엇을 바꾸어놓는가

어느 날 아이를 학교에 데려다주는 길이었다.

평소처럼 아이는 흥얼흥얼 노래를 부르며 내게서 서너 발짝 뒤처진 채 느리게 걸어오고 있었다. 그 모습이 그날따라 유난히 짜증이 났다. 왜 얌전하고 빠릿빠릿하게 따라오지 않는 거지? 왜 애써 묶어준 머리를 일부러 다 헝클어트리는 거지? 나는 아이를 불러 세워 짜증을 마구 내며 거친 손길로 머리를 고쳐 묶어줬다.

속에서 천불이 이는 듯 화가 솟구치는 한편, '답답한 속을 풀게 라면에 소주나 빨고 싶다.'라는 생각이 번뜩 머릿속을 스치고 지나갔다. 마침 지나가는 길목의 편의점에 눈길이 닿았다. 이따 돌아오는 길에 술을 살까?

순간, 이제 정신과 약도 약발이 다 됐나 싶어 간담이 서늘했다.

당황하며 다시 곰곰이 생각했다.

'내가 약을 먹긴 먹었나?'

아침에 약을 탁자 위에 꺼내 놓기만 하고 먹지는 않았던 거다. 마음이 급해져 아이를 학교에 데려다주고 전속력으로 달려 집으로 돌아왔다. 라면 물을 올리는 대신 약을 삼켰다.

이런 생각이 들었다. 약을 먹고 안 먹고가 이렇게나 차이가 나다니. 혹시 내가 지금껏 아이에게 미친 듯이 짜증을 낸 게 다 내 우울증과 알코올의존 때문인가?

그러고 보니 약을 먹기 시작한 후 아이와 부쩍 사이가 좋아졌다. 아이는 조금 산만한 성격으로 무언가에 집중해 있을 때 그것으로부터 주의를 돌려 해야 할 일을 시키는 게 굉장히 어려운 편이다. 양치질이나 옷 입기를 시킬 때도 열 번은 넘게 말해야 겨우 뭉그적거리며 했다. 고집도 세서 억지를 쓰는 일도 다반사였고 뜻대로 되지 않으면 엄청나게 성질을 냈다.

그럴 때마다 나는 짜증이 치밀어서 돌아버릴 것 같았고 아이에게 히스테릭하게 고함을 지르며 거칠게 말하고서는 돌아서서 후회하곤 했다. 어린애니 말을 안 듣지, 말 잘 들으면 어른이게? 결국 문제는 내 쪽에 있었다. 극도로 낮아진 인내심 탓에 다른 사람 같으면 서너 번 참을 일을 한 번도 참지 못하고 벌컥 화를 냈다.

그런데 약을 먹고 나서부터 바닥으로 떨어졌던 내 인내심이 정상범위 안으로 올라오기 시작했다. 아이가 터무니없는 요구를 해도 꾹 참으며 들어줬고 정신 사납게 산만을 떨어도 그러려니 하고 넘어갔다. 짜증이 줄어들며 자연스레 더 상냥하고 부드럽게 대하자 아이도 나에게 맞추듯 훨씬 더 온순해졌고 거칠게 말을 하거나 화를 내는 일도 줄었다.

좋은 방향으로 바뀐 건 다행인 일이지만 한편으로는 망연했다. 약을 먹기 전까지는 우울증과 알코올의존이 내 머릿속을 부정적인 생각들로 가득 채웠고 그 울분을 타인과의 관계에서 공격성으로 분출하고 있었던 거다. 다름 아닌 가족이, 아이와 남편이 그 희생양이 되고 있었다고 생각하니 미안하고 안쓰러운 한편 부끄러워 고개를 들 수 없었다.

중독은 사람을 바꾼다. 술을 많이 마시고 술에 집착하는 것 말고도 성격과 활동, 기능 측면에서 부정적인 변화가 뒤따른다. 정작 중독자들은 내가 그랬듯이 그 사실을 인지하지 못하고 주변 사람들이 지적해도 이렇게 항변한다. "나 원래 이래!" 중독이 가랑비에 옷 젖듯 서서히 진행되기에 성격상의 변화도 느리게 일어나서 어느새 자기 본래의 모습인 듯 굳어버리기 때문이다.

본래도 나는 예민한 성정을 속에 감추고 사는 편이었는데 중독이 가장 심하게 진행됐을 때에는 그 기질이 최고조에 이르렀다. 자아의 예민한 속살을 드러낸 채로 살며 세상에서 쏟아지는 크고 작은 자극에 히스테릭하게 과민반응했다. 세상 모든 것이 거슬렸고 조금만 마음에 안 드는 상황이 펼쳐져도 참을성 없이 욱하고 성질을 부리며 거칠게 폭언을 쏟아냈다. 그리고 언제 폭발할지 모르는 화약고 같은 상태에 불을 붙이는 건 언제나 알코올이었다.

예민함은 부정적인 사고에 불을 댕겨 망상에 가까운 피해의식을 폭발시킨다. 어느 날은 가까운 친구가 아무 뜻 없이 SNS에 쓴 글이 나를 저격하는 것처럼 느껴졌다. 한없이 집안일을 미루는 내게 참다못해 남편이 조심스럽게 한마디를 한 것에 화가 폭발해 험한 말을 다다다 쏟아냈다. 세상이 다 나를 비웃고 무시하는 것 같아 분노가 치밀었다.

어쩌면 그건 중독으로 인해 한없이 쪼그라든 자아에 대한 방어기제였을지도 모른다. 사람들은 잘 모르겠지만 중독자를 가장 한심하게 여기는 건 바로 자기 자신이다. 스스로 자기 인생을 엉망진창 망치고 있다는 걸 알면서도 멈출 수가 없으니 항상 화가 나 있는 한편, 수치심에 자아를 잔뜩 웅크린 채 초라한 모습을 들키지 않으려 애쓴다. 한없이 못난 나를 누가 공격하기 전에 먼저 선수를 쳐 분노를 분출해내는 거다.

혹은 매일같이 이어진 숙취의 후유증이었을 수도 있다. 중독이 심할 때 나는 일어나 있는 시간 동안은 술에 취해 있거나 혹은 술에서 깨어나고 있는 중이었다. 잔뜩 취해 소파에서 낮잠을 자다 일어나면 머리가 멍한 한편 불쾌한 감정들이 집채만 한 파도가 되어 나를 덮쳐왔다. 술을 마시고 시간을 낭비했다는 자책감과 스스로에 대한 분노, 뒤따라 오는 극심한 우울감. 이렇게 기분이 나쁜 상태니 가시를 뾰족하게 세운 채 예민하게 굴며 작은 것에도 과잉반응을 할 수밖에.

감정은 들쑥날쑥 널을 뛰는데 생활은 한없이 무기력해져만 갔다. 술 마시는 것 제외하고는 아무것도 하기가 싫었다. 전업주부가 되어버린 이상 설거지나 청소, 요리를 하는 건 절반 이상 내 몫이었는데 만사 다 귀찮아서 전부 손에서 놔버렸다. 설거지는 최소 사흘 이상 미루다가 겨우 했고 툭하면 배달음식으로 끼니를 때웠다. 싱크대 안에 큰 그릇, 작은 그릇 순서를 잘 조합해 테트리스를 쌓았고 배달 앱에서는 최고 고객 등급을 얻었다.

남는 시간에는 모든 의욕이 증발한 상태로 집에서 뒹굴며 넷플릭스, TV나 봤다. 최소한 그걸 보고 있는 동안은 나 자신에 대해, 이 심각한 문제적 상황에 대해 생각하지 않아도 됐으니까. 외출하거나 사람을 만나는 일도 드물었다. 어쩌다 가끔 지인들로부터 연락이 오면 가슴이 쿵 하고 내려앉았다. "어떻게 지내?"라는 평범한 안부에도 나는 할 말이 없었다. 엉망진창이다? 술로 허송세월하고 있다? 뭐라고 대답을 하겠는가. 언제 한번 보자는 친구들의 말에 그저 건성으로 답하며 만남을 회피했다.

물론 나도 외로웠다. 누군가를 만나 하소연을 하고 싶기도 했고 실컷 수다를 떨며 답답한 속을 날려버리고 싶었다. 하지만 지금의 초라하고 엉망이 된 내 모습, 아무것도 내세울 게 없는 비참한 상태를 다른 사람에게 보이고 싶지도 않았다. 괜히 소심해져 '다들 생업에 생활에 바쁘게들 사는데 내가 붙잡으면 귀찮겠지?'라는 생각뿐이었다. 피해의식과 열등감에 젖어든 상태에선 나 자신을 자꾸 깎아내리게 된다. 내 기대치에 못 미치는 현재의 삶에 수치심을 느꼈던 것 같기도 하다. 낮아진 자존감은 내가 술에 의존하게 된 원인인 동시에 술로 인해 더욱 악화한 부분이기도 하다.

사실 친구들은 내가 연락해 우울한 속사정을 토로했다면 어떻게든 시간을 내어 이야기를 들어줬을 거다. 하지만 난 중독으로 변해버린 성격 때문에, 망상을 불러일으키는 수치심에 사로잡힌 탓에 남에게 손을 뻗치기가 힘들었다. 결국 세상을 등지고 점점 혼자만의 생활로 침잠해 들어가며 어두운 고립을 이어갈 수밖에.

대신 적적한 삶을 달래기 위해서 엉뚱한 것들에 집착하기 시작했다. 하루 종일 스마트폰을 붙들고 트위터의 타임라인을 들여다보며 시간을 보냈다. 가족 제외하고 외톨이 생활을 하는 나에게 SNS만이 내가 사회를 접하는 유일한 통로이자 세상과 소통하는 창구였다. 매분 매초 업데이트되는 타임라인은 각양각색 사람들의 재미난 사연, 시사에 관한 날카로운 촌평, 끔찍하고 절망적인 뉴스들로 가득했고 난 그것들을 하나하나 읽으며 분통을 터트리고 감탄하고 깔깔 웃었다.

SNS는 교류의 안전지대였다. 랜선 뒤에 나를 숨긴 채 매력적이고 개성 있는 타인들, 그들의 다채로운 삶을 슬쩍 들여다본다. 이따금 몇 글자 트윗을 쓰는 것만으로 나 자신을 괜찮은 사람, 뭔가 박식한 사람으로 은근히 포장할 수 있었다.

어쩌다 쓴 트윗이 몇백 번, 몇천 번씩 리트윗되면 내게도 사회에 대한 발언권이 생긴 것 같아 만족스러웠다. 얼마나 많은 사람이 내 트윗에 대한 반응하는지 주의 깊게 관찰하느라 또 스마트폰을 든 채 한없이 긴 시간을 보냈다. 소파에 누운 채 술을 마실 때도, 가족들과 밥을 먹거나 대화할 때도 스마트폰은 내 손을 떠나지 않았다. 거의 중독이었다.

또 하나 내가 집착했던 건 음식이다. 실과 바늘처럼 술에 대한 갈증이 일 때마다 식탐이 따라붙었다. 종일 머릿속으로 매 끼니 뭘 먹을지만 고민했고 그 음식과 곁들일 술을 생각하며 입맛을 다셨다. 하루에 한 번씩은 치킨이니 감자탕이니 푸짐한 음식을 주문해야 성에 찼다. '탕이나 찜에 소주가 빠질 수 없고 치킨이나 피자에 맥주가 빠질 수 없잖아?' 그런 음식을 먹는 것 자체가 술을 마실 만한 핑계처럼 느껴졌다.(중독자의 사고란 이렇게 어처구니가 없다.)

내가 배달 앱의 노예가 됐다는 건 앞서도 누차 쓴 적이 있다. 요리를 하는 게 너무 귀찮았고, 집에 술이 없으니(일부러 사놓지 않았다.) 배달이 되는 식당에 주문을 해야 했다. 설사 집에 술이 있다 해도 주종에 딱 맞게 곁들일 만한 자극적이고 기름진 음식이 없으면 허전해 견딜 수가 없었다. 언제든 어떤 메뉴든 한 시간 안에 재깍 가져다주는 한국의 놀라운 배달 산업은 24시간 나의 허기를 자극했고, 내 엄지손가락은 항상 배달 앱 언저리에 머물러 있었다.

그렇게 배달음식을 주문해 술과 함께 먹다 보면 음식을 다 먹고도 술이 남는다. 그러면 또 음식을 더 먹게 되고, 음식이 남으면 또 술을 더 사게 되고…… 이상식욕과 술에 대한 갈망은 서로를 부추기면서 악순환의 굴레로 몰아넣었다.

물론 나도 나름은 절제를 하기 위해 애를 써봤다.

'꼭 이 음식을 먹어야겠어? 과연 네 기대만큼 맛있을까? 대낮부터 배달음식에 술을 먹는 게 과연 잘하는 짓일까?'

하지만 이성과 욕망 사이의 자기절제 싸움에서 나는 매번, 그것도 아주 쉽게 졌다. 정신을 차려보면 조미료 범벅에 지방 덩어리 배달음식이 내 앞에 놓였고, 내 맛도 네 맛도 아닌 그 음식을 먹어치우고 나면 만족감은커녕 불쾌한 포만감만 남는다.

하찮은 욕망에 져버렸다는 패배감과 자기혐오가 한바탕 밀물처럼 덮쳐오면 거실에 퍼질러 앉아 늘어난 뱃살을 쓰다듬으며 비참한 기분에 젖어들었다. 처치 곤란한 포장용기의 양만큼 좌절과 우울이 차곡차곡 쌓이는 걸 느끼면서도 절제하기는커녕 점점 더 자포자기하는 심정이 됐다. 이미 버린 몸, 뭘 더 건강하게 살겠는가. 부어라, 마셔라, 먹어라!

매번 느껴지는 폭식 후의 불쾌함에도 나는 스스로를 통제할 수가 없었다. 부정적인 감정들은 오히려 다음 끼니에 또 술을 찾을 이유가 됐다. 우울함이 폭식을 부르고 그 폭식 후에 밀려오는 괴로움이 또 술을 마시게 만들고…… 이 반복에서 벗어나지 못했다.

문제는 그럼에도 이 모든 심리적, 감정적 변화를 중독 상태에서는 자각하기가 어려웠다는 거다. 원래도 잦은 다이어트로 인해 금식과 폭식을 오가는 이상식욕 증상이 있었기에 과도하게 배달음식에 집착하는 것도 그냥 안주발 세우는 정도로 생각했다. 예민함과 잦은 분노도 내 성격이 원체 다혈질이었기에 별로 대수롭지 않게 여겼다. '내가 그렇지 뭐.' 하는 심정이었다.

하지만 신체기능이 점점 퇴보하는 건 정말 무서웠다. 내게도 한 줄기 이성의 끈은 남아 있던 터라 가끔은 좀 생산적인 일을 해보자며 책을 붙잡고 읽으려 애썼다. 모처럼 멀쩡한 정신으로 서재의 푹신한 의자에 앉아 마케팅에 관한 책을 펼쳤는데, 세상에. 검은 것은 글자요, 흰 것은 종이였다. 쉬운 문장조차 글의 의미가 바로 이해되지 않았고, 한쪽을 읽어도 다음 쪽으로 넘어갈 때쯤에는 지난 페이지를 전부 잊었다. 텍스트가 내 머릿속에 들어오자마자 산산이 흩어져 흔적조차 남지 않는 느낌이었다. 한 달이 걸려도 책의 3분의 1도 못 읽고 있다는 걸 깨닫자 등에서 식은땀이 흘렀다.

　그건 꼭 출산한 직후의 상태와 비슷했다. 아이를 낳은 다음 날, 간호사가 병실로 들어와 아이 접종과 다음 진료 일정에 대해 간단하게 일러주고 갔다. 그런데 그 간호사가 방문을 나서기도 전에 난 그가 알려준 모든 걸 잊어버렸다. 출산 때의 충격이 엄청나게 많은 뇌세포를 죽여버린 것처럼 일시적으로 천치가 되어버린 거다. 그러고도 몇 주 동안은 기억력도 암기력도 평소보다 훨씬 떨어져 멍한 채로 생활했다.

　그때와 딱 똑같은 상태였다. 무한정 들이붓던 알코올이 내 뇌세포를 갉아먹은 걸까? 농담처럼 스스로 '알코올성 치매'라고 자학개그를 치던 게 현실이 됐나? 중년이 코앞이라 뇌 기능은 점점 더 떨어져만 갈 텐데, 이러다 노년에 치매라도 걸리는 거 아냐?

　알코올은 기억력을 감퇴시킨다. 만취해서 필름이 끊기는 건 뇌의 기억 중추인 해마가 술에 마비되기 때문에 벌어지는 현상인데 이게 반복되다 보면 치매로 이어질 수도 있다. 전체 치매의 10퍼센트가 알코올중독이 원인이라는 연구 결과도 있다. 과음을 한 사람일수록 뇌의 회백질과 백질이 얇으며 뇌의 용적이 작아져 기능이 떨어지기 때문에 의사들은 알코올이 뇌를 쪼그라들게 만든다고 표현한다.

내가 감정적으로 격해진 것도 결국은 알코올이 뇌에 미친 영향 때문이다. 열을 가하면 플라스틱이 유연해지듯 알코올과 약물 등의 자극이 반복되면 인간의 뇌도 변화한다. 뇌신경학자 마이클 쿠하가 쓴 『중독에 빠진 뇌』에 따르면 뇌의 정상상태는 시소가 수평을 이룬 모습과 같은데, 약물이나 술에 중독되어 뇌의 화학적 신호가 변화하면 시소 한쪽이 아래로 기울어진 상태가 된다. 그러면 우리 뇌는 원래 상태로 돌아가려고 반대쪽을 눌러 평형을 맞추려 한다.

그런데 중독자가 술 마시는 걸 멈추면 반대 방향으로 균형을 잡으려던 뇌의 노력들만 남아 시소의 다른 한쪽만 눌러진 상태가 된다. 즉 술이나 약물 복용을 멈추면 그걸 복용했을 때와 반대로 불쾌한 느낌을 받게 되는 거다. 이게 바로 금단증상이다.

중독자가 술을 마시지 않은 상태에서 느끼는 불쾌감은 결국 도파민과 연관이 있다. 『중독에 빠진 뇌』에는 알코올중독자들의 도파민 D2 수용체 양이 감소한 것으로 나타났다는 연구결과가 나온다. "중독 환자가 약물을 중단하더라도 줄어들었던 D2 수용체의 수준이 금방 정상인의 수준으로 올라가지는 않는다." "수용체 수준이 낮게 유지된다는 것은 이 환자들의 경우 도파민 시스템이 작동하지 않거나 정상 이하로 작동되고 있음을 의미한다."

익히 알다시피 도파민은 쾌감을 느끼게 하는 신경전달물질인데, 수용체가 감소하면 그만큼 자연적인 쾌감을 느낄 확률이 줄어든다. 술을 마시지 않고서는 내내 기분이 우울했던 이유가 여기에 있다.

이것으로 나의 변화 대부분이 설명된다. 격한 분노, 낮아진 참을성과 자제력 등등은 알코올이라는 독극물이 주입된 뇌 안에서 한바탕 난리 법석을 치며 신경계통에 변화를 일으켰기 때문이었다. 다만 표면적인 변화는 너무나 서서히, 눈치채지 못할 만큼 조금씩 진행됐기에 나도, 주변 사람들도 술 때문이라고 단정 지을 수 없었을 뿐.

그럼 술을 끊는다고 변한 뇌가 다시 돌아올까? 구제불능으로 변한 내가 이전으로 돌아갈 수 있을까?

약을 먹으며 술을 확 줄이자 남편은 대번에 내 상태가 달라진 걸 눈치채고 "요즘 뭐 좋은 일이라도 있어?"라며 물었다. 스스로 생각해도 그랬다.

술의 존재감이 내 삶에서 점점 작아질수록 엉망진창이던 생활과 감정이 하나씩 돌아왔다. 하루 종일 출렁대던 감정의 파도가 잦아들며 잔잔하고 평온해지면서 키를 제대로 잡은 것처럼 자신에 대한 통제력도 강해졌고 이상식욕도 노력으로 절제할 수 있었다.(내가 먹는 약의 조합이 식욕 조절의 효과가 있기 때문일지도 모른다.)

덩달아 우리 가족의 분위기도 한결 부드러워졌다. 아이와 경쟁하듯 서로 짜증을 내며 언성을 높이는 일도, 작은 것에도 트집을 잡으며 남편을 들들 볶는 일도 사라졌으니까. 내 변화로 금세 우리 가정의 분위기가 확 바뀐 건 그만큼 가족들이 그동안 나를 참아준 증거라는 생각에 죄책감이 들었다. 무던한 성격의 남편이 성마르고 뾰족하게 변한 나를 한없이 관대하게 받아주지 않았다면 우리 가정이 유지될 수 있었을까? 내 중독이 더 심해져 더 엉망으로 변했다면 가족들이 받았을 상처는 얼마나 더 커졌을까? 내가 너무 멀리 중독의 길을 가버려 가족들이 회복할 수 없을 만큼 상처를 입었다면 우리 가정은 산산조각 났을지도 모른다. 아마 수많은 중독자들이 실제로 그런 삶을 살고 있을 것이다. 자기도 모르는 새 가까운 사람들의 마음을 해치고 또 해치다 결국 아무도 남지 않게 되어버리는 삶.

무절제한 생활로 엉망진창이 된 우리 몸 안의 흐름과 체계는 몸의 주인이 정신을 차리고 변하기 위해 노력한다면 다시 정상범위로 돌아올 수 있다. 하지만 그 중독의 시간 동안 내 몸 밖에서 망가진 것들에 대해서도 생각해봐야 한다. 덧없이 흘러버린 시간이라던가 주변 사람들 마음에 남긴 상처. 몸의 변화를 바꾸기 위한 노력보다 남들과 멀어진 거리를 다시 좁히기 위한 노력이 훨씬 더 힘겹다. 중독의 진창에서 빠져나온 나는 잃어버린 것들을 되찾기 위해 조심스레 발걸음을 옮기고 있다. 가족을 부르는 목소리가 한결 상냥하도록 공을 들이고, 연락이 뜸해진 친구들에게 긴장된 마음으로 메시지를 보낸다. 중독된 몸 안에 갇혀 있던 세상이 조금씩 열리고 있다.

3부

중독을

만드는 사회

고독한 부엌의 애주가들

가을 오후의 볕이 온화하게 내리쬐는 놀이터. 사람이라곤 벤치에 앉은 30대 초반의 여자와 그녀가 끌고 온 유모차 속 아기, 둘뿐이다. 여자는 크게 하품을 한 뒤 손에 쥔 빈 맥주캔을 쓰레기통으로 던져 골인시켰다. 캔과 쓰레기통이 부딪치는 요란한 소리에 놀란 듯 아기의 눈이 확 커졌다.

여자는 무성의한 몸짓으로 유모차를 몇 번 앞뒤로 움직이더니 유모차 아래 수납칸에서 맥주 한 캔을 더 꺼냈다. 서늘하고 묵직한 금속성 물건이 손바닥에 닿자 기분이 좋아진다. 주변을 두리번거리며 사람이 없는 걸 확인하고 서둘러 캔을 따서 한 모금 넘긴다. 방금까지 마음 한구석에 스멀스멀 번져 나가던 우울이 한 모금 한 모금에 씻겨 내려간다.

지금 마시는 맥주 몇 캔이 그녀의 첫 끼니다. 네 살배기 큰아이의 식사를 챙기고 이제 갓 5개월이 지난 둘째를 돌보다 보면 식사 때를 놓치다 못해 그냥 거르기 일쑤다. 가끔 먹이다 만 아이 밥을 몇 술 삼키는 게 전부다. "뭐가 그렇게 바쁜데?" 종일 굶은 그녀에게 남편은 어이없다는 듯 묻는다.

그러게. 하루 종일 집에서 종종거리는데 왜 밥 먹을 시간조차 없을까. 그녀는 맥주캔을 따서 힘차게 한 모금을 삼켰다. 울컥 치밀던 무언가가 얌전히 속으로 내려앉는다. 아까보다 좀 더 나아진 기분으로 한적한 놀이터의 풍경을 감상한다.

휴직한 지 반년. 만나는 사람 없이 아이 둘과 온종일 붙어 지내는 일상은 몹시 평화로우면서도 공허하다. 잡음 없이 권태롭다.

때때로 숨이 쉬어지지 않는 격랑과 같은 불안이 덮칠 때가 있다. 이대로 여기서 도태되어버리는 걸까? 그럼 두 아이를 먹이고 키우는 것 외에 나의 존재가치란 뭘까? 저 밖의 세상은 나 없이도 빠르게 흘러가는데 난 여기서 뭘 하고 있지? 직장에 무사히 복귀할 수 있을까? 아니, 복귀하더라도 문제다. 휴직을 두 번이나 한 내가 동기들처럼 제대로 승진할 수 있을까.

그럴 때면 그녀는 맥주캔을 하나 따서 단번에 들이켜곤 했다. 목젖 안쪽으로 쌉싸래한 액체가 밀려들면 불안이 저만치 떠내려가고 좀 더 여유롭고 평온한 자신이 될 수 있었다. 축 가라앉은 마음이 적당히 들뜨면서 의욕이 되돌아왔다. 맥없이 미루던 설거지와 청소 등등을 해낼 만한 에너지가 돌연 샘솟았다.

처음에는 무료한 점심시간을 달래기 위해 딱 한 잔 마시던 것이 어느새 하루 종일 마시는 것으로 양이 늘었다. 아이들 아침 먹이고 어린이집 갈 준비를 하는 전쟁 같은 오전 시간이 지나 한숨 돌릴 때 한 캔. 오후의 둘째 낮잠 시간에 지루하니까 한 캔. 남편이 오기 전 부랴부랴 저녁 준비를 하면서 목이 마르니까 한 캔.

조금 위기감이 들기는 하지만 괜찮다. 장을 보는 것도 그녀였고, 재활용 쓰레기를 가져다 버리는 것도 그녀다. 맥주캔이 눈에 띄게 늘기 시작하자 검은 비닐봉투에 담아 다용도실에 한구석에 숨겨둔다. 음주를 숨기는 것쯤은 일도 아니다. 만약 누군가가 알아채고 비난한다고 하더라도 나름의 할 말이 있다. 아무 일도 벌어지지 않는 일상에서 술을 마시는 그 순간만 반짝 자극을 받는다. 그녀의 삶은, 완전하게 멈춘 느낌이 드는 이 시간들은 알콜을 동력원 삼아 이만큼이나마 굴러가고 있다.

10년 전쯤, 취재차 분당에 있는 어느 식물원 콘셉트의 카페에 방문한 적이 있다. 오전인데도 손님이 꽤 많아 사진 촬영에 애를 먹었다. 대부분 아이를 유치원이나 어린이집에 맡기고 나온 듯한 젊은 엄마들이었다. 그중 두 여성이 앉은 테이블이 눈에 띄었다. 오전 10시 30분, 꽤 이른 시각임에도 불구하고 맥주 한 잔씩을 시켜놓고 수다를 떨고 있었다. 조명을 설치하던 사진기자 선배는 그 광경을 보고 빈정대듯 말했다.

"애유엄브네. 애는 유치원, 엄마는 브런치 맥주."

그때 문득 궁금해졌다. 전업주부로 산다는 건 대체 어떤 느낌일까. 사회에서 불러주는 직책이 없이 누구누구의 엄마, 누구누구의 아내로 산다는 것, 종일 살림과 아이 챙기는 것 외에 할 일이 없다는 것. 상상도 하기 힘들었다. 만에 하나 내가 그런 삶을 살게 된다면 미쳐버릴 거라고 생각했다.

그리고 10년 후, 거짓말처럼 나는 퇴사해 전업주부가 됐다. 마냥 주부로 살기 위해 퇴사한 것은 아니었다. 내 나름대로는 글을 써보겠다는 소소하고도 거창한 계획이 있었다. 아이를 유치원에 보내고 어디론가 출근하는 사람처럼 노트북을 싸 들고 동네 카페에 앉았다. 화면에 텅 빈 문서 창만 켜놓은 채 멍하니 앉아 있자면 주변의 왁자지껄한 소리들로 귀가 쏠렸다. 근처에 사는 주부들이 삼삼오오 모여 아이 교육에 관해 두 시간이고 세 시간이고 열변을 토하는 것이다. 학원은 어디가 평판이 좋은지, 아이의 적성이 어느 쪽인지, 어떤 친구 무리들과 엮어주는 것이 좋을지. 그들은 마치 모든 생의 에너지와 시간을 아이를 위해 불사르는 것 같았다. 나는 이어폰으로 그 소리를 막고 다시 노트북으로 시선을 돌렸다.

'나는 지금 퇴사하고 노는 것이 아니다.', '무언가를 만들어내서 세상에 내보일 것이다.' 그런 다짐으로 이를 악물었다. 하지만 무엇도 쓸 수 없었다. 아니, 뭔가 쓰긴 썼는데 쓰레기 같아서 다 지워버렸다. 한 달도 채 안 돼 나는 포기했다. 아이를 등원시키고 카페로 출근하는 일도 더는 없었다.

오전에 텅 빈 집에 공허하게 앉아 있으면 정신없이 돌아가는 바깥세상과 무관하게 내 세상만이 홀로 멈춘 것 같다. 진공상태의 유리병 속에 갇힌 것처럼 무기력하게 둥둥 떠다니다가 바깥을 본다. 사람들은 나를 뒤편에 남겨둔 채 저만치 앞서 나가고 있었다. 나는 매분 매초 낙오하고 실패하는 기분이었다.

할 일이라도 많아 몸을 부지런히 움직였다면 부정적인 감정들에 휘둘릴 틈도 없었을 텐데, 지독하게 할 일이 없었다. 요리나 청소 같은 살림에는 취미가 없어 매사 대충대충 해치운다. 아이 교육에 열을 올리는 타입도 아니라서 열정적인 엄마들처럼 아이를 이런저런 학원에 데려다줄 일도 없었다. 집안일을 하는 오전의 한 시간 정도를 빼면 오롯이 나 혼자의 시간인데도 뭘 해야 할지, 어떻게 해야 할지를 몰라 쩔쩔맸다. 누구를 만나고 싶지도 않아 늘 혼자였다. 다만 외롭고 두려웠고 불안했다.

남아도는 시간들은 모래시계 모래알처럼 가슴 위로 서서히 쌓여 나를 압박했다. 머릿속으로는 '이렇게 마냥 나태하게 있으면 안 되는데.'라고 생각했지만 무언가를 해볼 엄두가 나지 않는다. 글이든 뭐든 세상에 내보일 자신감이 완전히 바닥난 상태였으니까. 무기력한 한편 마음 한구석에서는 불안으로 벌벌 떨었다. 이대로 나는 끝나는 걸까. 누군가의 엄마, 누군가의 아내로 삶의 마침표를 찍게 될까.

늦은 오전 한적한 동네를 돌아다니다 보면 울컥 가슴에서 뭔가 치밀어 올랐다. 주변 사람들이 다 출근해 있을 시간에 나는 아무것도 할 일이 없는 사람이 됐구나. 내심 회사를 그만둔 것을 통렬하게 후회했다. 내가 좋아하던 그 일을 더는 할 수 없게 된 것도 힘들었지만 무엇보다도 직업 없는 사람이 된 현실이 견딜 수 없이 괴롭고 수치스러웠다. 한편으로는 내가 일을 그만둘 수 밖에 없게끔 만들던 모든 상황과 조건들, 나를 옭아맨 가족, 당치도 않은 요구를 해대던 직장상사가 원망스러웠다. 아니, 그 누구보다 생애 최고로 멍청하고 잘못된 선택을 한 나 자신을 극도로 미워하고 혐오했다.

이렇게 정신적으로 궁지에 몰린 상황에서 유일하게 나를 위로하는 것이 술이었다. 오전 내내 초조하게 시계를 흘낏대다가 점심 먹을 시간이 되면 부리나케 냉장고로 뛰어가 술병을 꺼내 들었다.

먼저 잔에다가 맥주나 와인을 한 잔 따라 싱크대에 올려놓고 틈틈이 마셔가며 식사 준비를 했다. 일종의 식전주이자 이제 본격적으로 음주를 시작해보겠다는 의식이었다. 단촐한 점심을 차려 거실 탁자에 내려놓고 소파에 앉아 두 번째 잔을 꿀꺽꿀꺽 마셨다. 식도를 타고 내려간 알코올은 마법처럼 마음을 꽉 채우고 있던 불안과 긴장을 당장 녹여버렸고 그 빈자리에 자신감과 의욕이 샘솟았다. 기분이 즉각 나아지면서 긍정의 기운이 온몸에 퍼져 나간다. 뭐든 잘 풀릴 것 같고 뭐든 할 수 있을 것 같다.(비록 그 무언가를 해낼 시간들을 술에다 낭비해 아무것도 못 해내긴 했지만.) 망했다는 실패의 감각, 앞으로의 인생에 대한 두려움, 텅 빈 삶에서 느끼는 권태로움이 삼키는 술 몇 모금에 씻겨 내려간다. 나는 느긋한 기분으로 한 잔, 한 잔 더 속도를 내어 술병을 비워 나가기 시작했다.

그렇게 나는 술 마시는 전업주부, 키친 드링커가 됐다. 밤에는 매일 마셨고 일주일에 두세 번씩은 낮에도 마셨다. 재활용품 수거함에는 빈 와인병과 맥주캔이 수북하게 쌓여갔다. 하지만 혼자 술을 마실 시간도, 남들이 눈치채지 못하도록 술이 깰 시간도 내게는 충분했기에 가족들은 전혀 몰랐다.

직장 다니던 시절의 삶은 좁고 길게 난 길을 따라 최대한 빨리 달려 나가려 스스로 채찍질하는 것 같았다면, 주부가 되고 나서는 잔잔한 망망대해에 튜브 하나 끼고 어디에 상륙한다는 기약도 없이 떠도는 느낌이었다. 아무 일도 일어나지 않는 무채색의 하늘이 끝도 없이 이어진다. 그 공백을 덮치고 들어오는 무료함과 권태로움이 삶의 활력을 모두 앗아간다.

하지만 일단 술을 마시면 고요한 바다처럼 아무것도 없는 생활에 갑자기 신나는 파도가 들이닥치는 듯 재미있고 즐거워진다. 패배감과 우울함에 젖어 쭈그렁 못난 빠진 내가 술 한 잔에 마법소녀 변신하듯 재기발랄하며 명랑한 사람으로 돌변한다. 그 마법이 깨지 않도록 한 잔, 또 한 잔을 연거푸 서둘러 마셨다. 어둠 속에서 불꽃이 튀듯, 그 한 모금 한 모금이 내 삶을 잠시 잠깐 비추고 사라지는 빛이었다. 이걸 인정하는 것이 매우 비참하게 느껴지지만, 술 마시는 재미만이 유일한 삶의 기쁨이었다.

그런데 어느 날 문득 주변을 유심히 살펴보니 나 혼자만 그런 게 아니었다. 동네의 내 또래 엄마들과 가벼운 친분을 쌓기 시작하면서 그녀들 역시 혼자 맥주를 홀짝인다는 걸 눈치챘다. 같은 아파트 단지에 사는 D는 아이를 재운 후 밤마다 맥주 서너 캔씩 해치워 남편으로부터 빈축을 샀다. 건너 단지에 사는 C는 학원강사 생활을 그만두고 전업주부가 된 후 무료한 낮 시간을 견디려 점심에도 맥주를 몇 캔씩 마셨다. 다용도실 한구석 박스 짝으로 쌓인 맥주는 그녀 집의 명물이었다.

왜 그녀들은 매일 맥주를 마셔댄 걸까. 왜 나는 술에 의지해야 했을까. 남들 보기에 무엇 하나 부족할 것 없는 사람들이다. 안정적인 직장에 다니며 적지 않은 소득을 벌어오는 남편, 건강하고 귀여운 아이, 집과 차를 보유한 전형적인 중산층 가정의 주부. 하지만 그 생활 속에는 일상만으로 채워지지 않는 어떤 공허한 구멍이 뚫려 있었다.

대다수 주부들의 생활은 외롭다. 하루 종일 혼자, 혹은 아이와 시간을 보낸다. 제대로 말이 통하는 사람과 소통할 시간이 거의 없다는 점에서 사실상 혼자인 셈이다. 특히 출산 직후부터 2~3년간은 아기를 하나부터 열까지 챙겨야 하는 시기라 외출조차도 쉽지 않다. 내가 아기를 낳고 돌보던 그 기간을 떠올려본다. 하루 종일 작은 아파트에서 아기와 단둘이, 해가 떴는지 저무는지도 알지 못한 채 아이의 먹고 자고 싸는 생리 사이클을 돌보느라 내 시간 전체를 바치던 날들.

아기는 내게 무엇과도 비교할 수 없는 소중한 존재고 내 삶을 바쳐 헌신할 각오가 되어 있었지만 육아를 위해 삶을 갈아 넣는 상황은 도통 익숙해지지 않았다. 내가 인간이 아니라 아이에게 딸린 부속품 내지는 자유의지가 없는 양육용 로봇처럼 느껴졌다. 결국 3개월 만에 아이를 시댁에 맡기고 회사로 뛰쳐 나갔다. 사회적 성취를 중요시하는 내 성격상 육아 노동에 얽매인 상황을 유난스럽게 힘겨워 한 면도 있지만 실제로 그 시기 엄마의 전적인 헌신과 희생이 필요하다는 점은 누구도 부인할 수 없는 사실이다.

사람들은 양육의 중요성을 입이 마르고 닳도록 강조하지만, 세상으로부터 고립된 채 육아에 허덕이는 엄마들의 노고는 아이라는 축복에 가려 잘 보이지 않는다. 엄마라는 미명으로 감추려 해도 이들의 육체적인 고단함과 정신적인 외로움, 권태로움은 손에 잡힐 듯이 생생하게 존재하는 고통이다. 여자들은 그 시기를 버티기 위해 각자의 방법을 터득한다. SNS에 심취하거나 드라마에 몰두한다. 그리고 당연히 술로 시름을 달래는 사람도 있다.

아이가 좀 더 큰다고 해서 딱히 나아지는 것도 없다. 나이가 들수록 우리 삶의 지분 대부분을 가정이 차지하게 되고 각자 가정을 돌보느라, 일과 가사를 병행하느라 가족 밖 사람과의 교류는 갈수록 드물어지니까. 그렇다고 모든 사람이 가족 간의 끈끈한 애정으로 충만한 삶을 사는 것도 아니다. 아이에 집중하는 나와 일에 지친 남편 사이의 관계는 점점 소원해진다. 이웃의 새 친구를 사귀면 될 것 같지만 생각처럼 쉽지 않다. 나 역시 동네의 엄마들 커뮤니티와 어울릴 기회가 생기곤 했는데 아이 이야기에만 열을 올리며 몇 시간이고 화제 삼는 사람들 속에서 평범한 친구를 사귀고 우정을 쌓기란 쉽지 않았다. 자연스레 가족 외에는 교류가 없는 시간이 이어지고 외로운 생활 가운데 술로 허전함을 달래는 패턴이 생겨났다.

누군가는 가정 내의 불화나 갈등 때문에 술에 의지한다. 아이를 임신했을 때 태교며 출산 준비며 뭘 어떻게 해야 할지 몰라서 아이 엄마들이 모이는 인터넷 카페에 가입했다. 그런데 게시판에는 출산 정보보다 엄마들 각자의 고민과 분노, 하소연하는 사연들이 더 많았다. 그렇게 많은 여성들이 남편의 무시, 육아에 대한 무관심, 고부갈등 등의 문제로 스트레스를 받으며 사는 줄은 꿈에도 몰랐다. 성토 받아 마땅한, 상식 이하의 배우자와 살면서도 이혼은 차마 생각도 하지 못하고 그저 참고 사는 사람들. "오늘도 남편과 대판 싸웠네요. 아기 재우고 맥주 한잔 중입니다." 어디다 하소연할 데도 없는 가족 문제에 끙끙 앓느라 주부들은 인터넷에 글을 올리거나 술로 속을 달래고 있었다.

무료하면서도 스트레스가 많은 상황을 운동이나 각종 레저, 문화 활동 등 취미생활로 풀어볼 생각도 해봤다. 의욕적인 대기업 직장인에서 전업주부가 된 친구 T는 말했다. "운동을 하는 것도 한두 시간이지. 무슨 태릉인도 아니고 종일 체육관에 갈 것도 아니잖아." 주부들의 여유 시간이라는 게 참으로 애매하다. 남아도는 것 같으면서도 뭔가 대단한 성취를 시도하고 준비할 만큼 충분하지는 않다. 집안일로 몇시간 바지런을 떨다보면 어느새 아이의 하원 시간, 하교 시간이라는 게 주부들의 하소연이다.

이런 일상에서 가장 시간을 적게 들이면서도 가장 간편하고 즉각적으로 즐거움을 주는 것이 음주다. 가족들에게 들킬 위험도 없다. 부엌은 주부들의 영역이고 술 몇 병 사는데 큰돈이 드는 것도 아니니까. 한낮의 텅 빈 집, 나만의 왕국에서 술을 마시고 취해서 나른하게 늘어진다. 똑같은 드라마를 봐도 취기가 얼큰하게 올라온 상태에서 보는 게 두세 배는 더 재미있다. 지저분한 앙금 같은 불안과 분노, 우울함이 얌전히 가라앉고 순수한 알코올처럼 마음이 투명하게 맑아지는 느낌. 오후의 한잔은 슬픈 주부들에게 치료제가 된다.

물론 그 대가도 뒤따른다. 취해서 노곤하게 시간을 보내다 다른 가족이 집에 올 시간이 되어 황급히 술에서 깨고 나면 숙취로 불쾌한 두통이 밀려오고 마음은 온통 죄책감에 점철되어 오히려 술을 마시기 전보다 기분은 더 바닥을 치고 내려간다. '오늘도 한심하게 마셔버렸네. 또 시간을 허비했네.' 자책감은 누구에게도 털어놓지 못할 고통이 되어 나를 온통 들쑤신다.

예전에는 중년 이상의 주부들이 '빈 둥지 증후군'으로 술에 의존하는 경우가 많았는데 최근에는 20, 30대 젊은 여성 주부들의 의존 케이스가 부쩍 늘었다. 여성들의 사회진출이 활발하고 고학력자가 늘어난 요즘, 그만큼 경력단절을 겪는 여성도 많아지면서 허전함을 남몰래 술로 푸는 사람이 늘어난 영향은 아닌지, 나의 경우에 비춰 짐작해본다. 자기 전공과 커리어를 조용히 접고 가정을 택한 주부들이 가슴에 품은 허망함, 누구도 쉽게 입 밖으로 꺼내 말하지 않는 그 감정이 술에 의지하게끔 만든 건 아닐까. 누구도 이해해주지 않는 육아의 고단함을 술기운으로 버텨내고 있는 건 아닐까.

영화 「82년생 김지영」에서 인상 깊었던 장면이 있다. 엄마들끼리 모여 수다를 떨고 있는데 누군가가 자조하듯 말한다. "내가 애 수학 가르치려고 서울대 수학과 나왔잖아."

초등학교 하교 시간에 맞춰 아이를 데리러 교문 앞에 나가보면 같은 반 엄마들이 옹기종기 모여 이야기를 나누고 있다. 저 엄마는 왕년의 태권도 선수였고 저 엄마는 유명 대학에서 피아노를 전공한 학원 선생님이었다. 간호사였던 사람, 대기업 직장인이던 사람도 있다. 이 사람들 모두 자신이 공부하고 경력을 쌓아온 전부를 포기하고 이 오후 낮 시간에 아이를 데리러 한자리에 모여 있다는 생각을 하면 마음 한구석이 씁쓸해지고 만다.

전업주부의 삶이 하찮다는 의미는 절대 아니다. 가정을 지키고 가족을 돌보는 일은 얼마나 중요하고 귀한가. 돈으로 환산할 수 없는 가치다. 하지만 우리가 익히 알고 있듯 사회가 그 귀한 노동의 성취를 인정해주지는 않는다.

우리 모두 여자로 태어나 가족을 꾸리고 아이가 태어나는 과정에서 어떤 삶을 살아갈지에 관한 내 선택의 여지가 점점 좁아지는 상황을 겪었다. 배우자만큼 길게 근속하기 힘들고, 수입이 적고, 안정적인 직장이 아니니까, 누군가는 아이를 돌봐야 하니까. 합리적인 해결책으로 여자가 가정을 택한다. 자기 선택으로 주부가 됐다고 말하는 사람들 중에도 상당수가 이런 과정을 거친 결과일 것이다. 그중 100퍼센트의 확고한 의지로 경력단절을 선택한 사람은 얼마나 될까. 아이를 마음 놓고 맡길 사람이 있었다면, 일과 가정을 병행하는 것이 그렇게나 힘겹지 않았다면 직장을 그만둘 사람은 얼마나 될까.

하교 시간에 가득 모인 고학력자 출신 엄마들을 보며 문득 생각했다. 이 사람들도 나처럼 사회에서 못다 이룬 성취에 대해 안타까움을 느낄까? 여전히 가열차게 직장생활을 하는 주변 사람들과 스스로를 비교할까? 거기에서 온 좌절감을 달래기 위해 점심부터 맥주 몇 캔을 들이켜는 사람은 없을까? 출산 후나 육아 중에 앓게 된 우울증으로 한없이 술에 의존하게 된 사람은 없을까?

여러 통계 지표는 남성 알코올중독자 비중은 갈수록 줄어드는 것에 비해 여성 중 중독자의 비율은 갈수록 늘어가고 있다는 걸 보여준다. 하지만 현상에 비해 사회적 대처는 한없이 미흡하다. 보건의료정책의 알코올중독 치료 지원은 주로 중장년층 남성들에게 집중되고 주부를 비롯한 여성들의 음주는 그 비율이 낮다는 이유로 간과되는 게 현실이다. 정말로 남성에 비해 여성의 음주 문제가 경미한 수준일까? 사회적 시선 때문에 수면 위로 드러내지 않을 뿐이지 속에서 곪아가고 있지는 않을까?

이런 의문에 일리가 있는 것이, 키친 드링커들은 숨기기의 천재다. 자신들의 영역인 부엌 곳곳에 술병을 숨겨놓고 짐짓 아무렇지 않은 척 손을 뻗친다. 취기를 숨기는 데도 탁월하다. 술에 깊이 빠져 있던 어느 날, 나는 오전부터 와인이며 맥주며 잔뜩 풀어놓고 마셨다. 오후 두세 시쯤 되자 취기로 어질어질한 상태가 됐다. 곧 아이가 하교할 시간인데 이 꼴로 갈 수는 없는 노릇이다. 그래서 동네에 있는 작은 공원에서 뜀박질을 했다. 땀을 흘려서 취기를 빼려고 공원을 돌고 또 돌았다. 스스로도 웃기고 비참했다. 이렇게까지 바닥을 치나 싶어 헛웃음이 나왔다.

멀쩡함을 가장하는 키친 드링커에게서 문제점을 발견하려면 아주 주의 깊게 가까이에서 관찰해야 한다. 하지만 대개 함께 사는 가족들조차 눈치를 못 채니 제재할 방법이 없다. 마음껏 마시다가 점점 습관이 되고 헤어날 수 없는 상태까지 가버린다. 들키지 않을 정도로 마신다면 별문제 없는 거 아니냐고 생각하는데 그게 아니다. 진창 같은 중독의 경로로 발을 들인 후 빠져나올 도리도 없이 헤매는 사이, 나는 예전과 달리 스스로를 통제할 수 없는 상태로 서서히 변해갔다.

술은 즐거움을 느끼게 하는 뇌의 보상회로에 강한 자극을 주고 이 자극이 지속적으로 반복되면서 의지와 조절력 같은 이성적 사고를 마비시킨다. 또 알코올이 뇌에 화학적 신호 변화를 일으켜 쾌감을 주면 뇌는 이 변화를 보정하기 위해 알코올과 정반대 효과를 내기 시작한다. 이게 금단할 때 오는 불쾌감과 우울감이다. 그러니까 술을 깨고 나서 가족들을 맞이한다고 해도 평상시의 상태가 아니다. 예민하고 짜증이 늘고 울컥 화가 치솟는다. 나 역시 반복되는 음주로 감정이 과잉되어 시도때도 없이 분노가 폭발하고 땅이 움푹 패이는 듯한 절망감을 느꼈다. 치료를 받으며 술을 조절했더니 가족들에게 훨씬 관대해졌고 관계도 좋아졌다. 그때서야 이전의 내 상태가 '원래' 내 모습이 아니라는 걸 깨달았다.

술꾼이 된 주부들은 같은 처지인 내게 자신이 술을 얼마나 많이 마시는지 아무렇지 않게 이야기한다. "요즘은 점심 때도 두세 캔씩 먹어요." "밤에 아이 재우고 와인을 한 병씩 마시는데 알코올중독인 것 같다니까요." 마치 별 대단한 문제가 아니라는 걸 서로 확인이라도 받듯, 술 좋아하는 사람들끼리 적당히 웃으며 넘기는 농담 소재로 쓴다.

그 속을 들여다보면 자꾸 술에 이끌리는 자기 자신에 대한 불안이 슬쩍 엿보이는 한편 술에 의지하고 있다는 사실은 인정하지 못하는 심리가 느껴진다. 가정과 아이가 있는 주부가 술을 과하게 마신다는 것 자체가 사회에서 용납되지 않는 일탈이기에 더 그럴 것이다. 매일 마시기는 하지만 한 번에 과하게 마시지는 않는 음주 패턴이니 중독은 아니라며 스스로를 안심시킬지도 모른다. 정색하고 이 문제를 지적하면 기분전환 차원에서 몇 잔 마시는 것 갖고 호들갑을 떤다고 불평할지도 모르겠다.(전문가들은 매일 마시는 것 자체가 적신호라고 하지만.)

솔직히 나는 아주 과하지 않으면 음주 그 자체는 크게 문제가 안 될 수 있다고 생각한다. 스스로 위기감을 느껴 마시는 양을 줄이거나 잠시 금주를 하기도 하니까. 다만 자꾸 술을 찾던 이면에 숨겨진 불안과 우울을 스스로 짚어볼 필요는 있다. 본인이 그 원인과 직면하지 않는다면 영영 위태로운 상태에서 벗어나지 못한다. 나도 술에 빠져 있는 와중에도 내 증상을 꽤 냉정하게 본다고 생각했지만 병원을 처음 방문하고서야 내 우울의 병증과 원인을 똑바로 파악할 수 있었으니까. 삶에서 결핍을 느끼는 사람들만이 취기에 기대어 살아간다. 고역스럽더라도 근본적인 문제를 제대로 응시해야 술로 인해 휘청거리는 삶에서 벗어나는 길이 보인다.

경험해보니 주부야말로 음주 습관에서 가장 빠져나오기 어려운 처지다. 직장인보다 상대적으로 시간 여유가 있는 데다 가사와 육아 등 단순노동이 생활의 주를 이루기 때문에 슬쩍 마시는 정도로는 생활에 큰 지장이 없다. 하지만 줄타기하듯 아슬아슬하게 일상을 유지하며 몰래 술 마시는 생활이 언제까지 이어질 수는 없는 법이다.

사람의 뇌는 반복적인 알코올 섭취가 일어나면 신경회로가 점점 둔감해져 더 많은 술을 마셔야 예전과 같은 쾌감을 느낀다. 결국 음주량이 늘어나고 간신히 유지하던 일상에 조금씩 균열이 일어나기 시작한다. 전처럼 '멀쩡해 보이는' 생활을 유지하는 것이 불가능해지고 그런 자신에게 수치심을 느끼며 고립된다. 알코올중독자 특유의 예민함, 잦은 분노와 짜증 등 변한 성격 때문에 가족과의 관계는 멀어진다. 더더욱 술로 도피하면서 악순환에 접어든다. 한참 잘못된 길로 들어서고 나서야 문득 깨닫는다. 삶이 산산조각 났다는 것을.

나는 그걸 어느 초여름날 오후, 술에 취해 곯아떨어졌다가 깨어난 직후에 느꼈다. 그날도 평소처럼 소파에 축 늘어져 지끈거리는 머리를 감싸 쥐며 몸을 일으켰다. 창문을 통해 불어오는 무심한 봄바람에 내 술 냄새가 더 짙게 느껴졌다. 죄책감, 수치심, 후회가 속에서 부글부글 끓어 내 안쪽을 다 녹이는 듯한 기분이다. 나라는 존재는 구제할 수 없을 정도로 상하고 부식되어 닳아 없어지고 있었다. 이대로 엉망진창이 되어버린 삶을 방치할 것인가. 아니, 더 극단적인 방법도 있다. 모든 걸 포기하고 가끔 치밀어 오르는 충동 그대로 삶을 스스로 끝낼 수도 있다. '정말로 그런 걸 원해?' 마지막 남은 내 의지의 조각들이 완강히 저항하는 게 느껴졌다. 이대로 포기할 수는 없다. 마지막 단 한 번만이라도 정상으로 되돌아갈 시도를 해보자.

결국 병원으로 가는 힘겨운 한 걸음은 숨기고 외면하고 싶던 문제, 키친 드링커가 되어버린 내 자신을 직면하는 것으로부터 시작됐다. 그 진창에서 벗어나기 위해서 외부의 도움이 절실한 상태라는 걸 인정하는 게 모든 것의 출발이었다.

회식하는 여자들

김혜수 주연의 드라마 「하이에나」에서 주인공인 정금자는 수단과 방법을 가리지 않고 재판에서 이겨내는 능력 있고 당찬 변호사다. 그녀는 의뢰인을 얻기 위해 재벌들의 파티장에서 현란한 솜씨로 폭탄주를 말고 연거푸 술을 들이켠다. 좌중을 압도하는 엄청난 주량에 재벌들의 입도 떡 벌어진다. 이어 화려한 음주가무로 재벌들의 호감을 산 정금자는 다음 날 숙취에 절어 일어나지만, 대신 중요한 의뢰인 한 명을 낚는 데 성공한다.

　문득, 드라마 속에 나오는 능력 있고 자신감 넘치는 여성들은 하나같이 엄청난 주당으로 묘사된다는 걸 깨달았다. 각종 드라마에서 야망 넘치는 캐릭터를 주로 연기한 배우 이유리 씨는 하도 드라마에서 폭탄주를 마는 장면이 자주 나와 그것이 그녀의 트레이

드마크가 됐을 정도다.

아마 우리 사회에서는 특정 개인의 '능력'을 구성하는 항목들 중 '주량'이 꽤 높은 비중을 차지하기 때문일 것이다. 술을 잘 마셔야 사회생활을 잘한다고 여기고, 반대로 술을 못하는 사람은 사회성이 결여된 인물인 것처럼 여겨지기까지 한다.

드라마 속 장면처럼, 실제로 우리 사회에서 내려지는 중요한 결정들 대부분이 룸살롱이나 술자리, 혹은 골프 라운딩 같은 사적인 시공간 안에서 이뤄지기에, 술도 능력이라는 명제는 한국 사회에서 참이 되고 만다.

하지만 유독 여성 능력자 캐릭터에게만 빼놓지 않고 술을 잘 마신다는 설정을 넣는 건 또 다른 층위의 단면 아닐까. 주인공이 실력자라 해도 결국 신체적 위력에서는 남성에게 밀리기 마련인데 남자를 주량으로 이겨버림으로써 이 사람은 육체적으로도 남성을 압도할 수 있다는 걸 보여주고 이 세계관 안의 진정한 강자임을 증명한다. 그렇다. 이것은 일종의 판타지다. 우리가 신체적으로 남성의 우위에 설 수 있다는 환상.

나는 자칭 타칭 '회식 러버'였다. 고깃집 한편에서 신나게 폭탄주를 말고 일사불란한 몸짓으로 옆 사람에게 잔을 돌렸다. 원샷은 기본, 몸을 사리며 좀체 잔을 비우지 않는 선배에게 넉살을 떨며 채근했다. 하지만 3차고 4차고 따라가서 머리 꼭대기까지 찰랑거리도록 술을 마시고서 새벽 4시쯤 자다 일어나 울렁거리는 속을 붙잡고 화장실로 뛰어가다 보면 문득 궁금해지는 것이다. 왜 회식 자리에서 강요하지도 않은 술을 퍼붓듯 마셔댔는지 말이다.

작가가 '만렙' 캐릭터를 설정할 때 주당 속성을 부여하듯, 나 역시 주량이라는 허무한 능력치를 과시하고 싶었던 것은 아닐까? 신입 때 나는 같이 입사한 남자 동기에게 주량으로 밀리고 싶지 않았다. 실상 그는 소주 한두 잔에도 쓰러지는 판이라 내가 밀릴 일은 없었지만, 그와 다르게 술 잘 마시는 모습으로 윗사람들에게 어필하고 싶다는, 참으로 부질없는 생각을 했다.

나와 입사 동기들은 우리 잡지사가 생긴 이래로 처음 뽑은 공채 기자들이었다. 여섯 명 신입 중 남자는 딱 하나밖에 없었다. 갑작스러운 여초 현상에 당황하는 선배들을 보며 싸늘한 예감이 들었다. 이 보수적인 조직에서 내가 남성 동기와 동등한 대접을 받기는 글러먹은 것 아닐까? 하지만 주량으로 남자 선배들까지 이겨먹는다면, 어쩌면 여성이라는 마이너스 값이 제로로 올라서지는 않을까? 저 녀석 남자 못지않네, 그런 평을 듣게 되진 않을까? 이런 헛된 기대가 폭음으로 이어진 면도 있다.

어쨌든 술을 좋아하는 나는 아예 한 잔도 마시기 힘들어하는 다른 여자 동기들보다는 대접이 나았다. 술잔을 받을 때마다 쩔쩔매는 동기들의 모습을 보며 40~50대 남자 선배들은 눈살을 찌푸렸고, 그들을 대하기 힘든 예민한 사람 취급했다. 폭음으로 자기 장기를 혹사하는 이벤트가 왜 능력 시험의 장이자 인성 파악의 자리가 됐는지는 모르겠지만, 아무튼 십수년 전 내가 다니던 잡지사에서는 그랬다.

한번 생각해보자. 회사 생활에서 회식이 미약하게나마 조직원을 평가하는 척도가 된다면, 이것은 여성에게 일방적으로 불리한 시험 아닌가? 여성은 남성에 비해 알코올 분해효소가 현저히 적은데다 에스트라디올 같은 여성호르몬이 알콜 분해효소의 활동을 방해한다. 알코올은 지방에는 잘 흡수되고 물에는 잘 녹는 성질인데, 여성의 체지방 비중이 일반적으로 남성보다 높고, 체구는 더 작기에 신체 내 수분량이 남성보다 적다. 남자보다 술에 약할 수 밖에 없는 신체조건이다.

페미니즘 서적 『보이지 않는 여자들』은 인간 '디폴트 값'이 남성으로 설정된 사회에서 여성이 배제되는 현상을 다룬다. 사무실 실내 온도의 적정치가 남성을 기준으로 맞춰졌기에 여자들은 늘 추위를 느끼고, 피아노 건반도 평균 남자 손 크기에 맞게 제작돼 여성 피아니스트들에게 더 많은 기술을 요한다는 것이다.

회식 역시 이런 사례 중의 하나 아닐까? 사실상 업무의 연장으로 여겨지는 회식 자리에서 남성보다 음주에 취약한 신체조건을 지닌 여성이 똑같이 잔을 돌리며 술을 마셔야 한다니. 한쪽 성별에 너무 불리한 사회 문화 아닌가? 그렇다고 마시지 않고 뻗대기엔 사회성이 떨어진다는 둥, 협동심이 부족하고 이기적이라는 둥 나쁜 평가가 뒤따를 것이다.

그나마 최근 10여 년 사이 기업문화를 바꾸려는 일련의 움직임 속에 회식도 많이 바뀌었다. 술자리가 대폭 줄었고, 또 짧아졌다. 대신 공연을 관람하거나 간단한 스포츠를 즐기는 등 좀 더 유익한 활동으로 대체됐다. 회식 근절로 오피스상권 식당이 불황이라고 하소연할 정도다.

하지만 공식적인 자리는 줄었다 해도 직원들끼리 회포를 푼다는 명목하에 상사와 부하 직원이 삼삼오오 어울려 술을 마시는 자리는 계속 이어져왔다. 신문 지면에는 잊을 만하면 한 번씩 회식으로 인한 사건 사고 소식이 보도된다. 폭행, 실족사, 사고사, 그리고 강간과 성추행, 성희롱. 여성들만을 대상으로 일어나는, 술자리의 가장 흔한 범죄.

회식이라면 덮어놓고 좋아하던 내가 이 문화를 냉담한 눈으로 돌아보게 된 것도 직장 내 술자리에서 벌어진 각종 성범죄 때문이다. 몇 년 전 한샘에서 벌어진 여직원 성폭행 사건을 떠올려보자. 피해 여직원은 평소 자신을 잘 챙겨주던 상사와 별생각 없이 술을 마셨는데 상사는 취한 그녀를 모텔로 유인해 성폭행했다. 그 뒤는 뻔한 사회 고발 드라마 속 스토리 같다. 경찰의 부실한 조사, 사건을 무마하려는 회사의 압력이 뒤따랐고 처벌은 한없이 지연됐다. 그 사이 피해자는 '꽃뱀'으로 몰렸다.

사건이 알려지자 여성들은 거세게 분노하며 비슷한 자기 경험을 SNS에 토로하기 시작했다.

"회식 노래방에서 은근슬쩍 허벅지를 더듬었어요."

"회식 끝나고 상사가 집으로 가는 택시에 따라 타더니 저를 껴안으려고 했어요."

"선배가 주말에 밥을 먹자더니 차에 태워 교외의 레스토랑으로 데려갔어요."

대부분의 여성이 회식, 혹은 회식을 빙자한 술자리에서 성적으로 불쾌한 경험을 겪어왔다. 꾸며낸 이야기라고 하기엔 내 주변 사람들, 내가 다닌 회사에서 있었던 일과 거의 비슷한 레퍼토리다.

친구 A는 프로젝트를 기획하느라 옆 부서 부장과 한 달 가까이 함께 일했다. 어느 날 부장이 "수고했는데 저녁이나 먹자."라며 친구를 불러냈다. 장소는 남산의 한 고급 레스토랑. 다른 팀원들은 아무도 보이지 않았다. 야경이 아름다운 식당에서 보낸 몇 시간 동안 내내 가시방석이었다. 대화 화제는 업무와는 전혀 상관없는 부장의 개인사로 흘렀다. "부인과 사이가 안 좋다."라는 둥, "결혼 전 너 같은 사람을 만났어야 했다." 같은 소리를 들으며 친구는 뭔가 잘못되어가고 있다는 걸 깨달았다.

하지만 그보다 더 슬프고 분했던 건 자신이 불쾌감을 명확히 인지하기에 앞서 어떻게 해야 상대방의 기분을 상하게 하지 않으면서 이 상황을 모면할지 궁리했다는 거다. 그가 회사에서 자신에 대해 나쁘게 말하고 다닐 경우 어느 정도 파급이 있을지를 두뇌를 풀가동해 계산했다. '부적절한 행동을 하는 건 상대방인데 왜 내가 눈치를 봐야 하지? 이 사실을 공론화한다 해도 왜 내가 손해를 보는 걸까?' 데려다주는 차 안에서 드라이브를 하자는 끈질긴 권유를 거절하며 만약 이 사람이 억지로 나를 태운 채 인적 드문 곳으로 간다면 어쩌나 싶어 식은땀이 났다. 친구는 그 뒤 회사 동료의 술자리를 가급적 기피하게 됐다.

내가 겪은 이상한 경험도 떠올랐다. 입사하고 채 두 달도 되지 않은 어느 날, 경영지원팀 막내 직원이 자기 팀 부장과 함께 저녁이나 먹자고 했다. 한창 회사 사람들과 인사하고 다니던 때라 별생각 없이 그러자고 승낙했다. 회사 돌아가는 사정이나 기자들이 챙겨야 할 행정업무에 관해 들을 수 있을 것 같았다.

회사 근처 고깃집에서 소맥이 수십 잔 돌았다. 정신이 어질어질할 때쯤 고개를 들어보니 어느새 막내 직원은 사라졌고 부장만 남아 있었다. 어딘지 태도가 불량하고 고압적이던 그가 못마땅했기에 둘만 남은 상황이 불편했다. 집에 가겠다며 가게 문을 나섰는데 뒤따라온 부장이 억지로 손을 잡아 끌었다. "가긴 어딜 가?" 노기가 등등한 목소리였다. 순간 등줄기에 소름이 쫙 끼쳤다. 저 손에 맥없이 끌려가면 어디로 가게 될까? 나는 손을 뿌리치고 줄행랑을 쳤다.

다음 날 회사에서 마주친 그 부장은 아주 태연했다. "해장은 했어?" 그 말을 듣는데 속에서 토악질이 치밀어 올랐다.

나는, 우리는 여성이기 전에 노동자다. 내가 일하는 일터에서 성과를 내고 정당하게 평가받고 싶다. 회식이라며 직장동료들끼리 갖는 술자리에서도 열심히 어울리려 노력한다. 하지만 반쯤은 공적이고 반쯤은 사적인 그런 자리에서 동료 노동자이던 우리 지위가 이따금 '여자'로 바뀔 때가 있다. 이 사회를 살아가며 여성을 덮치는 각종 폭력들이 동료들과의 자리에서조차 재연되는 것이다. 조직원으로서 의욕적으로 참여한 것뿐인데 우리 스스로 덫과 함정으로 걸어 들어가는 것처럼 느껴지는 순간이 온다. 그리고 세상은 항상 걸려들고 희생된 쪽을 비난한다.

문제의 순간들에 느끼는 감정은 소위 말하는 '성적 수치심'이 아니다. 일터에서조차 '그냥 사람'으로 대접받지 못하고 '여성'으로 대상화되는 데서 오는 견딜 수 없는 분노다. 도대체 어떻게 해야 여성이 아닌 '기본값의 인간'이 될 수 있단 말인가. 회식 자리에서 폭음을 해서 '탈여성' 해보려던 내 어린 시절의 부질없는 행동은 분명 쓸모없는 헛짓거리였다.

꾸준히 보도되는 직장 내 성범죄에는 대개 술이 빌미로 작용했다. 그때마다 누군가는 "왜 이기지도 못할 술을 과하게 마셔서 흉한 일을 당하냐?"라고 비난한다. 그야 마시지 않으면 함께 일하는 노동자로서 존중받지 못하는 순간이 오니까. 폭력적인 문화는 공기처럼 사회를 떠돌고 개인을 압박한다. 여기서 숨 쉬고 사는 우리 내면에 내재화되어 자발적으로 그 문화에 기여하게 만든다. 회식 판을 뒤엎고 나오기보다는 금자 씨처럼 현란한 폭탄주 솜씨로 좌중을 압도하고 싶은 마음이 든다. 앞장서서 원샷을 하고 한잔도 채 마시지 못하는 여성 후배에게 못마땅한 눈길을 보낸다. 개별 성폭력에 대해 우리는 고발하고 대응할 수 있다. 하지만 공기 같은 문화에 저항하기란 쉽지 않다.

최근 지자체장들의 직장 내 성범죄에 대한 고발이 이어져 사회적 파장이 크다. 여성에게만 벌어지는 노동 현장의 비정상성, 폭력성을 알리는 목소리들이 사회적 조명을 받는다. 이 목소리가 쌓이고 쌓여 사회를 바꾸고 문화를 바꿀 것이다. 여성들이 직장에 등장해 한 자리 차지하고 앉기까지 오랜 시간이 걸렸지만 결국은 그렇게 된 것처럼. 한쪽 성별에 불리한 비정상적인 조직 문화도 언젠가는 바뀌리라 기대한다. 그때가 되면 드라마에서 능력 만렙의 여성이 폭탄주를 마는 장면도 사라지지 않을까.

불안은 여성을 잠식한다

여자도 술을 마신다. 아니, 여자라서 더 마시기도 한다. 언론계라는 지극히 마초적인 세계에 뚜벅뚜벅 걸어 들어가기 위해, 그 안에서 위축되지 않고 자신감을 북돋기 위해 나는 열심히 마셨다. 성평등 사회라고는 해도 세상은 남녀를 구분 지어 보고 그 시각은 투명한 날 끝으로 우리를 교묘하게 깎아내린다. 이 모든 게 못마땅했던 나는 공공연히 폭음하는 모습을 보이면서 여성성을 덜어내려 했다. "이 정도 음주는 아무렇지 않다."라고. "나도 남자 기자들처럼 거침없다."라는 무언의 표시였다.

일 때문에 만난 사람들이 내가 '여기자'라는 이유로 어렵게 대할까 봐, 혹은 그들에게 이성으로 보여서 괜한 집적임을 당하기 싫어서 일부러 거친 모습을 보여주려는 의도도 있었다. 사회생활을 하는 나에게 술은 갑옷과도 같아서 무장한 모습으로 실제보다 더 커 보이게 만들어줬고 그 안에 들어있는 나의 성별을 지워줬다. 마다할 이유가 없었다.

업무 영역에서의 술이 일종의 수단이었다면, 내 개인 삶의 영역에서 술의 존재는 좀 더 절박한 필요의 대상이었다.

인생 단 한 번뿐이었던 모라토리엄, 대학 생활을 뒤로하고 사회에 덩그러니 던져진 그때. 아직도 미숙하고 나약한 것만 같은데 갑자기 어른으로서, 한 명의 사회인으로서 숱한 책임의 무게들이 지워졌다. 성과를 보여야 하는 직장생활, 그럼에도 적은 수입, 부양해야 하는 부모, 불안정한 주거, 미혼 여성으로서의 인생 한 걸음 한 걸음은 안개 속에 내딛는 것처럼 위태롭게 느껴졌고 바로 앞의 미래조차 아득히 막막했다.

가족에게 고민을 털어놓지도 못하고, 친구한테 하소연할 변죽도 없는 나의 불안을 잠재워준 건 오직 술뿐이었다. 그것만이 나를 찌르는 현실의 뾰족한 문제들을 부식시켜 뭉툭하게 만들어줬고, 취기 앞에 걱정과 근심을 말하는 단어와 문장 들은 흐릿해졌다. 술을 한 모금, 두 모금 삼킬수록 성가신 그 모든 것들이 삶으로부터 둥둥 멀리 떠내려갔고 한없이 너그럽게 나를 포용하는 알코올의 기운이 그 빈자리를 대신했다. 아니, 사실은 그 반대였을지도 모른다. 냉엄한 내 현실을 그대로 등 뒤로 내버려둔 채 몽롱한 취기 속에서 멀리멀리 도망치고 있었던 거다. 단지 술은 그 도피를 자각하지 못하게 해줬을 뿐.

겉으로 보기에 내 삶은 부족할 게 없어 보였다. 기자라는 그럴싸한 직업은 고되지만 흥미로웠고 '업무 차원'을 빙자해 매일 밤 이런저런 재미있는 사람들을 번갈아 만나 술을 마시며 재미난 시간을 보냈으니까. 하지만 매일 술에 취해 길고 긴 언덕길을 비틀거리며 올라가 작은 원룸에 도착하자마자 쓰러지듯 침대에 몸을 던져 잠들 때, 몽롱한 아침 발을 질질 끌며 출근해 무거운 하루를 시작할 때에 문득 이런 생각이 들었다. '이렇게 그날그날 하루살이처럼 살아도 되려나?' 저금 하나 없이 그달 그달을 겨우 허덕이며 살고 미래에 대한 준비는 꿈도 꾸지 못했다. 부표 위에 매달린 채 삶을 떠다니는 감각. 언제까지 이렇게 살 수는 없다, 그래서는 안 된다는 생각이 들었다.

대책 없이 위태로운 생활을 추스르고자 20대 후반의 내가 선택한 것은 결국 결혼이었다. 나를 보호해줄 울타리가 필요했고 불안정하던 내 삶을 일부러 가정이라는 규율 안에 넣음으로써 흐트러짐 없이 단단하게 만들고 싶었다. 마침 평생을 함께해도 될 만큼 믿음직하면서도 내가 사랑하는 사람이 옆에 있으니 당연한 선택이라고도 느껴졌다. 결국 결혼 후 세상의 보통 사람들이 평범하게 따라가는 길, 결혼하고 출산하고 아이를 키우는 삶의 궤적을 똑같이 밝아가면서 나는 가끔 궁금해지곤 했다.

만약 그 시절 내 삶이 그렇게 불안정하지 않았다면, 내가 그렇게 우울에 몸서리치지 않았다면 비혼으로 산다는 선택지가 하나 늘어나지 않았을까? 젊은 여성으로 혼자 사는 삶은 대체 왜 그렇게나 위태로웠던 걸까?

이것은 단지 나 개인의 경험만은 아니며 젊은 여성의 삶과 정서 전반을 불안이 지배하도록 만드는 고질적인 문제들과 관련이 있다. 한국여성정책연구원은 최근 펴낸 보고서에서 청년 세대 삶의 불안 요인을 '구직, 낙오, 미래 불안', '범죄피해 불안', '관계성 불안'으로 나눠 젊은 남녀를 대상으로 측정했고 당연하게도 그 모든 요인에서 여성의 불안이 더 높다는 점을 확인했다. "여성은 남성에 비해 특히 범죄피해 불안(여성 2.369점, 남성 1.765점)이 높게 나타났으며 이보다 다소 차이는 적었지만 관계성 불안 역시 남성보다 높았다.(여성 2.234점, 남성 2.138점) (……) 청년 여성들의 구직, 낙오, 미래 불안은 2.699점으로 청년 남성(2.571점)보다 높았고, 이는 해당 영역의 불안이 가장 낮았던 기성세대 여성들(2.391점)과도 큰 차이를 보인다."

혼자 살던 20대 시절, 내 원룸으로 향하는 으슥한 골목길을 걷다가 슬며시 따라오는 수상한 남자를 발견하고 달음박질치던 기억, 보안이 허술한 원룸에서 불면증에 시달리던 밤들이 떠올랐다. 괴

한이 침입해 들어오는 상상으로 쉽게 잠들지 못했고 잠들더라도 새벽에 몇 번씩이고 깨곤 했다. 맥주 한 캔이라도 해야 좀 긴장이 누그러지면서 침대에 누울 수 있었다. 괴로운 일이 생겨 잔뜩 만취하고 싶은 날에는 술집에서 친구와 마시는 대신 집에 꼭꼭 틀어박혀 혼자 마셨다. 밖에서 취해서 비틀대다 무슨 범죄라도 당할지 모른다는 생각이 나를 무의식적으로 집에 머무르게 만들었다.

남성보다 낮은 연봉과 고용안정성을 감수하며 일하고, 여성 대상으로 벌어지는 각종 강력범죄를 지뢰처럼 피해가며 살아간다. 혼자 사는 여자라고 다짜고짜 깔보고 무례하게 대하던 타인들은 또 얼마나 많았던가. 여자이기에 감수해야 하는, 그럼에도 그저 당연하게만 여기던 '마이너스 디폴트 값'은 우리도 채 인식하지 못한 사이 부수적인 스트레스가 되어 인생의 무게를 더했다.

잘 풀리지 않는 취재, 마음처럼 쓰이지 않는 기사 때문에 패배감에 젖어 돌아오는 퇴근길에는 집으로 이어지는 오르막길 한가운데 있는 동네 슈퍼에 들러 육개장 컵라면과 소주 한두 병을 샀다. 라면에 김치, 그 부실한 안주를 놓고 앉아서 순식간에 소주 한 병을 비웠다. 취한다는 행위는 지금 당면한 곤란한 처지의 세계에서 벗어나려는 몸부림이고, 나를 날카롭게 찌르고 드는 상처의 원인들로부터 도망쳐 알코올이 펼쳐주는 현실 왜곡장 안으로 숨어들려는 시도였다. 영국의 철학자 러셀도 말하지 않았던가 "술 취하는 것은 소극적인 행복이며 불행의 일시적인 중지"라고 말이다. 물론 그런다고 현실은 전혀 바뀌지 않았지만 최소한 그날만큼은 모든 걸 잊고 취기에 잠들 수 있었다.

그 시절과 나와 비슷하게 술로 삶의 시름을 달래는 젊은 여성들이 점점 많아지고 있다. 한국 사람들의 음주량이나 알코올사용장애 환자 수는 점점 줄어드는 추세인데 여성들만 놓고 보면 다르다. 국민건강보험공단의 자료에 따르면 2015년부터 5년간 알코올사용장애 진료 인원 중 남성은 6퍼센트 감소한 데 반해 여성은 11퍼센트 증가했다.

특히 젊은 여성 알코올사용장애 진료 인원이 다른 연령층과 성별에 비해 훨씬 늘어 10대 여성은 50퍼센트, 20대 여성이 37퍼센트씩 각각 증가했다. 사람들의 월간 음주율도 성인 남성은 2017년 75퍼센트에서 2018년 70.5퍼센트로 대폭 감소했지만 성인 여성은 50.5퍼센트에서 51.2퍼센트로 오히려 늘었다.

여성의 사회진출이 활발해지고 사회 문화적으로 성차별이 줄면서 여성 음주율이 늘어나는 건 자연스러운 현상이지만, 유독 젊은 여성들 사이에서 중독자가 늘어나는 이유는 뭘까? 우리는 중요한 변화를 너무 대수롭지 않게 지나치고 있는 건 아닐까?

음주 행태에 관한 여러 자료를 살펴보다 흥미로운 점을 발견했다. 여성과 남성이 '술을 마시는 이유'가 다르다는 것이다. 연구「대학생의 음주 정도에 따른 음주 동기와 음주 결과 기대」는 남녀 대학생들을 대상으로 음주의 동기를 고양동기(긍정적인 기분이나 안녕감을 위해), 사교동기(긍정적인 사회적 보장을 획득하기 위해), 대응동기(부정적인 정서를 감소시키거나 조절하기 위해)로 나눠 조사했다.

"남성의 음주 원인은 내적 요인 이외에도 사회적 요인의 비중이 컸고, 여성은 반대로 개인의 우울이나 스트레스와 같은 내적 요인에 커다란 영향을 받는다는 기존의 연구들과 유사한 결과로도 해석해볼 수도 있다." 즉 남성은 친교 모임 등 사회적 활동의 일환으로 마시지만 여성은 우울이나 스트레스를 감소하기 위해 마신다는 거다.

여성의 음주와 우울증의 관련성이 높다는 것은 이미 여러 보고서와 논문에서 입증된 바 있다. 한 연구에 따르면 알코올의존 고의심군 가운데 남성은 28퍼센트만이 우울 증상이 있었는데 여성은 49.3퍼센트나 우울 증상이 있었다. 당장 나부터도 우울증으로 인한 알코올의존이라고 진단을 받지 않았던가. 술은 처방받지 않고도 편의점에서 살 수 있는 저렴한 안정제였다.

젊은 여성들이 우울과 스트레스 때문에 술에 의존하고 있는 거라면, 음주율이 올라가고 중독자가 늘어나는 건 그만큼 심적 괴로움을 앓는 여성들이 많아지고 있다는 증거가 될 수 있겠다. 2020년 9월 국민건강보험공단자료에 따르면 전 연령대와 성별 중 가장 우울증이 많아진 계층이 바로 10대, 20대 여성이었다. 10대 여성은 2015년부터 2019년까지 우울증 환자가 250퍼센트, 그러니까 2.5배나 늘었고 같은 기간 20대 여성은 241.6퍼센트 늘었다. 중독은 우울의 병증으로부터 벗어나려는 여성들이 쉽게 의존하는 임시방편이다.

왜 한국 사회의 여성은 우울해지고 있을까? 범죄 피해로 인한 트라우마가 여성의 마음에 그늘을 드리운 것도 우울증의 증가와 연관이 있다고 보인다. 대부분 국가에서 강력범죄는 남성과 남성 간에 벌어지는 반면 한국의 강력범죄는 유독 여성 피해자가 많고 그 대다수가 성범죄다. 과거 여성 알코올중독자들을 분석한 연구들은 성범죄 피해 여성들일수록 술에 의지하는 경향이 높다는 걸 보여준다. 20대 초반에 친했던 S는 잔뜩 취해 울며 내게 "고등학교 시절 선배에게 강간을 당했다."라고 고백했다. 그녀는 매번 술을 마실 때마다 몸을 가누지 못할 때까지 만취하곤 했는데, 자기 의지에 반해 몸의 결정권을 빼앗긴 적 있는 그녀가 자학하듯 술을 마시며 또 자기 의지를 상실하는 것을 보면 마음이 미어졌다. 이런 극단적인 경험이 아니더라도 사소한 성추행과 성희롱의 기억들, 여성이기에 겪어야 했던 공포스러운 장면들이 쌓이고 쌓여 우울의 무게로 완성된다. 불안에 잠식되게끔 만든다.

위태로운 감각은 직장생활까지 이어진다. 사무실에서 여성인

나의 입지는 남성의 그것보다 위태롭게 느껴지는 것만 같았다. 내 커리어가 어디까지 이어질지, 남자 선배들처럼 무난하게 승진하며 오래 남을 수 있을지 자신이 없었다. 남자 동기에 비해 한없이 뒤처진 출발선에 서 있는 듯한 열등감으로 안절부절못했다.

그러니 앞서 조사 결과에 항목별로 나뉜 여성 불안의 요인, 그리고 각각의 농도는 나 역시 지난 인생에서 울렁증이 날 정도로 혹독하게 경험해본 것이고, 그 괴로움을 상쇄하려는 듯 혈중 알코올 농도를 항상 높게 유지했다. 눈을 가늘게 뜨면 무엇이든 흐리게 보이기 마련이니까. 물론 그건 비루하고 건강하지 못한 임시방편이었다. 취기에 기대어 매일의 불안과 우울을 애써 외면하려 했지만 깨어나면 현실은 그대로였고 같은 괴로움이 반복됐다. 하지만 달리 대처할 방법을 몰랐다.

아슬아슬한 여성의 삶이 우울이라는 병증으로, 또 중독으로 이어지는 안타까운 연결고리를 더듬어봤다. 그들의 알코올 이슈는 어떤 결말을 맞이하게 될까? 여성 알코올중독자의 특징에 관한 자료를 살펴보다 숨이 턱 막히는 듯한 대목이 눈에 들어왔다. "여성 중독자의 가족은 남성 중독자 가족에 비해 치료에 소극적, 비협조적이었으며 특히 기혼 중독 여성의 남편들은 배우자에 대한 이혼 위협 등 비치료적 태도를 보였다." 보건의료 분야의 중독 치료 지원이 중장년 남성들에게 집중된 것도 억울한 판에 여성들은 가족으로부터 심리적 지원을 받기는커녕 아예 연을 끊겠다는 협박마저 받게 된다는 거다.

이렇게 여성의 중독은 남성의 문제만큼 용납받지 못하고 이해받기 어렵기 때문에 이들은 점점 더 위축되어 음지로 숨는다. 여자이기 때문에 닥친 불안과 우울로 알코올에 잠식당하면서도, 여성이기 때문에 따라붙을 사회적 편견이 두려워 문제를 끄집어내지 못하는 것이다. 키친 드링커처럼 남몰래 마시는 경우가 많아 잘 드러나지도 않고 심각해지기 전까지는 스스로 중독을 인정하지 못하는 이가 대부분이다. 그저 속에서 곪아가고 있다.

우리는 병에서까지 차별을 받아야 하는 걸까? 여성 중독자에 대한 비난의 시선, 그 악의적인 보수성은 언제쯤 이 사회에서 사라질까? 사회면에 등장한 주취로 인한 그 많은 사건 사고를 보며 깨달았다. 남자가 술을 마시면 주변 사람들이 위험해지지만 여자가 마시면 그 자신이 위기에 처한다. 그런데도 여성 중독자가 더 손가락질받는다. 여성이기에 겪는 차별의 부조리들이 언젠가 사라지기는 할까? 답답한 질문이 꼬리에 꼬리를 물지만 당장 내가 할 수 있는 건 나의 이 짧은 경험이나마 소리 내어 공유하는 것이다. 어쩌면 어느 젊은 여성이 이 글을 읽고 새삼 자기 상처를 돌아보고 치유의 여정을 나설지도 모른다는 소망이다.

여자들도 위태로운 삶의 길목에서 술을 마신다. 갈수록 더 많은 여성들이 취기에 몸을 맡겨 오늘의 불안과 슬픔을 내일로 미루고 있다. 나 역시 몇십 년을 그렇게 살아오다가 갑작스레 둑이 터진 듯 한꺼번에 밀려오는 괴로움 속에서 중독을 앓았고 삶을 잃었다. 보이지 않는 곳에서 남몰래 알코올에 의존해 시름을 잊으려 노력하는 여성들. 사회가 너무도 당연하게 간과해버리고 마는 여러 차별의 무게들이 해소되어야 의존의 삶에서 벗어날 수 있지 않을까.

SNS 시대를 살아가는
올바른 금주인의 자세

서재 벽에 달력을 붙였다. 달력 칸에 술을 마신 날과 마시지 않은 날을 표시하기 위해서다.

6월의 달력을 떼고 7월의 새 달력을 붙이며 의사와의 약속, 일주일에 딱 사흘만 마시기로 한 것을 떠올린다.

이걸 한다고 딱히 술을 덜 마시는 것은 아니다. 떼어내 버린 6월의 달력에도 일주일 정도 제외한 나머지에 전부 엑스표가 쳐 있다. 솔직히 거의 매일 실패했다. 그래서 더욱 실패에 물성을 부여하고 이것이 쌓여 나가는 모습을 보며 자신을 자극하려 한다. 어물쩍 술 마시고 모른 척 넘어가는 하루가 쌓이고 쌓이면, 어느새 자각하지도 못한 채 인생이 통으로 날아가 버릴 것 같으니까.

매일 밤 11시쯤이 되면 나도 모르게 발길이 부엌으로 향하고 눈길이 식탁 옆의 술병에 닿는다. 새로 산 럼주, 사과를 증류해 만들어 오크 통에 숙성시킨 저 술은 달콤하면서도 농익은 사과 향이 풍부해 얼음 가득 넣은 잔에 콸콸 부어 마시면 단숨에 기분이 좋아진다. 날도 더운데 딱 한 잔만?

그 순간, 뇌에 힘을 꽈악 주고 어금니를 문다. 억지로 발을 들어 서재로 옮기고는 펜을 들어 달력 한 칸에 동그라미를 친다. 통제 불능의 상태에서 벗어나는, 일종의 주문과 같은 행동이다.

술을 필사적으로 참는 이 느낌은 다이어트와 아주 비슷하다. 매시간 매분 내 머릿속에 박차고 들어오는 욕망을 참고 또 참아야만 한다. 살 빼려는 사람이 적게 먹어야 한다고 되뇔수록 오히려 음식 생각에서 온종일 벗어날 수 없는 것과 마찬가지다. 하긴 실제로 영화 속 배역을 위해 27킬로그램을 늘렸다가 뺀 배우 로버트 드니로는 체중을 원래대로 줄이려고 혹독한 다이어트를 하면서 "알코올중독자가 술을 먹지 않고 버티려고 노력한 것과 비슷하다."라고 말했다.

그나마 다이어트는 '적게' 먹고 배고픔을 견디는 것이지만, 금주는 한 방울이라도 마시면 실패로 돌아간다. 너무 가혹하지 않은가? 와인 한 잔, 위스키 한 잔 정도는 간에 기별도 안 가는 양이니까 금주라고 쳐주면 안 될까? (응, 안 돼.)

술을 마시면 안 된다는 생각이 오히려 음주 욕구를 자극하는 느낌이다. 마시고 싶다, 마셔서는 안 된다, 이 내면의 갈등이 더 스트레스를 쌓이게 해 결국 굳은 결심을 헌신짝처럼 내던지고 '에라 모르겠다.'라며 술병에 손을 뻗치던 날이 얼마나 많았던가. 죄책감과 패배감에 휩싸여 복잡한 심경으로 결국에는 술잔을 들며 나는 궁금해진다. 왜 이렇게나 참기가 힘든 걸까? 인간의 의지는 왜 이렇게나 약하단 말인가.

다이어트와 금주를 비교했듯 식욕과 음주 욕구는 사람 뇌에서 거의 비슷한 기제로 작용하면서 사람을 중독으로 몰고 간다. 실제로 배가 고프지 않은 상태에서도 계속 음식에 탐닉하는 것을 '음식중독'이라고 한다. 알코올 의존도가 높은 사람이 버릇처럼 마시는 술을 줄여야 하듯, 과체중인 사람도 습관적으로 음식을 먹는 행동을 고치지 않으면 건강한 몸을 지킬 수 없다.

데이비드 A. 케슬러가 쓴 『과식의 종말』이라는 책은 과식이 단순히 사람들의 의지 부족 문제가 아님을 지적한다. 사회 곳곳에 사람들이 저항할 수 없을 만한 교묘한 덫이 놓여 있다는 것이다. 식품회사는 판매량을 높이려 더 많은 지방과 당분과 염분이 첨가된 음식을 내놓는다. 이런 음식을 먹을 때 우리 뇌의 쾌감회로가 강하게 자극되고, 쾌감이 더 이어질 수 있도록 뇌가 음식을 계속 섭취하기를 요구한다. 그런데 문제는 실제 음식이 아니라 음식을 떠오르게 하는 단서만 봐도 같은 반응이 일어난다는 거다.

그래서 고지방, 고당분, 고염분의 음식으로 꽉꽉 들어찬 대형 마트, 온갖 미디어에서 흘러나오는 음식 광고에 둘러싸인 채 살아가는 우리는 저항할 수 없이 음식중독에 빠져버린다. 결국 먹는 것에 집착하며 과체중이 되는 현상은 개인의 의지 부족뿐 아니라 외적 환경이 유발한 측면이 크다. 술꾼들의 욕망에 불을 붙이는 것도 비슷한 방식에서 비롯된 게 아닐까. 외부의 환경과 자극들이 휘몰아쳐 우리가 저항할 수 없을 정도로 술을 원하게 만드는 거다.

그렇다면 뭐가 유독 문제인 걸까? 혼자서 무료한 밤, 사람들은 핸드폰을 집어 들고 페이스북, 인스타그램, 트위터 등등 각종 SNS를 종횡무진 누비며 남들이 올린 피드와 포스팅을 구경한다. 화면 위로 이 밤을 떠들썩하게 즐기는 사람들의 사진과 문장 들이 지나간다.

내가 인스타에서 팔로우한 어느 유명 유튜버 트레이너는 연남동의 중식당에서 양장피에 백주를 곁들여 저녁을 먹고 있다.(그렇게 먹는데 어떻게 몸이 그렇게나 날씬한가요!) 기자인 친구는 페이스북에 압구정 이자카야에서 모듬 사시미에 사케 한 병을 비우고 있다며 사진을 올렸다.(야, 담에는 나도 좀 불러주라.)

나는 성냥팔이 소녀처럼 핸드폰 화면 조그만 창 너머로 수많은 사람들의 화려한 술상을 바라본다. 입맛이 쓴 한편 타는 듯한 갈증이 밀려든다. 비록 당장 불러낼 친구가 없고 저렇게 비싼 식당을 갈 엄두는 안 나지만, '나도 맛있는 와인 한 병 정도는 당장 딸 수 있단 말이야!' 하는 마음이 치민다.

일상을 거침없이 SNS에 나열하는 시대, 음주는 해외여행이나 맛집 탐방처럼 과시의 영역에 속해 있다. 술판을 벌이고 있는 사진을 자주 올리는 사람은 한심한 술꾼이 아니다. 오히려 좋은 술과 맛있는 안주를 적절하게 매칭하며 일행을 핫한 식당에 데려가는 미식가다. 일주일 내내 술 약속이 빼곡하도록 사교적이며, 먹고 마시는 것에 여유를 부릴 만한 재력까지 갖췄다. SNS는 숱한 사람들의 삶을 전시함으로써 그들과 나 사이의 간극을 매 순간 실감하도록 만들고 그 낙차만큼 내 욕망에는 기름이 부어진다. 허락되지 않은 파티의 문간에서 서성일 때처럼 느껴지는 부러움과 질투, 소외감, 그리고 초조함.

그 열망의 불꽃이 티끌만큼이라도 피어오르는 순간이면 우리는 참지 못하고 와인 셀러에 손을 대고 배달앱을 열고야 마는 것이다. 그러니 다이어트나 금주를 하려면 SNS부터 끊어야 한다. 술과 음식을 참는 것만큼이나 어려운 일이지만 말이다.

페북과 인스타를 바쁘게 오가며 사진들을 구경하다가 문득 술 마시는 사람들의 공통점을 발견했다. 핑계 없는 술상 없다고 각자 저마다 그럴싸한 이유를 대며 한 잔씩들 걸치고 있었다.

"오늘 너무 바빴는데 일 다 쳐내고 마무리 한잔!"

"프로젝트 끝난 기념으로 팀원들과 회식!"

고단한 일상을 견디고 이겨낸 끝에 스스로 상을 주듯 시원하게 한잔 들이켜는 모습. 그럼 나는? 나도 지치고 우울한 하루를 겨우 살아냈는데, 한 잔쯤은 허락해도 되지 않을까? 이것 역시 결국 보상 이슈와 연관된다. 남들이 받아가는 보상이 내게도 마땅히 주어져야 한다는 심리는 부러움 이상으로 강렬한 열망을 촉발한다.

SNS는 콘텐츠를 최대한 많이, 널리 공유하게끔 만들어낸 도구다. 하나만 하는 사람은 없다. 다들 트위터니 인스타니 페북이니 멀티로 소셜네트워킹을 해대니 우리 욕망을 자극하는 이미지들이 매시간 폭포수처럼 쏟아진다. 나처럼 알코올을 떠올리게 할 '트리거' 자극에 취약한 사람에게는 쥐약이다.

그럼 필사적인 인내심으로 SNS를 끊고 '온라인 칩거'에 들어간다면 사정이 좀 나아질까? 꼭 그렇지도 않다. TV만 틀면 등장하는 각종 술 마시는 장면 때문에 괴롭기는 매한가지일 것이다. 드라마와 영화 속에 등장하는 술은 거의 만능이다. 여자 주인공은 와인 향기로 배우자의 불륜으로 괴로운 마음을 달래고, 회사에서 엿 같은 하루를 보낸 주인공은 퇴근 후 맥주 한 캔으로 훌훌 털고 다시 웃는다. 취기는 썸을 연애로 만들어주고, 주인공을 괴롭히던 사람에게 시원한 한 방을 날릴 사이다 파워도 심어준다. 이렇게 긍정적인 이미지로 미디어에 등장한 술은 우리에게 없던 갈증까지 일으켜 결국 등장인물들을 따라 다급하게 술잔을 찾게 만든다.

『설득의 심리학』에는 '사회적 증거의 법칙'이라는 것이 등장한다. 남들이 많이 하는 행동을 보면 나도 따라서 하고 싶어진다는 '동조의 심리', 또 다소 나쁜 행동이라 해도 남들이 다 하면 나도 해도 괜찮을 것 같다는 '신뢰의 심리'가 작동한다는 내용이다.

SNS 피드에 끝없이 올라오는 숱한 음주 사진들은 나도 그들처럼 마시고 싶다는 욕망을 불러일으킨다. TV 속 주인공들처럼 술 몇 잔에 세상 시름 다 잊고 싶다. 남들 다 마시니까 나도 마셔도 될 것 같다는 마음이 슬그머니 머리를 쳐드는데, 나쁘다. 이것은 몹시 좋지 않다. 금주 실패로 가는 지름길이다.

소셜미디어라는, 절반쯤 가상인 현실이 우리 삶에 덧씌워지면서 우리가 살아가는 방식은 삶의 장면을 전시하는 것, 또 모방하는 것에 몹시 익숙해졌다. 모방이 또 다른 전시를 낳으면서 욕망은 무한히 전염되어 나간다. 그래서 소셜미디어 친화적인 지금의 사회 자체가 나와 같은 금주인, '욕망하는 대로 행동해서는 안 되는 사람'에게는 거대한 덫처럼 느껴진다.

다시 다이어트 이야기로 돌아가서, 금주와 다이어트가 비슷하다면 다이어트 방법으로 금주 성공도 가능하지 않을까? 체중감량에 성공한 사람들이 많이 추천하는 방법 중 하나가 바로 '잠자기'다. 저녁 먹고 9시가 채 되기도 전에 방에 들어가 불을 끄고 잠들어버린다는 거다. 배고픔을 느낄 일도, 야식 먹고 싶은 욕망과 싸울 일도 없다.

그들의 가르침에 따라 나도 평소보다 일찍 잠들어본다. 어두운 방 침대에 누워 몇 시간이고 트위터를 들여다보던 습관은 이제 그만. 핸드폰에서 들끓는 남들의 사진과 이야기로부터 나를 차단하고 눈을 감는다. 의사가 처방해준 신경안정제, 빨리 잠들게 만들어준다는 그 노란색 작은 알약 하나를 삼키고 묵묵히 누워 잠을 기다린다.

취중진상

대학교 신입생 OT 날이었다. 잔뜩 기대에 부푼 한편 선배들을 처음 만날 생각에 긴장한 마음으로 숙소에 짐을 풀었다. 곧 문이 열리고 선배로 보이는 몇 명이 들어왔다. 그들은 내 이름을 부르더니 따라 나오라고 손짓했다. 건물 복도 끝으로 가서 낡은 철문을 열고 나를 거친 손길로 밀어 넣었다. 으슥하고 한기마저 도는 그 공간에 의자 하나가 놓여 있었다. 이게 신입생들이 치러야 하는 신고식인가? 겁에 질려 떠는 나를 그들은 억지로 의자에 앉히더니 물 한 바가지를 끼얹었다. 갑작스러운 봉변에 어푸어푸 숨을 쉬려 노력하는데 또 물 한 바가지가 날아들었다.

눈을 떠보니 나는 한 치 앞도 보이지 않는 깜깜한 곳에 누워 있었다. 아무래도 꿈을 꾼 모양이다. 하지만 내 머리 위로 쏴쏴 뿌려지는 물은 진짜였다. 온통 어두운 곳에서 영문도 모른 채 물까지 맞고 있으려니 공포스러워서 숨을 쉴 수 없었다. 일단 손에 잡히는 대로 잡고 의지해 일어났다. 어두운 공간의 벽을 더듬어 겨우 문을 찾았다. 손잡이를 잡고 열자 주광색 빛이 쏟아지고 방바닥 여기저기 이불도 없이 널브러져 자는 친구들이 보였다. 그 옆에 굴러다니는 소주병을 보니 갑자기 머리가 지끈거리고 속은 울렁인다. 역대급 숙취다. 푹 젖은 내 옷에서 물이 뚝뚝 떨어지고 있었다. 이유는 모르겠지만 나는 욕실 욕조에 샤워기 물을 튼 채로 누워 있었던 것 같다.

그제야 어젯밤의 일이 기억났다. 대학 입학을 앞두고 서울로 상경한 나는 사당역에서 친구들을 만나 자정이 넘게 술을 마셨다. 막차까지 놓친 우리는 택시비를 낼 바에는 차라리 자고 가자며 모텔방을 잡고 또 소주와 맥주를 들이부었다. 어제 일을 복기하고 있자니 울컥 구역질이 치민다. 나는 욕실로 달려가 변기를 붙잡고 어제 마신 술과 안주를 꽥꽥 토해냈다.

대관절 왜 욕조에 기어 들어가 물까지 틀고 누워 있었는지는 아직도 모르겠다. 여하튼 이날의 황당한 사건을 필두로 지금까지 엉뚱하고 웃긴 주사를 숱하게 저질러왔다. 그중에서도 역대 최악의 사건들을 돌아보면 항상 물과 연관이 있었다. 물만 보면 달려 들어가고 온몸에 뿌리고 난리를 치는 것이다.

한번은 강가에 있는 펜션으로 학보사 MT를 갔다. 소주 두세 병에다 싸구려 캡틴큐 양주를 마시고 코가 비뚤어지게 만취한 나는 갑자기 분연히 자리를 떨치고 일어나 밖으로 나갔다. 찬바람에 술을 깨겠거니 하고 별 신경 쓰지 않던 사람들은 내가 한참 돌아오지 않자 밖으로 나와봤는데, 나는 이미 신발과 바지를 온통 적시며 강으로 휘적휘적 걸어 들어가고 있었다. 사람들이 기겁하고 끄집어낸 뒤에도 나는 물로 들어가겠다며 울며불며 한참 동안 난리를 친 끝에 쓰러져 잠에 곯아떨어졌다. 다음 날 눈이 퉁퉁 부은 채로 깨어난 내게 친구가 혀를 끌끌 차며 말했다.

"네가 백수광부냐? 어젯밤 완전히 '님아, 그 강을 건너지 마오.'였다."

직장을 들어가고 나서도 물을 밝히는(?) 현상은 여전했다. 하루는 회사 워크숍으로 한강 난지공원에서 바비큐 파티를 했다. 나는 이 테이블 저 테이블 옮겨 다니며 선후배들과 소맥 십수 잔을 마셨다.

만취한 채로 공원을 휘적휘적 걸어 다니고 있는데 저쪽 한구석 철망이 쳐져 가로막힌 출입금지 구역이 보였다. 취한 와중에 호기심이 발동한 나는 굳이 굳이 그 철망을 기어 올라가 맞은편으로 내려갔다. 그곳은 한강변의 진흙으로 가득 찬 뻘밭이었다. 사람 하나 없이 고요한 가운데 자르륵 자르륵 물이 들이치는 소리만 울려 퍼지고 강 위로는 달이 휘영청 떠올라 있었다. 나는 풍경의 아름다움에 취해 멍하니 한참을 서 있었다. 이제 그만 돌아가볼까 싶어서 발을 옮기려는데, 아뿔싸! 뻘에 발이 완전히 묶여버렸다. 아무리 애를 써도 발을 점점 뻘 안으로 잠겨 들어가기만 할 뿐, 도무지 빠지질 않았다. 아마 취중이라 몸에 힘이 없어서 더 그랬을 거다. 마침 근처를 지나가던 후배가 나를 발견하고 소리를 쳤다.

"선배, 거기서 뭐 하세요!"

"야, 잠깐만 들어와서 나 좀 도와줘."

결국 넘어지고 뒹굴고 난리를 친 끝에 후배의 손을 붙잡고 겨우겨우 빠져나왔다. 온통 진흙투성이가 되어 나타난 나를 보고 선배들은 경악했다. 나는 그저 이히히 소리를 내며 웃을 뿐이었다.

이쯤 되면 가히 술자리의 '백수광부'라고 해도 과언이 아니다. 이 미친 자를 물에서 끌어내느라 고생한 사람들에게 이 글을 빌어 심심한 사과를 표한다. 특별히 물에 끌리는 사주라 그렇게 강이며 바다며 바득바득 기어 들어간 것은 아닐 테고, 대체 왜 그랬을까? 그렇지만 이거야말로 세상에서 가장 쓸모없는 질문이다. 주사에 무슨 이유가 있겠는가.

굳이 설명해보자면 평소에는 억눌려 있던 감정과 욕구들이 이성이 느슨해진 틈을 타고 왈칵 쏟아져나와 마음속에 잠재된 기묘한 호기심을 자극해 엉뚱한 행동을 하게 만드는 것이다. 들어가면 안 되는 곳에 들어가고 평소 같으면 상상도 못 할 멍청한 짓거리를 저지른다. 알코올 특유의 흥분작용에 들뜬 탓에 용기를 넘어 만용을 부리게 되니 위험한 행동을 해서 다치고, 괜히 시비를 걸어 싸우고, 오만 난리를 치는 거다.

때로는 남들이 눈치 못 채게 꽉 억눌러 붙들어 매고 있던 가장 내밀한 욕망, 해서는 안 될 일이지만 마음 깊은 곳에서 너무나 열렬히 원하던 감정이 취중을 틈타 증폭되어 폭발하기도 한다. 만취해서 헤어진 애인에게 연락하는 상황이 그렇다. 평소 내심 연락하고 싶은 마음이 치솟는 걸 안 된다고 안 된다고 억지로 참고 있다가 술김에 의지력이 약해진 사이 그만 저지르고 만다. 마치 단단한 용수철을 누르고 있다가 잠시 힘을 뺀 사이 튀어 오르는 것과 같다.

빡센 단식 다이어트로 한두 달 만에 7킬로그램이나 감량한 내친구 G는 술을 좋아하는 주당이다. 혹독한 다이어트 기간 동안 그녀는 술자리에서도 안주는 손도 안 대고 깡소주만 들이붓다가 자리를 떴다. 그리고는 집에 들어가서 아예 냉장고 문을 연 채로 그 앞에 주저앉아 안에 들어 있는 음식들을 죄다 꺼내 게걸스럽게 먹어치웠다. 차가운 찌개를 그대로 퍼먹고 열무김치를 베어 물었다. 내내 억눌려 있던 식욕이 한꺼번에 폭발했다.

탈무드에 나오는 이야기다. 성경에 등장하는 인물인 노아가 포도나무를 심고 있는데 악마가 와서 거들어주겠다고 제안했다. 악마는 양, 원숭이, 사자, 돼지를 잡아 죽여 그 피를 거름으로 줬다. 그래서 이 나무에서 열린 포도로 술을 빚어 마시면 처음에는 양처럼 순해지다가 나중에는 원숭이처럼 소란을 피우게 되고, 그다음에는 사자처럼 사나워지다가 결국엔 돼지처럼 토하고 뒹굴게 되는 것이다.

어쩐지 그럴싸하다. 처음 술을 마시면 특유의 진정작용 덕분에 나른해지면서 사람이 여유 있게 변한다. 그러다 취기가 올라오면 원숭이처럼 엉뚱한 행동을 저지르고, 평소 억누르던 감정을 폭발시키며 사자처럼 화를 낸다. 결국 숙취로 울렁이는 속을 붙잡고 화장실로 튀어가 구역질을 하는 소리는 돼지 울음과 비슷하다.

취했다고 꼭 평소와 다르게 구는 것만은 아니다. 오히려 원래 하던 패턴대로 태연하게 행동하기도 한다. 떡이 되도록 취해도 우리는 귀소본능을 발휘해 용케 집으로 찾아가지 않았던가. 나의 경우 20대 때 이런저런 주사로 흉한 꼴을 자주 보였기에 30대 들어서는 '더 마시다가는 취한다.'라는 적색 신호가 머릿속에서 켜지면 부리나케 집으로 도망쳤다. 그래서 생긴 별명이 '술자리의 해리슨 포드(도망자)'다. 난동을 부리는 것보다는 지각 있는 행동 아닐까?

귀소본능은 취하는 와중에도 반드시 집에는 제대로 돌아가야 한다고 강박적으로 생각한 결과다. 이렇게 우리가 평소 집착적으로 매달리던 행동은 술을 마시면 평소보다 강해진다. 정리벽이 있는 사람은 곤드레만드레 취해서 집에 들어와 미친 듯이 청소를 하고 지쳐 쓰러져 잠든다. 양치에 집착하는 나는 네발로 기어 들어와도 화장은 지우지 못할지언정 세면대에 매달려서라도 이는 반드시 닦고 잔다.

20대 때는 술자리에서 뭐든 남는 꼴을 보지 못하고 바리바리 챙겨오는 궁상맞은 강박이 있었다. 대학 시절, 전날의 숙취에 절어 강의실로 들어가 울렁대는 속을 붙잡고 필통을 열면 그 안에 커다란 풋고추와 썬 당근 같은 것이 잔뜩 들어 있었다. 전날 감자탕집에서 먹고 남은 것을 싸 들고 온 거다.

20대 중반의 어느 날도 비슷한 일이 있었다. 그날은 나의 가장 절친한 친구의 입사 후 첫 출근날이었다. 친구는 퇴근 후 근처에 살던 내게 전화해 저녁을 같이 먹자고 했다. 둘이서 치킨에 맥주를 들이붓고 있는데 갑자기 친구의 직장 상사들로부터 전화가 왔다. 출근 첫날이니 환영회 겸 같이 저녁을 먹자는 것이다.

"저 친구랑 저녁 이미 먹고 있는데요."

"그래? 그럼 같이 오렴."

이렇게 되어 친구의 직장 회식에 나까지 따라가는 기묘한 자리가 마련됐고 나는 특유의 너스레를 떨며 회식에 어울렸다. 그렇게 1차, 2차, 3차까지 따라가 소맥 수십 잔과 양주까지 퍼마신 다음 날, 숙취에 전 머리를 붙들고 일어나보니 회사에 지각할 시간이었다. 부랴부랴 뛰어나가는데 어쩐지 가방이 평소보다 묵직했다.

사무실에 도착해 가방을 열어보니 그 안에는 절반 정도 남은 잭다니엘 1.25리터짜리와 거의 3인분은 됨직한 돼지갈비가 은박지에 포장된 채 들어 있었다. 회사 책상 위에 돼지갈비를 올려놓은 채 한참을 멍하니 있다가 어제 일을 겨우 떠올렸다. 1차로 갔던 식당에서 남는 고기를 굳이 포장해달래서 싸 온 것, 막차로 갔던 바에서 친구 회사 사람들이 마시고 남은 양주를 몰래 가방에 넣은 것. 세상에, 신입직원의 환영 회식에서 킵 해두려고 남긴 양주를 신입사원 친구가 훔쳐 가다니! (이 사건은 친구 회사에서 두고두고 회자되고 있다.)

어느 해의 연말, 친한 선배와 호텔의 바에서 와인 두 병을 마시고 거나하게 취해서 나오는 길이었다. 곧 크리스마스라고 호텔 앞에 세워진 해태상에 빨간 목도리를 매놓았는데 그걸 보니 갑자기 장난기가 확 돌았다. 남몰래 목도리를 풀어내 목에 메고는 우헤헤헤 웃으면서 질주해 도망쳤다.(호텔 관계자들에게 진심으로 사과를 표한다.)

또 하루는 꼭지가 돌도록 술을 마시고 일어났더니 침대 옆에 공사장에나 놓는 '안전제일' 표지판이 얌전히 누워 있었다. 분명 또 술김에 장난기가 동해서 훔쳐 온 것이리라. 돌려주고 싶어도 어디서 가져온 건지 알 수가 없었다. '안전제일'이라니, 내 형편없는 주사에 누군가 엄중한 경고를 날리는 듯했다. 황망한 와중에 핸드폰 사진첩을 열어보니 내가 포클레인 위에 기어 올라가서 신나게 손가락으로 브이 자를 그리고 있는 사진이 저장되어 있었다. 취하면 공사장이 그렇게 좋아지는 모양이다.

하지만 이런 난리법석의 뒤끝은 항상 좋지 않은 법. 지난밤의 왁자지껄 질펀한 술자리의 대가라도 되는 듯 그다음 날 심한 메슥거림과 두통을 동반한 숙취의 괴로움이 기다린다. 이 고통이 얼마나 끔찍한지 그리스 신화에까지 관련된 이야기가 등장한다.

술의 신 디오니소스가 어느 날 사람으로 모습을 바꾸고 이카리오스와 그의 딸 에리고네가 사는 집을 방문했다. 그들이 극진히 대접하자 디오니소스는 감명을 받아 그들에게 술 만드는 비법을 알려줬다. 이카리오스는 이 비법을 이웃들에게도 알려주고 다 함께 술을 빚어 마셨다. 그런데 다음 날, 지독한 숙취에 시달리며 일어난 사람들은 이카리오스가 자신들에게 독을 먹였다고 생각하고 그를 두들겨 패 죽여 우물에 던졌다고 한다.

알코올은 반드시 대가를 치러야 하는 유희다. 전날 밤 우리를 흥분시키고 신나게 만들어주더니 다음 날에는 죽일 듯이 괴롭히니 말이다. 아니, 차라리 몸의 괴로움은 그럭저럭 버틸 만하다. 더 끔찍한 건 지난밤의 기억을 복기하면서 쓰나미처럼 밀려오는 우울감, 후회와 자책으로 뒤범벅된 머릿속이다. 왜 그렇게 과장되게 행동해서 주위의 웃음을 샀을까. 대체 울기는 왜 울었을까. 내 가장 은밀한 비밀을 왜 주책맞게 떠들어 댔을까. 그 사람을 앞으로 무슨 낯으로 보지? 내 비밀을 그가 동네방네 떠들고 다니면 어쩌지?

다음 날 아침 침대에서 구멍이 나도록 이불킥을 하며 후회하고 이제야 내가 술이 깨어 이성을 되찾았다고 생각하지만, 사실 그렇지도 않다. 아직 체내에 남아 있는 알코올 기운의 작용으로 과대망상을 하는 탓에 어젯밤의 사건들을 실제보다 훨씬 심각하게 부풀려 생각하고 강한 자책감을 느끼는 거다. 알코올이 분해되는 과정에서 발생하는 독성물질인 아세트알데히드는 신경을 자극해 구토와 어지럼증, 심장박동의 빨라짐 등을 유발한다. 그로 인해 생긴 불쾌감이 우리를 평소보다 더 부정적인 사고로 이끈다.

수많은 숙취 환자들에게는 영국의 소설가 킹슬리 에이미스가 남긴 말이 위로가 될 것이다. "숙취를 겪고 있다고 자신에게 말하라. 그리고 당신에게는 어떠한 아픈 증상도 없고, 뇌에 사소한 병변도 없으며, 직장에서도 문제가 없고, 가족과 친구들이 작당모의해서 내 추태를 떠들어대지도 않으며, 마지막으로 인생을 있는 그대로 보지 못하게 된 상태라고 자신에게 말해준다." 우리는 일시적으로 숙취라는 왜곡된 렌즈로 세상을 보느라 모든 감정을 과장해 느낀다. 이 죄책감과 후회는 오후 늦게, 숙취의 두통과 갈증, 메슥거림이 떠나갈 즈음 함께 사라진다고 장담할 수 있다.

그런데 갖은 추태로 점철된 수많은 음주의 밤들, 그리고 바늘에 실처럼 따라오는 숙취의 아침들이 요즘은 아주 먼 과거처럼 아득하다. 나도, 또 주변의 친구들도 입을 모아 하는 이야기인데, 30대 중반이 넘어서면서부터 주사가 사라졌다. 아니, 그보다는 주사를 부릴 만큼 많이 마시지 못하고 그렇게 마실 엄두도 나질 않는다. 늙을수록 술이 약해지는 느낌에 서글퍼하며 예전 주량의 절반이나마 가까스로 마시고는 쓴 입맛을 다시며 헤어지는 것이다.

캐나다의 저널리스트 쇼너시 비숍 스톨은 자신의 책 『술의 인문학』에서 '알코올성 숙취 연구소'(이런 단체가 있다니!)의 회원인 리처드 스티븐스 교수와의 대담을 소개한다. 저자는 나이 든 사람이 더 숙취를 심하게 앓는다고 생각했지만 스티븐스 교수의 생각은 달랐다. 숙취는 젊은이들의 병이고 나이 들수록 음주분포도가 내려가는 경향이 있다고 설명했다.

"보통 10대와 대학 시절 폭음을 하다가, 취직을 하고 아이가 생겨 바빠지고 착실한 생활을 시작하면서 깊게 하강한 뒤 직장과 육아에 치이면서 서서히 상승하여 마침내 자식들이 집을 떠나고 은퇴하면 술 마시는 생활로 복귀하는 것이다." 또 스티븐스는 책에서 "사람들은 나이가 들수록 현명해진다."라며 "무엇을 어느 정도까지 마시면 되는지 알게 되었기 때문에 더 이상 숙취를 겪지 않는다."고도 말한다.

그 말대로다. 마흔을 앞둔 나는 이제 술잔 앞에서 적절히 몸을 사릴 줄 아는 지혜로움을 발휘해 예전처럼 남들 앞에 우스꽝스러운 모습을 보이지는 않게 됐다. 폭주의 밤 다음 날 아침, 죽을 것처럼 숙취에 고생하는 일도 부쩍 줄었다. 내 나이답게 조절하며 마시는 게 당연하지만, 한편으로는 묘하게 아쉬운 느낌이 드는 걸 뭐라 설명해야 할까.

그건 아마 통제 불능의 밤들만이 선사할 수 있는 특별한 해방감 때문일 거다. 연거푸 들이부은 알코올의 효능에 이성의 껍데기는 얇아지다 못해 투명해지고, 감정이 훤히 들여다 보이는 상태에서 우리는 좀 더 날 것의 인간이 된다. 취한 밤은 이성의 속박에서 벗어나 솔직하게 행동할 수 있는 유일한 시간이다. 세상이 무한정 나를 허용하는 것 같은 자유로운 느낌, 마음의 한계용량 이상으로 넘쳐흐르는 감정에 나를 무작정 내맡기던 순간의 후련함. 비록 다음 날에는 이 밤의 추태에 민망할지라도 만취 상태에서만 느낄 수 있는 특별한 카타르시스가 있었다.

세네카는 "술 취하는 것은 자발적으로 미치는 짓"이라고 했다. 그 광기 어린 짓거리들이 단지 술 때문이라는 이유로 대충 면죄부를 받았던 건 어린 날의 특권이었을 거다. 지금 나이에는 주사가 평판에 지울 수 없는 흠결이 되니까. 내일 아침을 기약해야 하는 직장이 있고 잠자리를 돌봐야 할 자식이 있으니 무한정 밤을 불태울 수는 없는 법. 각종 창피스러운 기억에도 그 시절이 가끔 그리워지는 건 생애에서 단 한 번, 나를 옭아매는 책임과 의무가 없던 시기였기

때문은 아닐까. 하지만 이제 취중진상은 그저 추억 속에 남겨둬야

할 때다. 고삐 풀린 청춘의 기억이여, 이제는 안녕.

가난은 중독에 이르는 병

보증금 200에 월세 25. 대학 생활 4년 내내 이 빈약한 숫자에 내 주거공간을 욱여넣으려 고시원, 다세대주택의 단칸방, 반지하 자취방을 전전했다. 집들의 구색은 당연히 형편없었다.

다세대주택의 자투리 공간을 알뜰하게 짜내 4~5평짜리 원룸으로 만드는 바람에 구성이 기묘하기 짝이 없던 사근동의 자취방. 원래 복도 공간이던 곳을 개조해 부엌으로 만드는 바람에 집 안쪽에 복도 형태가 그대로 남아 있는 데다 부엌 한가운데에 건물 옥상으로 가는 계단까지 놓여 있었다. 그곳에서 사는 내내 건물 복도에 세 든 기분이었다.

뚝섬에 있던 반지하 자취방은 방으로 들어가는 입구에 부엌이 딸려 있고 나무 현관문을 열면 방이 나왔다. 욕실이 없는 구조라 타일이 깔린 부엌에서 샤워를 했다.(당연히 세면대도 없다.) 요즘 트렌드인 미니멀리즘을 과도하게 실현했달까. 변기는 현관문 바깥에 위치한 보일러실 안에 있었다. 영화 「기생충」에 나오는 화장실처럼 조그만 계단 몇 개 위에 변기가 무슨 왕좌처럼 놓여 있었다. 앉으면 머리통이 천장의 전구에 닿을락 말락 했고 정면에 웅웅대며 돌아가는 보일러 덕분에 용변의 시간도 외롭지 않았다.

그전에는 월 20만 원짜리 고시원에 살았다. 창문이 있는 방치고는 다른 고시원보다 저렴한 편이라 서둘러 계약했던 기억이 난다. 거주에 쓸 수 있는 예산이 한 달에 25만 원인데 5만 원이나 아낄 수 있어 잘됐다 싶었지만, 그 관짝 같은 고시원에서 잠이 들려면 취하지 않고서는 불가능했다. 결국 아낀 돈 이상으로 술값이 지출되곤 했다. 거기서는 3개월도 채우지 못하고 나왔다.

그 시절을 생각하며 나는 17세기 초의 영국 런던을 떠올린다. 당시 런던은 시골을 떠나 도시로 일자리를 찾아온 노동자들로 미어터졌고 이들에게 주어진 주거환경은 열악 그 이상이었다. 한 몸 누일 공간도 없어 여러 명이 비좁은 집에서 단체 숙소 생활을 했다. 그래서 노동자들은 일터에서 하루를 마치고 시궁쥐 소굴 같은 집으로 돌아가지 않고 거리의 선술집을 오가며 시간을 때웠다. 당시 대유행했던 술인 진을 쭉 들이켜고 다음 술집으로 가서 또 한잔 들이켜고…… 만취 상태로 런던의 지저분한 뒷골목을 갈지자로 걸을 정도가 되어야 집으로 돌아간 것이다.

거주 공간이 형편없으면 생활은 거리로 나앉는다. 요즘 1인 가구 청년들은 프랜차이즈 카페를 내 집 거실처럼 이용하고 부엌 대신 편의점과 패스트푸드점으로 향한다. 대학 시절을 돌아보면 집에 머물던 시간보다 술집을 전전하던 밤들이 많았다. 진에 취하던 영국 노동자들처럼 나도 초라하고 추운 방으로 돌아가고 싶지 않아서 대학가의 밤거리를 돌아다녔다.

누군가에게 술을 얻어 마실 건수는 없는지, 하다못해 같이 마셔줄 사람은 없는지 학교나 과방을 얼쩡대기 일쑤였다. 학교 앞 고깃집 골목에서는 삼겹살이 1인분에 3900원, 삼치집에서는 내 팔뚝만 한 삼치 토막이 7000원, 여기에다 2000원짜리 소주 몇 병이면 친구들, 선후배들과 신나게 수다를 떨어대며 저녁 시간을 보낼 수 있었다. 마음 맞는 사람이 나타나면 함께 새벽까지 마셔대고 얼큰히 취해서야 냉랭한 자취방으로 돌아갔다.

그 시절 너무하다 싶을 정도로 매일 술을 마셔댄 건 수면 문제 때문이었을지도 모른다. 보안이 취약한 자취방은 여자 대학생들에게 불면의 장소다. 반지하 방 창문은 사람들이 지나다니는 골목에 접해 내내 인기척이 들렸고, 부실한 현관문을 누군가 부수고 들어올 것 같아 늘 불안했다.

학교 동기인 M이 겪은 일이다. 어느 날 친구들과 자기 자취방에서 놀고 있는데 누군가 쳐다보는 느낌이 들어 주위를 둘러봤다. 그때 갑자기 한 친구가 비명을 빽 질렀다. 현관문과 문틀 사이 가스 배관이 지나가는 구멍 틈으로 누군가가 눈만 들이밀고 빤히 쳐다보고 있었던 거다.

자려고 이부자리에 누우면 이런 각종 '자취 괴담'들이 떠올랐다. 누가 침입할 것 같은 기분에 통 잠이 오지 않았고 얕은 잠이 겨우 들더라도 새벽에 깨기 일쑤였다. 스산한 잠자리에서 잠을 자려면 술이라도 몇 잔 마시고 불안을 가라앉혀야 했다.

처음 독립생활을 하며 얻은 '집'이라는 공간이 나를 습관적인 음주로 내몰았다는 사실은 나중에 회사에 입사 후 처음으로 제대로 된 빌라식 원룸에서 살게 되면서 알게 됐다. 8평이나마 사람 살 만한 공간이라 그런지 집에 재깍재깍 들어가게 됐다. 닥치는 대로 술 약속을 잡던 습관이 사라졌고 잠도 꽤 편안해졌다. 고양이를 기르고 친구들을 초대했다. 파스타를 삶고 우쿨렐레를 연습했다. 그전에는 내가 살던 공간에서 음식을 해 먹거나 느긋하게 취미생활을 하는 등 살림살이다운 뭔가를 해본 기억이 전혀 없었다.

오랜 통제에서 벗어나 성인의 자유를 만끽하는 대학 시절, 특별한 핑계나 이유가 있어서 술을 마시는 건 아니다. 산이 거기에 있어서 오르듯이 술이 거기에 있어서 마시는 것뿐. 하지만 곰곰 생각해보면 지갑 사정이 좋지 않은 내가 달리 할 것도 없었다는 생각이 든다. 부모님이 보내주시는 용돈이 워낙 빠듯해 생활비 쓰기에도 모자라 이런저런 아르바이트를 해서 부족한 돈을 메웠다. 바나 카페에서 서빙 알바도 뛰고 틈틈이 리서치회사의 설문조사를 돌렸다. 식품회사나 생리대 회사의 평가단 활동도 했다.(실력이 모자라 다른 친구들처럼 과외 알바를 하지는 못했다.)

그렇게 열심히 해봐야 버는 돈은 겨우 최소한의 생활비 수준. 평생 중 가장 잉여 시간이 많다는 대학 시절, 여행이나 취미생활 같은 활동을 할 만한 여유가 내게는 없었다. 음주는 내게 가장 돈이 적게 들면서도 긴 시간 신나게 놀 수 있는, 일종의 가성비 좋은 여가 활동이었다. 이건 자금 사정이 팍팍한 대학생이라면 누구든 비슷했을 거다. 우리는 젊고 시간은 많은데 하고 놀 건 빤했다.

지금 생각해보면 술 마시고 노는 데 쓸 돈을 바짝 모았다면 여행도, 취미생활도 궁색하게나마 가능했을지 모른다. 하지만 쪼들리는 사람에게 미래는 막연하게 멀고 현재는 구체적으로 긴급하다. 목표를 세우고 돈을 모아 실천할 의욕이 통 생기지 않았다. 삶에 무기력과 자포자기의 정서가 안개처럼 깔려 보이지 않는 훗날의 계획을 세우는 것에 인색했고 매일의 즐거움을 쫓으며 시간을 허비하는 자신에게 한없이 너그러웠다.

20대 초반의 가열찬 음주 생활이 허름한 주머니 사정 때문이었다는 나의 뻔뻔한 가설은 나름의 근거가 있다. 그동안 나온 각종 연구보고서들은 가난과 알코올중독의 상관관계를 입증해냈다. 소득 수준에 따른 음주량을 조사한 자료들을 보면 뜻밖에 소득이 많은 사람일수록 음주량이 많고, 소득이 적은 사람은 비교적 음주량이 적은 것으로 나타난다. 음주 역시 소비행위이기 때문에 여유 있는 사람들이 더 많이 마시는 거다.

하지만 알코올중독 및 문제음주 성향은 반대로 빈곤층에서 더 많이 발견된다. 2007년 한국보건사회연구원의 연구에 따르면 월평균 500만 원 이상 소득 계층에서는 알코올과 약물 중독으로 인한 장애 출현율이 1만 명당 1명이었는데 월소득 49만 원 이하 극빈층에서는 1만 명당 14명의 출현율을 보였다.

음주량과 중독의 수준이 비례하지 않는 건 '음주 빈도'의 차이에서 비롯된다. "알코올 고위험군으로 분류되는 주 4회 이상의 음주 빈도는 최저생계비 150퍼센트 이상이 8.0퍼센트인 것에 비해 최저생계비 150퍼센트 이하는 13.0퍼센트로 소득 수준이 낮을수록 음주로 인한 고위험률이 더 높다는 것을 보여주고 있다."

저소득층이 잦은 음주를 하는 이유를 짐작하기는 어렵지 않다. 실업, 비취업으로 인한 여유 시간에 무료함을 달래려, 빈곤으로 인한 스트레스를 해소하려 술을 마신다. 낮은 소득으로 인해 여가활동이 음주로만 한정된다. 가난이야말로 중독에 이르는 질병일지도 모른다.

한국에 살며 막걸리집을 차린 핀란드인 따루 씨가 몇 년 전 한 신문에 쓴 「한국은 가난한 애주가들의 천국」이라는 칼럼을 인상 깊게 읽었다. "(핀란드가) 한국과 다른 점은 술의 가격이다. 핀란드에 서는 주세가 굉장히 높은데 맥주 같은 경우에는 60~80퍼센트다. 소주와 비슷한 도수의 술 한 병을 사려면 최소한 2만 원이 든다." 소 주만 놓고 보자면 핀란드 술값의 10분의 1밖에 안 된다는 얘기다.

한국이 다른 나라보다 저소득층의 알코올 문제가 유독 심각 하다면 여기 원인이 있을 것이다. 24시간 문을 여는 편의점에서 20 도짜리 소주를 2000원도 안 되는 가격에 판다. 어느 식당이든 주류 냉장고가 술병으로 꽉꽉 채워져 있고 술집은 새벽 늦게까지 불을 밝힌다. 술에 대한 접근성이 높을수록 가난한 사람들이 중독의 영 역으로 쉽게 흘러들어간다.

세상에는 대학 진학을 엄두도 낼 수 없는 극빈층도 많으니 나 정도 되는 사람은 가난을 논할 자격도 없다. 하지만 대학에 오며 내 가 속한 세계가 바뀌면서 '상대적 빈곤'이 느껴진 것도 사실이다. 부 산의 지극히 서민적인 동네에서 살던 때엔 나도 나름대로 중산층이 라고 생각했는데 서울로 와보니 '물'이 달랐다. '진짜' 중산층 가정에 서 모범적으로 자란, 과학고나 외고, 지방 명문고 출신의 학생들 앞 에서 위축되고 기가 죽었다.

그래서 누구를 만나든, 어떤 자리에서든 술을 마셨다. 나와는 차원이 다른 세계에서 살아온 것 같은 타인과 접촉할 때 솟아나는 긴장감을 누그러트리기 위해, 어리숙함과 서투름을 감추고 능란한 태도로 위장하기 위해, 명랑하고 유쾌한 술꾼의 캐릭터를 가지기 위해.

(많은 이들이 그러하듯) 나는 겉으로 보기엔 사람을 좋아해서 사교적으로 행동하지만 속으로는 은근히 소심한, '외향성 내향인'이다. 내성적으로 쭈뼛대는 모습을 보이기 싫어 남들 앞에서는 활달한 겉모습으로 장막을 치고 허풍을 떨며 자신을 보호했다. 능숙한 연기를 위해서 술 몇 잔은 필수다.

일단 취기가 돌면 유쾌한 척, 친한 척이 어렵지 않게 튀어나온다. 사람들 사이의 친교가 서로의 경계를 막아선 울타리를 조심스레 열어젖히는 일이라면 술꾼들은 '앞마당의 괴짜'다. 한껏 대범해져서 사람 사이 경계를 자유롭게 침범하고 익살을 떨어댄다. 처음 보는 사람에게도 거침없이 들이대며 술자리의 떠들썩한 분위기에 흥을 돋운다.

하지만 그다음 날에는 어떻게 됐더라? 열띠게 주고받은 감정은 하루아침에 숙취와 맞바꿔 떠나가고, 낯선 사람 앞에서 오버했다는 생각에 머쓱할 뿐이다. 이런 경험이 한두 번의 해프닝으로 끝나면 모르겠지만 나의 문제는 모든 사람, 그 모든 친교의 배경이 술자리였다는 거다. 누군가와 친해지고 싶으면 들입다 술집으로 끌고 가서 일단 한잔 먹이고 시작했다. 한 병 두 병 빈 술병이 늘어나고 둘 다 엉망으로 취하고 나면 다음 날 무슨 이야기를 나눴는지조차 까맣게 잊어버리는 게 반복됐다.

2학년의 어느 날인가, 학보사 편집장 형을 꼬셔서 학교 앞 전통주점에서 술을 잔뜩 얻어 마셨다. 취한 중에 형이 말했다.

"너, 나를 이어 편집장이 되어라."

나는 취중에 흔쾌히 승낙했다.

"알게쑵니돠."

하지만 필름이 끊긴 다음 날, 나는 형이 어렵게 꺼낸 그 제안을 까맣게 잊었고, 다시 말하기가 쑥스러웠던 형은 또 나를 불러 엄청나게 술을 먹였다.

"너, 나를 이어 편집장이 되어라."

"알게쑵니돠."

이번에도 블랙아웃으로 우리가 한 이야기를 다 잊었고, 형은 포기하지 않고 또 술 마시기를 반복했다. 나는 끝내 기억해내지 못했고 나중에는 행정고시를 준비하겠다며 학보사를 퇴사해 형을 어이없게 만들었다. 무슨 삼고주(酒)려 같은 에피소드다.

20대 초반의 시간을 불태운 그 많은 술자리들, 그리고 수많은 블랙아웃. 사라진 시간과 기억들은 내 대학 시절에 시커멓고 커다란 구멍으로 남았다. 그때야 젊은 시절의 치기 어린 유흥이니 괜찮다 여겼지만 생애 가장 빛나는 시기, 시간이라는 자원을 너무나 공허하게 낭비한 건 아닐까.

온갖 술자리에 어울려 다녔지만 그렇다고 딱히 사람이 곁에 많이 남은 것도 아니다. 그 시절 술을 매개로 만나던 관계는 알코올에 삭아 바스러진 듯 유난히 빈약하고 얄팍했다. 술친구는 많았지만 몇 년에 걸쳐 교류하고 속 깊은 이야기까지 털어놓을 친구로 남은 건 손에 겨우 꼽을 정도다. 술친구라는 건 '질펀하게 마실 정도로 막역한 사이'가 아니라 '술 마실 때 외에는 생각나지 않는 친구'일지도 모른다.

"알코올중독자들은 거의 자동으로 인간관계가 엉망이다. 우리는 자기 존재감을 느끼며 당당하게 관계 속으로 걸어 들어가지 못하고 술에 취해 질척질척 흘러 들어간다." 캐럴라인 냅의 『드링킹』에 나오는 그 문장 그대로다. 10대 때부터 알코올 의존적이던 관계 맺기가 일종의 습관으로 굳어지고 나니 나 자신의 온전한 '원래' 모습으로 남을 대하기가 어려웠고 술이라는 위장막을 한 겹 펼쳐야만 보호받는 느낌, 안전한 느낌을 받았다.

이런 중독자들은 남에게 불쑥 다가가는 것은 쉽게 하면서도 정작 관계를 굳건하게 키워나가는 건 형편없다. 식물을 키우듯 정성과 관심을 기울여야 하는데 알코올에 무뎌진 무신경함으로 그저 방치했다. 누군가에게 먼저 살갑게 연락하지도, 누구의 생일을 먼저 챙기지도 않는다. 취하지 않은 상태에서는 고치로 꽁꽁 나를 감싼 채 남과의 접촉을 두려워했다.

그저 사람들을 나의 안전지대인 술자리로 끌어들이려 했을 뿐. 이게 반복되다 보니 언젠가부터는 사람을 만나려고 술을 마시는 게 아니라 사람이 술을 마실 구실이 되어버렸다. 대학가의 자유분방하다 못해 무절제한 분위기 속에서 나는 서서히 의존의 단계를 발전시키고 있었던 거다.

제대로 된 친교란 또렷한 정신으로 상대방의 말과 눈빛, 몸짓 속에서 의미와 맥락을 파악하는 것, 둘 사이의 감정의 교류를 예민하게 느끼고 신중하게 반응하며 상대와 나 사이의 영역을 존중해 조심스럽게 다가가는 것, 두 사람이 합을 맞춰 춤을 추듯 서로의 리듬을 읽는 과정이다. 하지만 술 취한 사람들의 친교는 나이트클럽 막춤이다. 정신없이 각자 머리를 흔들고 팔다리를 휘저으면서 '함께' 한다고 착각한다.

술에 취해 우격다짐으로 이런저런 사람을 억지로 관계 속에 밀어 넣느라 남과 나를 촘촘히 맞추는 과정을 생략해버리고 말았던 걸 이제야 조금씩 후회하고 있다. 내가 맺은 친구 관계가 대충 쌓아 올린 탑처럼 형편없었다는 걸, 외롭고 슬프고 무기력한 밤 누구 하나 전화를 걸 사람이 없다는 걸 느끼며 깨닫는다. 하지만 시간은 한없이 흘러갔고 돌이킬 방법은 없다. 술이란 게 그렇다. 모든 것을 영영 변하게 만들고 나서 한참 뒤에나 깨닫게 만드는, 성격 나쁜 마녀의 주문 같다.

이게 다 소주 탓

소주가 나빴다. 언제나 우리 가까이에, 쉽게 허락되는 가격에, 달콤 쌉싸름한 유혹으로 존재하는 소주가 나빴다. 나는 저항할 수 없었 다. 대학가의 술집에서, 회사 앞 고깃집에서, 자취방 구석에서 컵라 면과 함께 질릴 줄도 모르고 마시고 또 마셨다. 몸을 축내는 것을 알 면서도, 너무 빨리 너무 심하게 취하게 될 줄을 알면서도, 꺼리는 동 시에 갈구하는 애증으로 소주를 탐했다. 하지만 누군들 그렇지 않 겠는가.

한창 알코올중독의 바닥을 헤매고 있을 때 혼자 슈퍼에서 소 주를 사던 순간을 기억한다. 초록색의 차가운 병을 잡는 그때, 심한 배덕감과 죄책감이 들면서도 한편으로는 어서 호쾌하게 병을 열어 유리잔에 쫄쫄 따라 한 잔 쭉 들이켠 후 목덜미를 타고 내려가는 알코올의 기운을 느끼고 싶어 침을 삼켰다. 1000원짜리 몇 장만으로 언제 어디서든 양껏 취할 만큼 살 수 있는 소주, 단 서너 잔만에 기분을 확 고조시켜주는 이 술은 중독자를 망치러 온 구원자다.

길고 긴 음주 생활에서 깨우친 것 중 하나가 인생을 살다 보면 이 술과 독대하는 순간이 반드시 온다는 거다.(아닌가요?) 사랑하는 사람과 이별했을 때, 사회생활에서 큰 고비를 맞았을 때. 정신이 온통 흐트러지도록 마시고 진탕 취해 오늘의 괴로움을 인생에서 소거해버리고 싶어질 때 가장 먼저 떠올리는 게 이 초록색 소주병이다.

나 역시 살면서 가장 괴로웠던 시기에 이 술에 의지했다. 스물세 살이던 해 여름, 아버지가 몇 년간의 투병 끝에 암으로 돌아가셨다. 서울에서 학교를 다니느라 투병 생활 내내 아버지에게 아무것도 해주지 못한 나는 깊은 죄책감에 시달렸고 아버지의 죽음을 받아들이지 못한 채 슬픔에 휘청거렸다.

장례를 치르고 몇 주 후, 나는 혼자 서울의 허름한 자취방으로 돌아왔다. 아버지의 부재의 감각은 너무도 생생해서 그가 없는 세상에 내가 살아 있다는 것이 도무지 납득도, 용납도 되지 않았다. 불과 마흔아홉의 나이에, 상처투성이인 젊은 날을 뒤로하고 노년의 편안한 여생을 즐겨보지도 못한 채, 자식이 어떤 사회적 성취를 이루는 것도 채 보지 못한 채 그렇게 허무하게 떠나다니. 가슴에 차오르는 비통함을 안고서 폐인처럼 자취방에 처박혀 있기만 했다.

그때는 밤이 깊어도 도무지 잠들 수 없었다. 자리에 누우면 슬픔이 베개 맡에 동그랗게 고여 가슴을 죄어왔다. 매일 밤 이부자리를 떨치고 일어나 자취방을 뛰쳐나와서 가로등 아래 골목길을 달려 편의점으로 갔다. 소주 두 병을 사서 방으로 돌아가 안주도 없이 병 채로 지쳐 쓰러질 때까지 마셨다. 취기에 정신이 몽롱해져야만 아버지 생각을 놓고 곯아떨어질 수 있었다. 가끔은 가벼운 정도의 자해까지 했다. 무디고 녹이 슨 부엌칼을 손목에 대고 살살 긁으면 피부가 하얗게 일어나는 정도의, 아주 얇은 상처가 난다. 서늘한 칼끝의 감촉에 집중하다 보면 그 잠깐만큼은 슬픔으로부터 주의를 돌릴 수 있었다.

그때 내게는 아픔을 중화해줄 무언가가 간절히 필요했고 소주야말로 내 감각을 무디게 만드는 빠른 마취제였다. 18도짜리 녹색병, 1000원짜리 몇 장으로 쉽게 살 수 있는 이 술만이 길고 괴로운 밤의 친구가 되어줬다. 나는 죄책감으로 벗어나고자 속죄하듯 몸과 내면을 술로 해치면서 덮쳐오는 슬픔과 괴로움으로부터 시선을 돌렸다.

하지만 소주는 그저 임시방편일 뿐. 신경을 마비시켜 당장의 아픔을 잊게 해주고, 우리를 지쳐 곯아떨어지게 해 조금이나마 슬픔이 무뎌진 내일로 이끌어줄 뿐이다. 나처럼 어리석은 술꾼은 괴로울 때마다 속이 엉망진창이 되도록 소주를 연거푸 털어 넣어서 술이 주는 고통이 내가 처한 현실의 고통을 압도하게 만들어야 직성이 풀린다. 스스로를 마모시키는 자기 파괴적인 행동이다.

"서민적이고 싸구려란 이미지 때문에 다들 예전처럼 소주를 퍼마시진 않지만 말이야."

절친한 Y 선배가 말했다.

"그래도 삼겹살에 소주만으로 해소될 수 있는 무언가가 한국인에게 있지."

나는 동의의 표시로 고개를 크게 끄덕였다.

기자 시절, 잘 풀리지 않는 취재와 기사 발제 고민, 내부 사람들과의 갈등 등으로 매일 스트레스로 폭발하기 직전의 풍선 같은 상태로 살았다. 그러다 유난히 모든 게 더 힘들게 느껴지는 날, 이 스트레스를 어떻게든 풀어야겠다 싶은 날은 회사 동기에게 메신저로 슬쩍 말을 걸었다.

"이따가 저녁이나 먹을까."

저녁은 무슨. 소주 한잔하자는 뜻이다.

"콜."

그도 할 얘기가 많은지 냉큼 수락한다.

소주잔을 기울일 7시를 기다리며 5시부터 엉덩이를 들썩들썩했다. 마감을 끝내고 기사 대장까지 확인한 후에 회사 앞 고깃집으로 부리나케 튀어가 동기와 마주 앉았다. 불판 위에 지글지글 익어가는 고기를 앞에 두고 누가 먼저랄 것도 없이 서로 속사포처럼 회사 욕, 각종 불만과 불평을 미친 듯이 쏟아내며 서로의 잔에 소주를 채워준다.

냉장고에서 갓 꺼내 채 냉기가 가시지 않은 첫 잔을 원샷으로 삼킬 때 그 해방감, 힘겨운 하루를 보내며 앙금처럼 쌓인 독소가 사라지고 가슴 속 피로와 분노가 서서히 녹아내리는 느낌. 몇 잔의 소주는 사회생활로 위축된 마음의 긴장을 순식간에 풀어주고 사람과 사람 사이의 경계를 무장해제 시키는 이완제가 되어준다. 술과 함께하는 자리에서의 대화가 유독 활기차고 더 즐거운 것도 그 때문이다. 소주잔을 기울이던 때, 응어리짐의 해소가 극적으로 느껴지던 그 순간이야말로 회사 생활의 정수가 아니었을까 생각한다.

이렇게 직장인의 애환을 달래주는 소주는 명실공히 한국에서 가장 잘 팔리는 대표 주종이지만 전과 달리 소비자 취향이 다양해지면서 맥주나 와인 등 다른 술들이 그 인기를 일부 차지하는 중이다. 독한 알코올에 감미료를 탄 천편일률적인 맛, 싸구려라는 인식, 건강에 나쁘다는 이미지까지 더해져 사람들이 예전만큼 많이 찾지는 않는 것 같다.

그래도 여전히 엄청난 판매고를 올리며 '국민술'의 자리를 지키고 있다. 2017년 한 해 동안 36억 3600만 병 팔렸으니 1인당 연평균 87병을 마셨다는 계산이 나온다. 한국의 소주 소비량이 워낙 많다 보니 진로 소주가 전 세계 증류주 판매량에서 5년 연속 압도적인 1위를 차지할 정도다.

한국 사람들은 왜 이렇게 소주를 사랑하는 걸까? 그 어떤 음식보다 우리네 문화와 정서가 잘 반영됐기 때문일 것이다. 20도 가까운 증류주를 이렇게나 즐겨 먹는 나라는 드문데 뭐든 빨리빨리 해치우려는 한국인의 급한 성미가 즐겨 찾는 주종에서까지 드러나는 듯하다. 다른 나라에선 와인이나 맥주, 혹은 위스키를 느긋하게 즐기며 수다를 떤다면 우리는 소주 한두 병을 후루룩 마시고 금세 취하는 걸 좋아한다.

고루한 회식 자리를 떠올려보자. 저마다의 소주잔을 바쁘게 채우고 거국적으로 한바탕 건배를 한 후 동시에 쭉 들이마시는 걸로 술자리가 시작된다. 앞과 옆의 사람들과 매번 건배하며 잔을 비우고 빈 잔이 보이면 냉큼 술병을 기울여 채워준다. 나는 이렇게 매번 남의 술잔을 챙기고 잔을 부딪치는 행위가 일종의 스킨십 같다고 늘 생각했다. 반복하다 보면 어색하거나 편치 않던 사이도 어쩐지 부쩍 가까워진 듯 느껴지곤 하니까. 술병이 비고 질펀하게 취기가 오르면 사람과 사람 사이 경계가 풀리면서 다들 과도한 친한 척을 남발하기 시작한다. 알코올이 불러온 흥 때문인지 다소 작위적이까지 한 유쾌함이 흘러 넘친다.

뒤엉켜 떠들고 소리치며 회식의 열기가 오를수록 고취되는 집단의식, 기묘한 일체감을 떠올려보면 회식 술자리는 저녁 식사라기보다 종교적 의례에 가깝다는 생각마저 든다. 법인카드를 든 신성한 제사장 아래 모인 무리가 술과 고기를 나누며 공동체의 단결을 다지는 것이다. 폭탄주를 말고 잔을 돌리고 한번에 비우는 정교하게 조직된 식순을 반복하는 가운데 등 떠밀리듯 하나되는 분위기. 윗사람이 함께 채우고 함께 비울 것을 종용하는, 술자리에서조차 위계질서가 강조되는 문화. 이런 회식자리의 주역인 소주야말로 공동체를 중시하는 한국 사회 단면의 집약체 아닐까.

한국 식문화를 말할 때도 소주는 빼놓을 수가 없다. 한국인이 좋아하는 칼칼하게 매운 음식에는 소주의 달착지근한 맛이, 느끼한 고기 음식에는 소주의 쌉싸름한 맛이 착착 붙는다. 구이니 찌개니 하는 한식을 푸지게 먹을 때에 술꾼들은 입가심을 위해서라도 자연스레 "이모, 소주 한 병이요." 하고 외친다. 반주가 일상인 술꾼들에게 이 술은 쌀밥과도 같다.

'소주'라는 이름이 술의 대명사처럼 쓰일 정도로 흔하지만 사실 지금 팔리는 대기업의 희석식 소주는 예부터 전해 내려온 우리네 전통주와는 엄연히 다르다. 언제 어떤 과정을 거쳐 지금처럼 대중화되며 국민술이 된 건지 궁금했는데 수년 전 취재차 한 막걸리 양조업자를 만나 그 사연을 얼핏 듣게 됐다. 인터뷰 도중 그는 한참 열띠게 막걸리 예찬론을 펼치다가 갑자기 소주로 화제를 돌렸다.

"지금 우리가 먹는 희석식 소주야말로 일제시대의 잔재예요."

"그게 무슨 말이에요?"

"일제가 전쟁에 쓸 연료용 에탄올을 생산하려고 공장을 지었는데, 나중에 이걸 술로 팔려고 알코올에다가 물을 섞어 싸구려 희석식 소주로 만든 거예요. 엄밀히 말하면 소주가 아니라 그냥 알코올인 거죠. 이게 저렴한 가격 덕분에 히트를 치면서 상대적으로 값비싼 쌀로 만드는 정통 증류식 소주는 점점 사라지게 됐습니다."

1차 세계대전이 끝난 후 유럽과 미국에서 석유를 대체할 연료용으로 무수알코올을 생산하기 시작했고 한국을 식민 지배하던 일본 역시 신의주, 안동 등에 공장을 세워 알코올을 대량 제조했다. 당시 제주도 공장이 유독 채산성이 낮아 이윤을 맞추기 위해 알코올을 희석해 술로 판매를 했는데 따져보자면 이게 희석식 소주의 원조인 셈이다.(당시에는 향료를 쓰는 기술이 부족해 맛이 형편없어 많이 팔리지는 못했다고 한다.)

일제시대부터 해방 후까지 줄곧 식량 부족에 시달린 탓에 곡물로 술을 빚는 게 금지됐고 양조업자들은 구황작물을 원료로 만드는 희석식 소주 사업으로 갈아탔다. 원료가 저렴하고 기계식으로 제조해 빠르게 균일한 품질로 대량생산 할 수 있어서 사업성이 좋았다.

1960년대 박정희 정권 당시 쌀 소비를 줄이려 소주와 주정의 제조에 쌀과 잡곡 사용을 금지하는 바람에 고구마를 원료로 한 희석식 소주만이 살아남을 수 있었다. 고된 노동과 열악한 삶에 찌든 서민들이 저렴하면서도 도수가 높아 빨리 취할 수 있는 소주를 즐겨 찾기 시작하면서 국민술의 위치를 차지하게 됐다. 일거리를 찾아 도시로 몰려온 이주민들 역시 농촌에서 즐겨 마시던 막걸리 대신 독한 소주잔을 들며 시름을 풀었다. 결국 소주는 사람들의 입맛에 맞아 유행했다기보다는 시대의 가난과 생산자 편의에 의해, 또 국가 정책의 일환으로 대중화된, 다분히 '강제된 기호'였던 측면이 있다.

1960년대 한국은 본격적인 산업화 시대에 접어들며 경제성장의 기틀을 마련한 한편, 개개인들에게는 독재 정권 아래 각종 부조리가 판을 치는 어두운 시대였다. 서민들은 격변하는 사회에서 소외감과 좌절감을 느꼈고, 이촌향도 해온 이주민들은 고향에 대한 향수로 설움과 외로움에 젖었다.

이때 소주와 같이 저렴한 독주의 대량공급은 사회 각층에서 터져 나오는 불만과 갈등을 다소나마 잠재우는 역할을 일부 했을 것이다. 전두환 대통령의 군사독재 정권이 3S(스포츠, 섹스, 스크린)로 국민 시선을 정치문제로부터 돌린 것처럼 말이다. 사회가 급속도로 발전하고 성장하는 과정에서 희생된 개인들의 상흔과 아픔이 소주라는 싸구려 독주로 대충 무마되고 만 것은 아닐까.

대낮에 노상에서 소주잔을 기울이는 사람들, 식사 시간에 반주로 몇 병씩 소주를 비우는 일상의 풍경을 보면 우리 사회 전체가 소주에 중독되어 있는 것처럼 느껴지기도 한다. 특히 나를 비롯한 술꾼들은 분명 소주에 중독의 일부를 빚지고 있다. 거부하기에 너무도 우리 생활 가까이, 또 흔하게, 아주 저렴한 가격에 존재하는 유혹이기 때문이다.

한국의 엄청난 소주 소비량에 대해 언급했듯이 도수 높은 증류주가 이렇게 저렴한 가격에 많이 팔리는 나라는 세계적으로 드물다. 미국과 유럽권 선진국에서는 위스키 같은 도수 높은 증류주는 주로 리큐어 숍에서 따로 팔고, 가게에 따라 다르긴 하지만 보통 슈퍼에는 맥주나 있는 정도다. 반면 한국에서는 24시간 영업하는 편의점마다 환하게 불을 밝힌 냉장고에 초록 소주병이 브랜드별로 꽉꽉 채워져 있다. 어느 식당에 가도 불과 3000~4000원에 소주를 팔고 있고 점심때 어느 식당에 가도 꼭 반주를 기울이는 테이블이 한두 팀 이상씩은 보인다. 때와 장소를 가리지 않고 태연하게 밥상에 독한 술을 올리는 게 다른 문화권의 외국인들에게는 신기하게 보일 것이다.

만약 소주가 훨씬 더 비싸거나 도수가 훨씬 낮은 술이었다면 한국인들의 알코올 섭취량과 빈도수가 훨씬 낮아지고 빈곤층과 소외계층의 알코올중독과 의존 비율도 훨씬 낮아지지 않았을까? 특히 술을 줄이려 노력하는 나 같은 사람에게는 소주가 일상으로 소비되는 세상이 아주 고역이다. 편의점 앞을 지나칠 때, 식당에 가서 주문을 할 때면 그 초록색 병이 눈에 아른아른거린다. 맥주나 와인 같은 다른 술과 달리 어쩐지 소주는 일단 한번 마시기 시작하면 이상하게 '적당히'가 안 된다. 이놈의 요망한 술병 사이즈가 꼭 둘이서 한 병을 마시면 짝수 잔으로 나눠 떨어지질 않아 아쉬운 마음에 한 병을 더 시키게 되고, 결국 각 한 병 이상씩 마신 뒤 불콰해진 얼굴이 되어서야 술병을 내려놓게 되곤 한다.

그렇다고 소주가 대단히 맛있는 술인 것도 아니다. 공장에서 천편일률적으로 찍어내 대량으로 뿌리는 공산품, 알코올의 역한 맛을 지우려는 감미료 맛에 불과하다. 좋은 술을 마실 때는 어떤 재료로 어떻게 만들어졌는지 궁금해하고 술맛의 개성을 최대한 음미하며 한 잔 한 잔을 즐긴다. 하지만 소주는 잔을 들자마자 지체할 것 없이 그냥 쭉쭉 마셔버린다. 그저 사람을 취하게 할 목적으로 만들어진 액체로서 제 역할에 몹시도 충실할 뿐이다.

그러니 누차 핑계를 대자면 이건 다 소주가 나쁜 탓이다. 이기지도 못할 술을 누가 쫓아오기라도 하듯 성급하게 들이켠 것도, 그래서 아무 때나 얼큰하게 취해버린 것도. 별맛도 없는 싸구려 주제에 스스로를 엉망으로 취하게 만들고픈 충동으로 나를 이끈다. 이미 우리네 식문화와 떼려야 뗄 수 없을 정도로 긴밀하게 일체가 되어버린 이 술은 내 아버지가, 그리고 그의 아버지가 마셨듯, 내 딸과 그녀의 자식까지 마실 정도로 끈질긴 생명력으로 살아남을 것이다. 그러니 나 같은 중독자들은 소주가 지배하는 한국 사회에 태어난 것을 원망하며 눈을 질끈 감고 피하는 수밖에.

오늘 저녁, 제육볶음에 상추쌈을 푸짐하게 차릴 계획인데 그 칼칼한 양념에 찰떡으로 어울리는 소주의 유혹을 잘 뿌리칠 수 있을지 모르겠다.

작작 마셔, 박 기자!

기자로 입사한 지 채 1년도 안 되던 초년병 시절, 마감을 앞두고 정신없이 기사를 쓰고 있는데 옆 팀 선배가 지나가며 한마디 했다.

"술 한잔해야지?"

"저 마감 중인데요."

그러자 편집장은 코웃음을 치며 말했다.

"참 내, 마감이 다 뭐라고 술을 마다하냐."

이 선배로 말할 것 같으면 대낮부터 시작한 술자리를 1차, 2차, 3차를 거쳐 4차까지 주야장천 소주로 달리고 다음 날 해가 뜰 때쯤에야 해장국집에서 막차로 마무리하는 '마라톤식 음주'로 유명했다. 그의 장단에 맞추느라 부서원들의 간이 남아나지 않았다. 하지만 그분만 유별난 게 아니다. 우리 회사 기자들 대부분이 어디 가서 밀리지 않을 술꾼들이었다. 월 1회나 주 1회씩 마감하는 잡지사다 보니 출퇴근이 비교적 자유로운 편이었는데, 오전 늦게 출근한 선배들이 어젯밤의 술기운이 가시지 않은 벌건 얼굴로 의자에 몸을 파묻고 있곤 했다. 점심 때 반주를 과하게 걸쳐 오후 시간 내내 곯아떨어지는 사람들도 종종 있었다.

언론사 대부분이 그러하듯 내가 다니던 회사 역시 지극히 알코올 친화적인 분위기였고 나이 지긋한 상사들 사이에는 응당 술 정도는 시원시원하게 마셔야 배포도 있고 담도 커서 기자 일을 씩씩하게 해낼 수 있을 거라는 편견이 존재했다. 취재원과의 만남이 곧 일인 직업이기에 일반 회사와는 달리 주정뱅이 같은 생활 패턴이 어느 정도 용인된 점도 있다. 아주 옛날 누군가는 점심에 낮술을 엄청 과하게 마시고 온 바람에 만취해 회사 책상 위에서 사무실에다 대고 소변을 갈겼다는 괴담이 전해질 정도였으니까. 술이라면 누구 못지 않은 나도 이런 분위기에 슬쩍 편승해 대낮에도 취재원과 질펀하게 술판을 벌이거나 다음 날 출근을 신경 쓰지 않고 거하게 퍼 마시고는 출근 시간에 늦곤 했다.

이런 분위기니 회식하는 날에는 얼마나 거창했겠는가. 기름 찌든 냄새가 진동하는 소공동의 대형 고깃집 구석 자리, 기자들이 쭉 도열해 앉은 가운데 편집장이 술잔을 들고 일어나면 그때부터 회식 시작이다. 부서원들의 노고를 치하하고 오늘 이 자리에서 마시고 죽을 것을 다짐하는 농담 반 진담 반 건배사가 울려 퍼지면 선배들은 날렵한 손놀림으로 폭탄주 제조를 시작했다. 주거니 받거니 한 시간도 채 안 돼 십수 잔의 소맥을 연거푸 들이켜다 보면 회식 시작 전 비장하게 섭취한 알유21(숙취해소제)이 무색하도록 머리가 핑핑 돈다. 2차, 3차로 이어지는 동안 술이 약한 사람들은 하나둘 자취를 감추고 나를 비롯한 몇몇 술꾼과 잔뜩 기합이 든 막내 기자들만 남았다. 마지막에는 시청역 8번 출구 앞에 있는 지하 노래방에서 편집장의 노래에 맞춰 탬버린을 치며 한껏 흥을 돋우는 것으로 피날레를 장식했다.

사실 회식은 기껏해야 한 달에 한두 번 치르는 공식 행사고, 그보다는 업무의 일환으로 사람을 만나 술을 마시는 횟수가 훨씬 많았다. 스물네 살짜리 월간지 '여'기자였던 나는 나이 지긋한 취재원들에게 친근하게 다가가려고 "저녁 한번 하시죠."라며 넉살을 떨어댔다.

취재하다 만난 국회 보좌관이나 변호사, 회계사 등등 전문가와 특수직종의 사람들과 거의 매일 저녁 만나 술잔을 기울이며 업계 이야기를 들었다. 대검찰청에서 범죄정보를 다루는 수사관, 국정원 직원, 경찰 보안대장, 기업의 대관업무 담당자 등등 정보가 있을 만한 사람들을 쫓아다녔다. 이들도 기자처럼 사람을 많이 만나는 직업이라 그런지 하나같이 애주가들이었다. 단순히 안면 튼 것

이상으로 친밀감을 쌓으려면 저녁 술자리는 필수 아니겠는가. 플래너에는 매일 저녁 약속이 빼곡히 잡혀 있었고, 술자리가 없는 날은 일을 제대로 못 한 듯 허탕을 친 느낌이 들어 찜찜했다. 일간지 기자라면 각자 출입처가 정해져 있어 자기 영역의 취재원만 교류하면 되지만 잡지 기자는 모든 분야를 커버한다. 아무것도 모르는 햇병아리인 나는 사람을 만나는 게 할 수 있는 전부였고 조급한 마음으로 취재원들 꽁무니를 쫓았던 거다.

그렇게 잡지에서 몇 년을 분투하던 중 회사 일간지의 산업부로 인사이동을 했다. 첫 출입처가 유통 분야라서 마트와 백화점, 편의점, 각종 식품회사와 주류회사 등등 아주 넓은 영역을 커버했는데 그 수많은 회사의 홍보팀 직원들과 일일이 만나 인사를 하려니 매일 점심과 티 타임, 저녁 약속이 빼곡히 찼다. 매일같이 술자리가 잡히는 바람에 거짓말 하나 안 보태고 밤 9시 이전에 집에 들어간 적이 거의 없었다. 심지어 결혼기념일에도 모 기업 이사와 저녁을 먹고 집에 늦게 들어간 바람에 케이크에 초를 꽂고 기다리던 남편에게 싹싹 빌어야 했다.

그 시절, 자정까지 술을 퍼 마시고 집으로 돌아와서는 새벽에 숙취 때문에 깨어 부엌 냉장고로 엉금엉금 기어가던 게 일상이었다. 물병째로 들이키고는 지끈거리는 머리와 메슥거리는 속을 부여잡고, '아, 내가 왜 오버해서 마셨지?' 매일같이 스스로에게 묻는 거다. '내가 오늘 또 마시면 개다.' 하지만 다짐이 무색하게도 나는 매일 개였다.

내가 술을 좋아한다는 사실을 알게 된 취재원들은 항상 나에게 물었다.

"기자님들은 술 많이 드시죠? 왜 그렇게 많이들 드시는 거예요?"

글쎄, 이유야 아주 많다. 나는 기자는 일종의 영업직이라고 생각한다. 취재원들에게 자기 자신을 팔러 돌아다니는 거다.

기자는 제너럴리스트다. 좋게 말하면 박학다식이고 나쁘게 말하면 뭣 하나 제대로 아는 게 하나도 없다. 특정 분야에 대한 기사를 쓰려면 자료를 뒤져가며 공부를 하고 전문가, 업계 종사자들로부터 설명을 듣거나 조언을 받아야 한다. 기삿거리가 될 만한 정보도 이런 사람들로부터 흘러나오기 때문에 도움이 될 이들을 꾸준히 찾아 친분을 쌓는 게 일이었다. 안면 튼 지 얼마 안된 사람과 속성으로 친해지려면 술만큼 편한 방법이 없지 않은가. 반대로 기자들의 도움을 구하는 사람들이 만남을 청하기도 했으니 이래저래 술 마실 핑계는 많았다. 내가 주당임을 아는 친구들은 내게 천직을 찾았다고들 했다.

「드링킹」을 쓴 저널리스트 캐럴라인 냅은 "어떤 직업은 업무상 술을 끼고 살게 된다."라며 "거기에는 저널리스트도 빠지지 않는다."라고 썼다. 냅 역시 신문사에서 일과가 끝나면 동료들과 우르르 근처의 바에 가서 술과 담배를 즐겼다. 매일같이 열린 그 술자리에 대해 "힘든 일에 대한 보상으로 '정당하게' 술을 마신다는 느낌"이 라고 설명했다.

스트레스가 가장 심한 업무환경은 바로 예측 불가능한 상황 에서 일하는 것이라고 하는데, 언제 어디에서 무슨 일이 벌어지든 기사로 즉각 대응해야 하는 기자의 업무야말로 예측불허이기에 긴 장도가 높다. 하루에 쓴 기사량이나 기사의 단독 여부 등 그날그날 의 성과가 바로 눈에 드러나는 데서 비롯되는 중압감도 크다. 터프 한 일상을 보내는 이들을 즉각 위로해주는 것으로 술만 한 것이 또 있겠는가. 나름대로 이유 있는 과음인 셈이다.

어쩌면 그 무엇보다도 술에 대해 무제한으로 관대한 언론계의 분위기가 가장 큰 문제인지도 모르겠다. 음주 문제를 연구해온 학 자들은 개인의 체질 못지않게 작업환경과 사회적 요인들의 영향이 중요하다고 설명한다. 즉 알코올 친화적인 기자들 사이의 '공기'를 알코올에 대한 '문화적인 가용성'으로 볼 수 있다는 거다.

「한국, 독일, 미국 기업의 직장인 음주대책 비교연구」에서 연 구자들은 "한 집단의 음주 수준의 평균과 이 집단에 속한 개인들 의 음주 수준의 평균 사이에는 분명한 상관관계가 있다."라고 했다. "팀 공동작업, 직무 중의 알코올 접근 가능성 등등이 작업 관련 알코올 소비량을 높이는 요인으로 발견되었다. 특히, 남성이 주도하는 산업체에서는 알코올이 여전히 남자답게 서로 어울릴 수 있는 하나의 촉매제 역할을 하는 것으로 생각된다. 이 경우 음주는 자신들의 업무를 수행하는 하나의 정상적인 과정으로 생각하는 것이다." 남초 조직에서의 직무 중 음주 가능성, 딱 언론계의 업무 환경이다. 사실 일과가 끝나지도 않은 대낮에 이런저런 핑계로 당당하게 낮술을 마시는 직업이 기자 말고 또 있겠는가.

언론계의 과음은 아주 오랫동안 당연시된 문화라서 다들 유별나다 생각하지 않을 뿐, 그에 따른 부작용은 고스란히 겪고 있었다. 회사를 둘러보면 의존에 가까운 수준으로 마셔대는 사람이 (나를 포함해) 태반이었고 과음 때문에 건강까지 위태로워 보이는 이도 있었다.

입사 초 만난 어느 선배는 얼굴이 까맣고 몸은 앙상하게 말라 한눈에도 건강이 나빠 보였는데도 매일 과음을 하더니 결국 몸이 안 좋아져 휴직까지 했다. 누군가는 아예 회사 근처 단골 병원을 정해놓고 일주일에 한 번씩 링거를 맞으며 숙취를 해소했다. 우리끼리 "단명이 숙명"이라며 농담을 했는데 실제로 2011년 원광대가 11개 직업의 평균 수명을 분석해보니 언론인이 꼴찌를 차지했다. 업계인들의 과격한 음주와도 밀접한 관련이 있을 거다.

술자리에서 벌어지는 각종 사건 사고는 또 어떤가. 쓰러지고,

다치고, 어떤 선배는 음주운전을 하다 충돌사고가 나서 일시적인 기억상실까지 겪었다고 했다. 차라리 자기 몸이 다치면 그러려니 한다. 다들 쉬쉬하지만 회식이나 취재원과의 술자리에서 성추행이나 강간 등의 성범죄도 빈번했다. 방송국에서, 유명 일간지에서 잘나가던 기자가 갑자기 퇴사해서 다들 의아했는데 알고 보니 성범죄 가해자더라, 하는 일이 한두 번이 아니다. 기자 사회의 남초 문화, 권위주의적인 분위기와도 무관하지 않을 것이다. 업계에 종사하는 여성들은 과하게 음주를 권하는 문화속에서 이따금씩 위태로운 느낌까지 받으며 업무의 연장인 술자리를 오고 가야 했다.

물론 요즘은 분위기가 많이 바뀌어 무작정 퍼마시는 자리도 예전보다는 확실히 줄었고 음주를 꺼리는 사람에게 강권하는 일도 사라졌다. 그래도 나처럼 원래 술을 즐기는 사람에게는 중독의 기반을 쌓아 올리기 딱 좋은 환경인 건 확실하다. 수많은 음주의 날들 속에 나 자신을 거의 내던지듯 마셔대며 습관처럼 술자리를 찾았다. 어쩌다 마시지 않은 날은 불안하고 초조하기까지 했다. 저녁 약속이 없는 날은 맥주 한두 캔이라도 집에서 홀짝거렸다.

생각해보면 나는 술 외에는 일에서 쏟아진 스트레스와 피로감에 대처할 다른 방법을 찾지 못했던 것 같다. 일과를 끝내고 술집에 앉아 한잔 탁 털어 넣는 순간 긴장이 일시에 풀리면서 내 기분에 얽매여 있던 돌덩이 같은 스트레스를 딱 끊어내는 느낌. 그 순간에 중독됐던 거다. 그건 너무도 빠르고 너무도 손쉽게, 별다른 노력 없이도 울적함으로부터 벗어나는 방법이었다. 지친 내게 주어져야 마땅한 보상이라고 느껴졌다.

하지만 핑계가 있다고 마음 가는 대로 행동하다 보면 대가가 따르는 법. 지금 돌이켜보면 지나친 음주가 나의 커리어에도 영향을 미쳤던 것 같다. 여러 사람을 두루 사귀면서 취재에 도움을 받기도 했지만 그 이상으로 술에 취해 시간을 허비했다. 그 시간에 책이라도 읽었으면 책장 하나는 채웠을 텐데 말이다. 지난밤의 과음으로 매일 아침 지끈거리는 머리와 울렁이는 속을 붙잡고 하루를 시작했으니 분명 업무에도 지장이 있었을 것이다. 술에다가 에너지를 쏟느라 일에서 내 실력을 100퍼센트로 발휘하지 못했을지도 모른다는 걸 지금에서야 깨닫고 후회하고 있다.

그래도 당시에는 번아웃에 대한 대응 기제로 음주가 불가피하게 느껴졌기에 어쩔 도리가 없었다. 직장에서의 그 심한 압박감과 스트레스는 도대체 어찌한단 말인가! 사람을 만나야 하는 직업인이상 술이 곧 일인 상황은 어쩌란 말인가!

하지만 이런 핑계야말로 내가 중독에서 벗어날 수 없게 만든 덫이었을지도 모른다. 「음주동기 유형이 음주문제에 미치는 영향」연구에서는 음주의 원인을 유형별로 나누어 분석했다. 부정적인 정서를 감소시키기 위한 대처동기, 다른 사람과 어울리고 친해지기 위한 사교동기, 긍정적인 정서와 안녕감을 증진하기 위한 고양동기, 사회적 비난을 회피하기 위한 동조동기 네 가지로 나눠 500여 명의 사람들을 동기별로 분류한 것이다.

그런데 대처동기와 사교동기로 인해 마시는 사람일수록, 남성이고 동료 중 술을 즐겨 마시는 사람의 수가 많을수록 문제음주자로 선별될 가능성이 높다는 점이 확인됐다. 과중한 업무 스트레스에 대한 해결책으로, 낯선 사람들과 빨리 친해지려는 목적으로 술을 마시는 사람일수록 중독의 위험이 크다는 거다.

이 논문을 쓴 연구자들은 "대처동기를 낮추는 인지적 변화와 스트레스에 대한 대처기술 향상이나 생활기술훈련을 위한 상담 및 프로그램이 필요하다."라고 결론 내렸는데 이거야말로 우리나라 기업의 의사결정권자들에게 절실한 조언이다. 실제로 미국 대기업에서 일하는 한 매니저는 한국 직장의 음주문화에 경악하며 내게 이런 말을 한 적이 있다.

"미국 기업의 경우 부하 직원의 건강이나 컨디션도 상급자가 관리해야 할 부분 중 하나이기 때문에 음주 문제가 눈에 띄면 사내 카운슬러에게 상담을 권유하는 식으로 대처해요. 한국처럼 부어라 마셔라 했다가는 상사에게 문제 있는 직원으로 찍힐 수 있다는 거죠."

스트레스에 대처하기 위해 술을 마신다지만 내심 그 효과는 미심쩍다. 소맥을 진탕 마시며 고민과 걱정 모두 잊고 즐겁게 놀지만 잠들었다 일어나면 세상은 아무것도 변한 게 없다. 발제를 하고 취재를 하고 기사를 마감하는 하루가 이어지고 내 역할을 충분히 잘해내지 못하고 있다는 열등감, 내 자리에 맞는 합당한 성과를 보여야 한다는 조급함에서 비롯된 스트레스 역시 반복됐다.

오히려 숙취와 함께 후회와 자책감이 밀려들어 한결 더 우울해지곤 했으니 결국 진정한 의미의 '해소'가 아니었던 거다. 자학하듯 술로 신경을 온통 마비시켜서 그날의 스트레스를 애써 외면하는 것에 가까웠고 어두운 감정은 자각도 못 한 사이 차곡차곡 쌓여 내 안의 시커먼 응어리로 마음 한구석에 남았다.

이건 내 개인적인 경험일 뿐만 아니라 실제 음주 관련 연구에서도 입증됐다. 「근로자의 직무스트레스가 우울에 미치는 영향」이라는 논문에서 연구자들은 직무 스트레스와 우울, 음주량과 음주 빈도 간의 상관관계를 조사했다. 그 결과 직무 스트레스가 높을수록, 또 음주량이 많을수록 우울이 높아진다는게 드러났다. 스트레스로 인한 우울감을 낮추려 술을 마시는데, 술을 많이 마실수록 오히려 우울해진다는 거다. 또 음주량이 많을수록 직무 스트레스가 우울에 미치는 영향력이 더 커진다는 점도 드러났다. 이래저래 술은 기분전환에 전혀 도움이 되지 못하는 건 물론 오히려 악영향만 끼친다는 결론이다.

"지친다, 지쳐."

잡지사에서 일하던 시절, 같이 일하던 선배는 단전에서 우러나오는 듯한 피로감을 담아 습관처럼 말하곤 했다. 광화문이나 여의도를 가다가도 기자들은 단번에 알아볼 수 있다. 까칠한 얼굴로 노트북 가방을 멘 채 항상 시간에 쫓겨 종종걸음을 치는 모습들을 보고 있노라면 이 집단의 번아웃은 대체 언제쯤 끝이 날까 궁금해진다. "마감보다 술"을 외치던 선배의 속뜻은 "이런 일탈을 하면서라도 우리 숨 좀 돌리며 살자."는 의미였을 거다.

아니, 비단 기자들 뿐이겠는가. 사회인들이 감당해야 할 몫은 항상 버겁게 주어지고 세상은 나가떨어지기 직전까지 몰아붙인다. 경쟁으로 내몰리고 성과를 쥐어짜이는 한국 직장인 모두 만성 과로 상태로 살아가기에 스트레스 해소용 여가나 문화생활을 즐길 여력은 꿈도 못 꾸는 게 현실이다. 그나마 술이 가장 빠르고 간단하게 기분전환이 되니 달리 방법이 없다는 씁쓸한 생각도 든다. 사회 구조와 문화가 개인이 알코올에 의존하기 쉽도록, 또 그걸 방관하도록 형성되어 있는 거다. 우리는 지쳐서 삭은 톱니바퀴고 술로 기름칠해 겨우 삐걱삐걱 돌아간다.

우리 직장 특유의 술에 관대한 분위기에 편승해 단체로 의존 성향을 발전시키기도 한다. 무리 안에서 동조의식을 느끼며 함께 음주를 하다 보면 자제심은 느슨해지고 죄책감은 옅어진다. 직장 내 폭음하는 사람이 많은 경우에는 그걸 보고 모방하는 면도 있다. '저렇게 해도 되는구나.'라는 허용의 감각이 또 다른 폭음자를 낳고, 과도한 음주가 습관이 되는 순간 중독의 방향으로의 내리막이 시작된다. 이런 환경에서 지내다 보면 자신의 중독 여부를 부정하기도 쉽다. '다들 이렇게 살잖아?'라는 마음 편한 변명이 주어진다.

하지만 내가 익히 경험했듯, 그리고 앞서 제시한 여러 연구 결과가 보여주듯 폭음은 스트레스를 태워 없애는 것이 아니라 오히려 내 기력을 태워 스스로를 소진하는 방식이다. 그래서 마실 때마다 끝장을 보자며 무섭게 술로 달리는 직장인들의 음주는 자기 파괴적인 행동에 가깝다.

앞서 소개한 연구들은 하나같이 결론 부분에서 술 대신 여가 생활을 즐기는 식으로 스트레스에 대처할 다른 방안을 찾도록 권유했다. 또 회사 측에서도 직무 스트레스 관리 프로그램이나 알코올 문제 해결을 위한 상담 프로그램을 운영해야 한다고 주장한다.

번아웃이 흔한 직장인들의 정신건강 보전과 업무효율 향상을 위해서라도 회식 비용을 차라리 더 건강한 방식으로 지출하는 게 낫지 않을까? 문화생활비 제공으로 반강제적으로 운동을 하게끔 돕는다든가, 사내에 심리 상담을 위한 카운슬러를 고용한다던가. 직장에서 커리어가 쌓일수록 중독의 발판 역시 착실히 쌓아 올린 것이 나의 문제였다. 하지만 이건 비단 나 하나뿐 아니라 알코올

친화적인 분위기 속에서 노동자를 피로의 극단으로 몰아붙이는 사회 풍조 차원의 문제이기도 하다. 어쩌면 알코올중독이야말로 아무도 눈치채지 못하고 있는 심각한 산업재해일지 모른다.

알코올중독 원더랜드

조부가 어떤 사람인지 나는 잘 모른다. 기억이 온전히 남아 있는 어린 시절부터 그와는 대화조차 많이 나눠본 적이 없다. 할아버지를 뵙는 건 명절에 큰집을 방문할 때 정도였는데, 늘 구석 한편에 앉아 누구와도 어울리지 않은 채 막걸리와 소주를 놓고 마시고 있었다. 차례 후 식사를 마치고 한참 담소를 나눌 때쯤이면 큰어머니가 "약주는 그만 드시라."라며 할아버지를 말리는 소리가 들려오곤 했다.

지나가는 말로는 젊었을 적 경상도 어딘가에서 센베 과자 장사를 해서 돈을 꽤 모았다고 하는데, 그 뒤로는 뭐가 잘 안 풀렸는지 여섯 남매들을 데리고 아미동 달동네에 정착해 살았다. 물도 나

◆ '알코올중독 원더랜드'는 일본의 만화가 만슈 기쓰코가 알코올중독으로부터 벗어난 체험을 그린 만화 제목이다.

오지 않는 낙후된 곳이라 아버지는 국민학교 때부터 물지게를 이고 지고 매일같이 언덕길을 오르내렸다.

경제력이 거의 없던 할아버지 밑에서 크느라 여섯 남매는 기를 쓰고 각자의 힘으로 살아내야만 했다. 우리 집안에서 할아버지의 존재감이 희미한 이유가 그 때문일지도 모른다. 할아버지가 돌아가시고 나서야 내가 윗세대에 대해 얼마나 아는 것이 없는지 깨닫고 놀랐다. 빈소에 모인 손주들은 그에 대해 아무것도 추억할 것이 없었다.

외조부에 대한 기억은 좀 더 또렷하다. 그는 엄마가 어릴 적부터 부산의 옛 시청이 있던 자리 근처에서 작은 구멍가게를 운영했다. 해방 직후 지어진 낡은 건물 1층, 때가 찌든 그 두어 평짜리 구멍가게에서 음료수와 각종 과자를 팔고 겨울에는 어묵 장사도 했다. 엄마는 그곳에서 할아버지 대신 가게를 보다가 근처 회사에서 일하던 아빠를 만났다고 한다.

약주를 좋아하는 건 외할아버지도 마찬가지였다. 작은 체구에 꼬장꼬장한 인상의 그도 소주를 몇 잔 드시고 나면 표정이 한결 누그러지며 편안해 보였다. 붉어진 얼굴로 반쯤 눈을 내리감고 빙그레 웃던 모습이 눈에 선하다. 물론 엄마와 이모들은 또 술이라며 옆에서 핀잔을 줬지만 말이다.

우리보다 50년 넘게 앞선 시대를 살아온 조부, 조모 세대는 그야말로 세상이 온통 뒤집히는 것 같은 사회 변화를 겪었다. 식민지 나라에서 태어나 전쟁과 분단, 독재정권과 민주화 등 한국사의 굽이치는 변곡점들을 거치며 그 충격과 혼돈을 온몸으로 받아내며 살아온 것이다. 그래서인지 내 어린 눈으로 지켜본 그들은 나와 같은 시간대를 살고 있는 동안에도 어느 한 조각은 과거에 속한 듯 아득히 멀게만 느껴졌다.

나의 조부들은 대개 말이 없었고 감정을 드러내는 일도 드물었다. 빛의 속도로 변모해 도달한 현재와 그들의 사이에는 위화감과 긴장감이 떠돌았다. 그 낯섦에 적응하기 위해서였을까. 그들은 노상 술을 마셨다. 음주야말로 그들이 지금 현실에 좀 더 편안히 머무는 삶의 방식처럼 보였다.

우리 사회 특유의 술에 대한 관대함, 알코올에 대한 무한한 긍정에 대해 나는 오래전부터 호기심을 품어왔다. 왜 우리는 폭음을 당연하게 여기고 음주를 일상으로 받아들이는 걸까? 왜 이런 의존에 대해 극도로 둔감할까? 나 자신이 그런 문화 속에서 숨 쉬며 중독의 길로 빠졌고 내 아버지도, 또 그의 아버지도 마찬가지였다. 우리 3대는 모두 술과 밀착된 삶을 살았는데 이 사회에서는 별스러운 것도 아니다. 여기는 매일 밤 유흥가의 불이 새벽까지 꺼지지 않고 언제 어디서나 술잔을 기울이는데 거리낌이 없는, 그야말로 '알코올중독 원더랜드'니까.

다만 우리 조부 세대와 술의 관계는 마냥 흥청망청한 유흥문화와는 또 다른 결이 느껴진다. 내 눈에 그들의 일상적인 음주에서는 트라우마로부터 도망치려는 어떤 절박함과 상처를 잊으려는 몸부림이 엿보였다. 고향을 떠나고 난리 통에 가족을 잃은 삶, 고단함의 연속이었고 잊고 싶은 기억이 너무도 많이 쌓였기 때문에 현실을 몽롱하게 만들어주는 술에 곁을 내어준 것은 아닐까.

『술의 사회학』에서 고영삼 부경대 사회학과 교수는 이렇게 썼다. "한강의 기적이라는 절대 명제를 달성하면서 지속적으로 역사의 분단, 민족정체성의 훼손, 정치권력 및 부 형성의 정당성 부재, 일상화된 국가적 동원체계, 급격한 도시화, 시민 가치관의 혼란, 그리고 이른바 '개방적' 서구화 등으로 혼란을 경험해왔다. 도대체 이렇게 짧은 기간에 이렇게 많은 사건과 사고를 경험하는 사람들이 의지할 수 있는 것은 무엇일까? 아마도 술과 종교 등이 어느 정도의 해답이었던 것으로 보인다."

한태선 한양대 사회학과 교수는 「음주의 사회문화적 의미」라는 논문에서 파편화된 개인의 불안감을 술로 달래려는 경향이 있다고 설명했다. "산업화와 도시화라는 거대한 변화의 흐름은 전통적 공동체를 와해시킴으로써 개인에게 익명성의 고독과 불확실성의 불안감을 안겨주었다. 이제 사회의 모든 구성원들은 타인으로부터 점점 더 고립되어 철저히 개인으로 남게 되었다. (……) 따라서 사회의 중심이 공동체에서 개인으로 이전하였으나, 개인은 공동체의 몰락으로 고독감과 이질성이라는 문제를 안게 된 것이다. 이런 문제들에 대하여 술을 마시는 행위는 그 어느 쪽으로나 요인이 될 수 있게 된다."

불과 몇십 년만 거슬러 올라가도 음주는 노동의 영역에 속해 있었다. 농촌에서 농사 일을 하다 새참을 먹으며 막걸리를 한 사발 들이켠 후 다시 일하러 돌아가듯, 일 중간의 음주는 기력을 북돋아주고 영양분을 공급해주는 역할을 했다.

한 세기 전의 서구 사회도 마찬가지였다. 산업혁명 이전에는 노동의 대부분이 가내수공업의 형태로 이뤄져 가정이 곧 일터였기 때문에 중간중간 하는 음주는 별문제도 아니었다. 산업혁명 직후 공장제가 발달한 초기에도 일터 귀퉁이에는 늘 술이 놓여 있었다. 19세기 초 미국의 노동자 임금에는 술값이 포함되었고 작업장에서의 음주도 보편적이었다. 지금까지 남아 있는 1820년대 건설 현장 노동자들의 임금 지불 기록을 보면 극심한 강도의 노동 중간중간 4~6회의 위스키 브레이크를 가졌음을 알 수 있다.

위스키 브레이크라니, 참으로 달콤한 단어 아닌가! 그러나 작업장 규모가 커지고 고용인이 늘어나며 철저한 분업체제가 들어서면서 고용주들은 노동자들 생산성 증대를 방해하는 술병을 작업현장에서 치워버렸다. 이렇게 술은 노동의 영역에서 분리되어 여가의 영역에 포함됐고 퇴근 후 선술집에서 하루의 피로를 푸는 것이 일과가 됐다. 물론 드라마 「매드맨」에 나오는 60년대 광고인들처럼 사무실에서도 거리낌 없이 크리스털 병에 담긴 위스키를 따라 마시는 문화도 있었지만 21세기인 지금에 와서는 상상도 할 수 없는 일이다.

반면 서구 사회와 달리 한국의 직장생활에는 음주마저 업무의 일부처럼 느껴지게 만드는 특유의 회식 문화가 존재한다. 직장동료, 상사들과 정기적으로 술자리를 겸한 식사를 하고 이는 일의 연장선으로 여겨지며 참여가 의무화된다. 굳이 따지자면 나는 회식 자리를 몹시 좋아하는 편인데도 불구하고 가끔은 궁금해졌다. 왜 일부 나라에만 회식이라는 뿌리 깊은 문화가 생겨난 것일까?

1960~1970년대로 거슬러 올라가보자. 도시화의 진행으로 전통 공동체는 와해되며 개인들이 파편화되는 한편, 빠른 산업화로 개인들은 직장이라는 새로운 공동체에 예속됐다. 내 살림살이를 윤택하게 하려고, 회사의 발전과 성장을 위하여, 크게는 나라의 번영에 기여하기 위해 아버지 세대는 삶을 온통 직장에 바쳤다.

가족보다는 회사에, 여가보다는 노동에 치중하는 삶을 살면서 여가의 일종인 음주조차도 노동의 현장인 직장공동체 안에서 이뤄진 것이 특유의 회식 문화다. 근대화 이후 일어난 노동과 음주의 분리가 한국 사회에서는 미처 이뤄지지 못한 채 여전히 노동의 연장선상에 머무른 양상이다.

한국에 일하러 온 외국인들은 직장이라는 공적 관계의 장을 술자리에서의 사적 교류로까지 연장하는 이 회식 문화를 몹시 기이하다고 생각한다.

"폭탄주를 돌리며 강권하는 데 경악해 '이건 프로답지 못한 행동'이라고 항의했습니다. 미국에서 어느 날 나타난 '낙하산'이 그렇게 지적질을 하니 분위기가 망가졌죠. 이젠 압니다. 회식과 음주가 팀워크와 생산성을 높여주고 우의를 다지는 문화라는 걸." 현대자동차에서 3년간 홍보 임원을 맡았던 미국인 프랭크 에이렌스가 인터뷰에서 한 말이다.

한국에 10년 넘게 거주 중인 전직 언론인 다니엘 튜더는 『기적을 이룬 나라, 기쁨을 잃은 나라』에서 한국의 회식 문화를 관찰해 썼다.

"정신을 못 차릴 때까지 마시는 문화가 일반화되기 시작한 것은 1960년대와 1970년대 산업화 이후부터라는 견해가 일반적이다. 회식은 길고 고된 하루를 보낸 직원들에게 한 팀으로서의 소속감을 심어주기 위해 도입됐다지만, 실제 양상을 보면 회식은 종종 도를 넘어선다. 1983년 사망한 한국인 10만 명당 494명이 간 질환으로 세상을 떠났다. 통계청에 따르면 2009년에는 그 비율이 10만 명당 4417명으로 늘어났다. 전체 사망 원인 중 간 질환이 열 배나 늘어났다는 것, 그리고 간 질환의 발생률이 급증하고 있다는 것은 회식 문화와 그로 인해 고주망태가 되는 것이 정당화된 분위기와 강력한 연관이 있는 것으로 보인다."

윗사람이 부하 직원에게 강권하는 게 당연시되는 회식 자리 음주는 위계질서와 집단주의를 중시하는 문화에서 비롯됐다. 일사 불란하게 도는 폭탄주, 제례 의식처럼 가장 높은 사람의 건배사로 시작해 참가자 전원이 단번에 잔을 비우는 것. 조직의 단결심을 고취하고 목표 의식을 확인하는 자리에서 끝없이 이어지는 건배와 함께 비우고 함께 따르는 술잔. 다니엘 튜더의 지적대로 회식이야말로 우리가 폭음에 무한정 관대하게 만든 주범이다.

나의 경험도 크게 다르지 않다. 고깃집 한편에서 삼겹살이 지글지글 익어가는 가운데 편집장이, 차장 선배가 말아주는 폭탄주를 쉴 새 없이 비우다 보면 사무실에서의 팽팽한 긴장은 느슨히 풀리고 격의 없는 분위기가 조성되어 평소에 하지 못한 이야기들이 우르르 쏟아졌다. 선배들이 해주는 충고 비슷한 잔소리를 입을 헤벌리고 들으면서도 한편으로는 이런 생각이 들었다. '왜 이런 이야기를 회사에서 하지 못하는 걸까?'

업무 관련한 내용이라 할지라도 대놓고 노골적으로 말하는 것을 꺼리는 한국 문화에서 회식은 평소 말 못 한 이야기가 오가는 커뮤니케이션의 장이 된다. 이건 한국 특유의 '정'의 문화와도 연관이 있을 것이다. 직장이라 해도 공적인 태도로 서로를 대하는 것이 아니라 인간적인 관계를 바탕으로 소통하려는 습성 때문일지도 모른다. 덕분에 마음의 부담 없이 상사들의 의견을 들을 수 있었지만 오히려 명확한 소통이 어려워지기도 했다. 중요한 이야기인데 술기운에 흘려듣거나 전달하고 싶은 내용이 정확히 와 닿지 않는 것이다. 공적 소통이 사적인 분위기에서 이뤄진 부작용이다.

세대가 내려갈수록 회식을 부정적으로 받아들이는 사람들이 늘어나고 있고 술을 겸하는 회사 행사는 급격하게 줄어드는 추세다. 언젠가는 직장 행사로 고깃집에서 수십 명이 한데 모여 폭탄주를 돌리는 게 상상할 수 없는 미개한 문화처럼 느껴지는 날이 올지도 모른다.

하지만 회식이 사라진다고 우리 삶에서 술의 비중이 갑자기 확 줄어들지도 않을 것 같다. 코로나19로 인해 누구 하나 만나기가 어려운 요즘, 각종 모임과 사교활동이 줄었으니 음주량도 줄어들었을 것 같지만 오히려 그 반대. 통계청 가계동향 조사에서 2020년 3분기 월평균 가계지출 중 주류가 차지하는 비중이 1만 9651원이었는데 이는 통계 작성 이래 최대치였다. 경기 침체기에 주류와 담배 소비가 늘어나는 경향이 있는 데다, 질병의 여파로 체육 시설과 공연장 출입이 불가능해지면서 여가활동이 혼술에 치중된 것은 아닌가 짐작해본다.

이쯤 되면 궁금해진다. 왜 우리는 혼자일 때나 누군가와 같이 있을 때나 술로 한세월을 보내는 걸까?

"뭐, 딱히 하고 놀 게 없잖아."

나 못지않게 술이라면 사족을 못 쓰는 친구 J는 심드렁하게 말했다.

"미국 교환학생 가봤더니 친구들끼리 약속 잡고 모여서 농구도 하고 테니스도 치고 이런저런 활동 많이 하더라고. 학교 다닐 때 체육 특기 하나씩은 집중적으로 배워서 그런지 각자 잘하는 스포츠가 있으니까 모여서 놀거리가 있는 거지. 우리는 그 나이 때 다섯 시간씩 자면서 내신 등급, 수능 점수 챙기기에 바빴잖아."

그 말을 들으니 입사지원서 특기 란에 '음주'를 쓸까 말까 고민하던 십수 년 전의 내가 떠올랐다. '무취미'로 인해 달리 남는 시간을 보낼 방법을 찾지 못한다니 서글프다. 물론 예전보다는 여가활동을 중시하는 분위기라 운동이며 각종 문화생활을 즐기는 인구가 엄청나게 늘어나긴 했지만 아직도 많은 이들이 음주로 시간을 보내기를 선호한다. 한 연구는 지적한다. "한국의 경제성장은 한국인들로 하여금 놀이, 여가 휴식이라는 단어를 머릿속에서 사라지게 하였으며, 긴 노동시간의 뒤에 주어지는 자투리 시간에 어떠한 문화적 소양도 길러내지 못하도록 강제했으며, 단지 격렬한 음주만을 허용했기 때문이다. (……) 긴 노동 시간과 높은 노동 강도는 피로를 누적시키고 노동자들은 결국 일정한 여가 시간이 주어지더라도 피로감 때문에 그 '자유 시간'을 창조적으로 보낼 수 없었을 것이기에 술에 탐닉하게 되었을 것이다."

여가 시간의 절대적인 부족, 빈곤한 취미, 폭음하는 회식 등의 이유로 한국 사회 구성원들은 어마어마한 양의 술을 소비하고 있어 음주량으로 줄을 세우면 늘 전 세계 선두권에 속한다. 세계보건기구(WHO)의 2014년 보고서에 따르면 한국의 1인당 연간 알코올 섭취량은 190여 개국 중 15번째고, 아시아에서는 가장 순위가 높았다. 그만큼 알코올중독자도 많다. 2018년 WHO가 발표한 우리나라 알코올 사용장애 유병률은 13.9퍼센트로 회원국 중 네 번째로 높았다.

그럼에도 우리 사회의 중독과 의존에 대한 경계심은 상당히 낮은 편이다. 오히려 술을 잘 마시는 것이야말로 사교성, 사회성의 징표인 듯, 못 마시는 것보다는 차라리 과음하는 사람이 더 낫다고들 생각한다. 매일같이 술을 마시고, 호기롭게 주량을 떠벌리고, 결국엔 만취해서 곯아떨어지던 내 주변 사람들은 다들 내심으로는 술꾼인 스스로를 자랑스러워하는 기색이었다. 하긴 나부터도 음주에 능한 것이 일종의 특출난 재능에 가깝다고 느껴왔으니까. 과음을 지나 폭음을 하는 사람조차도 치료가 필요한 상태를 훨씬 넘어서도 병이라는 인지조차 제대로 하지 못한다. 많은 연구들이 이런

점을 지적해왔다. "정신질환을 진단받은 사람 중에 정신건강의학과 전문의를 방문한 비율은 질환별로 살펴보면 기분장애에서는 40.4퍼센트, 조현병 스펙트럼 장애에서는 32.1퍼센트, 불안장애에서는 19.3퍼센트였으나, 알코올 사용장애에서는 8.1퍼센트 수준에 불과하였다. 이는 외국의 예보다 매우 낮은 수치로, 그만큼 우리나라에서 알코올 사용장애의 치료 필요성에 대한 인식이 낮음을 시사한다."

그럼에도 우리가 알코올 사용장애를 심각하게 여기지 않는 건 '중독' 자체에 대한 경각심이 낮아서일지도 모르겠다. 마약 중독이 심각한 사회문제로 대두되고 있는 서구권의 여러 나라는 비교적 낮은 단계의 물질 남용이 마약 등 다른 비합법적인 물질의 사용을 유도한다는 '관문 이론'에 따라 알코올중독 역시 마약중독 못지않은 질병으로 취급한다. 한국에 마약 중독이 드물다는 장점이 오히려 알코올중독을 흔해지게끔 만든 요인이 되지 않았을까.

이 글을 쓰다가 지인으로부터 "한국 사회의 문제를 다루는 척하며 네 중독에 대해 거창한 핑계를 대려는 것 아니냐?"라는 농담 반 진담 반의 비아냥을 들었다. 그게 스스로도 눈치채지 못한 본심일지도 모르지만 사실 난 꽤 오래전부터 우리나라 사람들이 지나치게 술을 애호하는 이유가 뭔지 궁금했다. 단순히 '흥이 많은 민족'이라는 건 너무 막연하고 시원치 않은 설명이었으니까.

사회가 통제한 욕망, 그 반작용으로 생겨난 무절제함, 격변의 세월 동안 좌절해온 개인들의 경험, 내가 속한 사회가 품고 있는 이 수많은 중독 요인의 연장선 위에 나의 중독 역시 존재한다. 사회 단면을 들여다보며 현상이 어디서부터 유래됐는지 실 끝을 잡고 더듬어 되짚어보는 과정을 통해 내가 몸담고 살아온 이 '알코올중독 원더랜드'에 대해, 그리고 나 자신에 대해 조금 더 깊게 이해하게 된 것 자체로도 핑계 그 이상의 의미가 있을 것이다.

다행히 내가 중독을 깨닫고 술을 줄여나가듯 이 사회도 생활 수준의 개선과 인식의 변화로 음주에 점철된 분위기로부터 아주 느리게나마 벗어나고 있다. 부디 다음 세대의 눈에는 우리 세대의 술 사랑이 불가해하게 느껴지길, 폭음으로 인한 각종 사건 사고가 조금이나마 줄어든 사회에서 살아가길 바랄 뿐이다.

에필로그 | 또 다른 여정

5년 전의 겨울, 눈보라가 심하게 몰아치던 날이었다. 점심거리를 사러 궂은 날씨를 뚫고 집 근처 패스트푸드점에 가 햄버거 하나를 샀다. 그 옆 편의점에 들러 맥주 두 캔을 사는 것도 잊지 않았다. 집으로 돌아와 느긋한 마음으로 맥주캔을 딴 뒤 햄버거를 우물우물 먹으며 얼마 전에 산 책을 펴들었다. 그것이 캐럴라인 냅의 에세이 『드링킹』과의 첫 만남이다.

『드링킹』은 술에 온통 휘둘리며 살아온 작가가 삶을 반추한 통렬한 고백이었다. 결핍이라는 구멍에 끝없이 술을 들이부으며 불안을 진정시키며 살아온 냅의 인생은 다름 아닌 나의 인생이었고, 내가 아는 모든 술꾼들의 이야기이기도 했다. 맨정신을 벌거벗은 것처럼 느끼고 술에 취해 한 겹 장막을 두르고서야 세상으로 나아가는 것. 자아를 온통 취기에 의존하며 불완전한 삶을 살아가면서도 결코 벗어날 수 없는 것. 하지만 결국에는 힘겹게 그 나쁜 관계를 끝내고 몸과 정신의 건강을 되찾은 회복의 서사.

채 중반까지도 읽기 전에 나는 눈물을 펑펑 쏟고 있었다. 샤르도네를, 위스키를, 마티니를 묘사하는 황홀하고도 슬픈 문장을 읽으며 목구멍으로 치솟아 오르는 열기를 맥주 한 모금으로 식혔다.(중독자의 에세이를 읽으며 음주를 하다니, 지금 돌아보니 마치 내 앞날에 대한 복선 같다.) 여성으로서, 직업인으로서, 딸로서 느껴온 좌절감과 바닥을 치는 자아 존중감을 술로 달래며 살아온 그녀의 이야기가 거울상처럼 나를 비추고 있었다.

그때 처음으로 이 지긋지긋하면서도 헤어날 수 없는 술과 나와의 애증의 관계를 글로 써보자는 생각을 했다. 나의 경험은 냅의 그것과 유사하면서도 한국 사회라는 배경 때문에 상이한 면도 많으니 다른 이야기를 펼칠 수 있을 것 같았다. 하지만 그로부터 5년 후, 냅처럼 중독 지경까지 이르러 병원으로 향하고 나서야 비로소 실천에 옮기게 될 줄은 꿈에도 몰랐다.

치료를 받기 시작한 지도 8개월이 지났다. 집에서 병원으로 이어지던 그 봄볕이 쏟아지던 길이 이제는 소복하게 내린 눈으로 덮였다. 내 상태는 꽤 좋아져서 이제 '정상인'에 가깝게 마시도록 조절할 수 있게 됐다. 해가 지기 전에는 술을 마시지 않는다. 낮술을 마시면 그 하루가 고스란히 아무것도 못 한 채 날아가고, 거기서 비롯된 패배감과 좌절감이 그다음 날까지 영향을 미치기 때문이다. 한 번에 마시는 양도 소주 두 병에서 반 병으로, 와인 한 병 반에서 반 병으로 확 줄었다. 죄책감에 어깨가 짓눌린 채 매일 술병이 가득 담긴 봉투를 들고 집으로 오는 일도 없다. 그렇게 광적으로 집착하던 음주로부터 벗어나 이제는 적당한 거리를 유지하며 제대로 된 생활을 영위하고 있다.

몇 가지 요령을 터득한 게 큰 도움이 됐다. 탐욕스러운 대식가에서 벗어나 소식하는 미식가가 되어 '음주 다이어트'를 하는 거다. 술이 아주 간절해지는 한밤중에는 위스키 딱 한 잔을 스트레이트로 따라 입술을 축이듯 아주 조금씩 오랫동안 마신다. 잔에 고인 향을 음미하고, 한 모금 머금었을 때 입안에 감도는 셰리향, 바닐라와 초콜릿의 풍미를 한껏 즐기고, 매끄럽게 넘어가는 한 모금 뒤에 스모키한 피트향의 여운을 만끽한다. 맥주나 하이볼처럼 꿀꺽꿀꺽 한없이 마시게 되는 도수 낮은 술은 오히려 과음하게 되니 최대한 피한다.

내 주변 술꾼 친구들의 조언도 도움이 됐다. 1인 출판사를 하는 친구 E는 나 못지않은 술고래지만 가끔 디톡스 차원에서 몇 주 동안이나 술을 끊고는 해 나를 놀라게 했다. 어느 날 E는 내게 음주량을 조절하는 기발한 방법을 하나 알려줬다.

"와인 한 잔을 따라 놓고 20분 알람을 설정해서 그 시간 동안 딱 한 잔만 마시는 거야. 한 번 해봐. 이렇게 하면 한 시간에도 반 병 밖에 못 마시거든."

이 방법은 특히 혼술할 때 유용하다. 혼자 마실 때는 취기가 확 몰려오는 순간의 그 고양감을 즐기고 싶어 연거푸 잔을 들이켜며 급하게 마시고, 결국 술기운에 헤롱헤롱 해져서는 급류에 휩쓸리듯 나 자신을 놓고 부어라 마셔라 끝도 없이 들이붓게 된다. 하지만 이 '20분에 한 잔' 규칙을 따르다 보면 긴 시간 마셔도 취하지 않을 정도로 적당히 즐기고 술잔을 내려놓는 게 가능하다. 덕분에 매일 지출하던 술값을 꽤 아낄 수 있었다.

누가 보면 실소가 나올 정도로 술을 줄이려 아등바등 오만 방법을 다 동원하고 효과도 보고 있지만 가끔은 내 안의 어딘가에 중독의 불씨가 은근하게 남아 있음을 느낀다. 장을 보러 마트에 가면 30~40분을 와인 코너에서 서성이며 괜히 와인병을 들었다 놨다 하며 서 있는다. '한 병 사서 딱 두세 잔만 마시고 남겨두면 되지 않을까?' 편의점 냉장고 앞에 못 박힌 듯 서서 새로 출시된 페일에일 맥주를 뚫어져라 쳐다본다. '딱 하나만 사서 저녁 먹을 때 마실까? 네 캔에 1만 원이니까 그냥 네 캔 사버릴까? 못 참고 오늘 하루에 다 마셔버리면 어쩌지?'

스스로를 속이려 드는 걸 뻔히 알면서도 거기에 자꾸 넘어가려 하는 중독자 특유의 버릇이 좀체 고쳐지지 않는다. 마트에서 술병을 든 채 머릿속으로 내가 이번 주에 술을 얼마나 마셨는지 정밀하게 계산했다. 평소보다 조금이라도 적다면 그걸 구실 삼아 술을 사려는 거다. 지금 마음 상태가 괴롭지는 않은지? 흐린 날씨 때문에 평소보다 기분이 저조하지 않은지? 생리가 다가와서 컨디션이 나쁘지는 않은지? 그것 또한 술을 살 만한 그럴싸한 변명이 되기 때문에 나는 맥없이 설득당하고 진열대 위의 술병으로 손을 뻗는다. 그러다 문득 이런 나 자신이 한심해서 헛웃음을 짓고 손을 떨군 경험이 수없이 많다.

복용하는 약의 효과 때문에 이제는 술을 마셔도 기분이 그다지 좋아지지도 않는데 이상하게 참을 수가 없었다. 식사를 할 때면 의식하지 않고도 아주 자연스럽게 냉장고로 걸어가 어제 마시다 남은 와인을 꺼내 와인잔에 따르고 있었고 만약 냉장고 안에 술이 없다면 초조함이 밀려왔다. 그건 습관을 넘어 거의 강박에 가까웠다. 참아야 한다, 마시지 말자는 다짐을 하는 것만으로도 불안하고 불만족스러웠다.

이런 상태가 과연 중독이 아니라고 할 수 있을까? 술을 끊지 않는 대신 줄이기로 결심했지만 대체 어느 수준까지 해야 중독의 범주 안에 들지 않는 걸까. 일반적인 질병이라면 완치되고 나서 증상이 사라짐으로 회복을 확인하게 되지만 술을 '적당히' 마신다는 건 일상적인 행위이기 때문에 대체 정상으로의 회복이 무엇인지 애매하다. 단지 강도가 낮아졌을 뿐, 실은 중독의 궤도 위에서 살던 관성대로 여전히 술에 대한 집착을 버리지 못한 건 아닐까? 뭔가 더 강력한 조치를 취해야 하지 않을까?

그래서 마침 신년이 된 1월, 나는 딱 일주일간 술을 단 한 방울도 마시지 않아보기로 결심했다. 자꾸만 반주를 하게 되는 습관을 고치고 싶었다. 그래, 단 일주일만 참아보자!

그리고 한 시간 뒤 나는 레드와인의 코르크를 따기 위해 식탁에서 낑낑대고 있었다. 왜냐면 오늘은 일요일이니까. 무언가를 시작하기에는 애매한 날이다. 월요일부터 하자. 일주일이 딱 떨어질 수 있도록.

그렇게 한심한 일요일이 지나고 월요일, 금주 첫날이 찾아왔다. 연하게 탄 커피 한 사발을 종일 옆에 끼고 한 모금씩 마시며 갈증을 참았다. 오후 4시쯤 되자 오늘 밤은 한 잔의 여유조차 즐길 수 없다는 생각에 슬슬 초조해지기 시작한다.

기분전환을 위해 동네를 산책하며 생각했다. 늘 보는 풍경, 늘 다니는 길, 똑같은 간판과 정류장. 스노우 볼에 갇힌 것처럼 동네 안을 빙글빙글 돌며 살아간다는 걸 새삼 깨달을 때마다 숨이 콱 막혀버리는 것 같다. 원래도 딱히 사람을 많이 만나는 편이 아니지만 팬데믹의 영향으로 집에 틀어박혀 혼자 글을 쓰는 지리한 일상에 위스키 한 잔이, 와인 두어 잔이 주는 만족감과 여유만이 숨통을 터주는 기쁨이었다. 단 일주일이라도 그것 없이 제대로 살 수 있을까?

그리고 이틀째 되는 날 알게 됐다. 날이 가물면 땅이 마르듯 금주를 하자 야식을 끊게 됐다는 걸. 술을 곁들이지 못할 거라면 음식을 먹은들 무슨 기쁨이 있겠는가! 뜻하지 않은 다이어트 효과다. 아침에는 평소보다 가뿐하게 일어났다. 나이트캡(자기 전 한두 잔 마시는 술) 마시던 습관이 알게 모르게 몸 상태에 영향을 미치고 있었던 모양이다. 그래도 여전히 술이 고파서 금주가 끝나기까지 며칠, 몇 시간이 남았는지 손을 꼽아 계산했다.

사흘째 되는 날에는 화가 났다. 예상했던 것보다 금주의 장점이 너무 많았다. 한밤중에 술잔을 들고 소파에 앉는다는 건 모든 생산적인 행위에 대한 파업 선언이라서 TV 앞에 앉아서 두 시간이고 세 시간이고 빈둥대기 일쑤였다. 하지만 금주를 하니 어쩐지 빈 시간에도 TV를 켜고 싶은 생각이 그다지 들지 않았다. 자연스레 거실 소파 대신 서재로 들어가 책을 읽고 글을 쓰기 시작했다. 그동안 나는 기나긴 시간, 숱한 밤을 무용하게도 술병 속으로 흘려보내고 있었던 거다.

나흘째 되는 날부터는 금주가 그리 힘들게 느껴지지 않았다. 마치 근력운동 하며 무거운 무게를 들 때 처음에는 낑낑대며 애를 쓰지만 반복하다 보면 그리 무겁게 느껴지지 않는 것과 비슷했다.

술에 대한 갈망이 체념으로 바뀌더니 곧 무덤덤해졌다. 밤이면 보이차를 내려 홀짝홀짝 마시며 음주 습관을 대체했다.

그 뒤의 사흘은 생각보다 훨씬 수월했다. 음주에 대한 갈망이나 마시지 못하는 고통보다도 강박으로부터 풀려난 자유로움, 금욕하는 스스로에 대한 만족감이 훨씬 컸다. 금주하는 날이 나흘, 닷새 쌓여가는 게 마치 스코어가 꾸준히 오르는 것처럼 뿌듯했다.

드디어 술 없는 7일이 지나고 8일째 되는 날이 왔다. 그런데 놀랍게도 딱히 술 생각이 나지 않았다. 마트에 가서 와인병을 보면서도 소 닭 보듯 했다. 결국 8일째도 마시지 않고 지나갔다. 그제야 실감했다. '아, 나는 이제 중독자가 아니구나.'

내게 음주는 욕구를 넘어서 깊숙이 인이 박인 습관이었다. 술이나 음식을 섭취하면 도파민이 나오고 쾌감을 느끼게 되는데, 이 과정을 계속 경험하다 보면 먹고 마시는 행동을 반복하게 되고 결국 습관이 된다.

케슬러 박사는 습관을 가리켜 "같은 단서들을 보면 같은 방식으로 반응하는 것"이라고 설명했다. 나의 경우 끼니마다 음식을 먹으면서 술 마시는 걸 즐겼더니 나중에는 음식이라는 단서만 보면 술을 꺼내 들게 됐다. 흔히 아버지들이 매일 반주하는 것도 그런 이유 때문이었을 거다. 그렇다고 밥을 아예 먹지 않을 수도 없으니 매 끼니마다 유혹에 흔들렸다. "아이스크림을 먹기 위해 의도적인 조치를 취하는 과정은 목표 지향적인 행동의 예에 속한다. (……) 하지만 내가 그런 행동을 굉장히 자주 한다면 의식 과정이 변한다. 나의 행동은 의도가 사라진 습관 지향적인 행동이 된다." 내가 술을 마신 건 취해서 기분이 좋아지기 위함이 아니었다. 통제력을 잃은 채 무의식적으로 정해진 행동 패턴을 반복해온 것이다.

케슬러 박사는 책에서 습관을 바꾸기 위해서는 그 습관을 유도하는 상황을 파악하고, 습관을 대신할 만한 행동을 익히라고 조언한다. 그래서 나는 야식을 끊고 차와 무알콜 맥주를 마시는 식으로 음주를 대체했다. 금연하는 사람이 내내 사탕을 물고 생활하는 것과 비슷하다. 처음에는 별 효과도 없는 것 같았고 그저 참는 게 고역스러웠을 뿐이지만 다른 음료를 마시는 행위가 반복될수록 조금씩 욕구가 사그라지는 게 느껴졌다.

갈증이 일렁이는 순간 술을 찾는 대신 머릿속을 텅 비우고 찻주전자에 손을 뻗어 차를 내린다. 날이 어두워지고 맥주 한 잔이 간절한 기분이 들 때는 음주를 행동으로 옮기기 전에 재빨리 무알콜 맥주를 따서 들이켰다. 신기하게도 갈증을 그때그때 다른 음료로 채워주는 것만으로도 음주 욕구를 꽤 억누를 수 있었다. "코끼리는 생각하지 마!"라고 했을 때 오히려 코끼리 생각을 떨칠 수 없다고 하던가? 하지만 머릿속으로 다른 동물을 열심히 생각한다면 코끼리를 떠올리지 않을 수 있다.

술을 참는 것은 매일매일 쪽지 시험을 치는 것과 비슷하다. 어떤 날은 만점을 받을 수도, 어떤 날은 낙제점을 받을 수도 있다. 한 번 낙제점을 받았다고 해서 공부 자체를 포기한다면 주저앉아 낙오자가 될 수밖에. 어느 하루를 술로 망쳤다고 해도 내일이라는 또 다른 기회가 있다. 그런 믿음이 나의 정신을 좀 더 건강한 방향으로 끌어냈다.

일주일의 금주 약속을 지키고 나니 중독이라는 저주에서 풀려난 기쁨, 나도 할 수 있다는 자신감에 가슴이 벅찼다. 몇 개월에 걸친 병원 치료와 약 복용, 습관을 고치려는 몸부림 끝에 이제는 정상의 궤도로 진입하는 데 성공했다. 삶의 중심에 위치해 강한 인력으로 나를 끌어당기던 술은 이제 저만치 떠내려가 변방의 어디쯤에가 있고 그 자리에는 가족, 나의 일, 규칙적으로 반복하는 일상이 들어앉았다. 그래서인지 이제는 약을 슬슬 끊어도 되지 않을까 하는 생각이 들었다.

의사에게 물었다.

"약은…… 언제쯤 끊을 수 있을까요?"

뜬금없이 의사는 다른 이야기를 꺼냈다.

"남편분은 요즘 어떻게 지내나요?"

"그럭저럭 잘 지내는 것 같은데요."

의사는 곤란하다는 표정을 지었다.

"환자분의 이야기를 들어보면 남편과 소통을 전혀 하지 않는 것 같아요. 이렇게나 배우자에게 관심을 기울이지 않는 것은 평범하지 않아요. 문제가 있는 상태예요.

병을 치료하려면 그저 중독의 증상을 없애는 것에 그치지 않고 본인 삶도 바꿔야 해요. 가족이나 친구와의 관계, 일에 대한 성실성, 전부 다요. 본인 삶의 영역 안에 속한 것들을 다 정상궤도에 올려놔야 하는 거지, 증상이 사라졌다고 약을 끊으면 어딘가 어긋난 자기 현실과 상황은 그대로이기 때문에 또 똑같은 이유로 힘들어질 거예요."

약을 먹고 증상을 치료하고 회복하고 나서 주변을 돌아볼 여유가 생긴 후에는 삶의 결핍을 파악하고 그 빈틈을 채워야 한다는 거다. 그제야 나는 깨달았다. 술로부터 해방은 그저 시작이었을 뿐이라는 걸.

병원에서 돌아오는 길에 멍하니 지난 삶을 돌아봤다. 평생 내 일과 내 상황, 내 감정에만 치중하느라 가족과의 관계를 무신경하게 방치해왔다. 남편뿐만 아니라 어머니와 여동생조차 안중에 없었고 한 달에 한 번도 연락을 하지 않는 때가 많았다. 독불장군처럼 이기적으로 그저 나 하나만을 생각하고 살았다.

친구들도 마찬가지다. 다른 사람과의 접촉이 나를 상처입힐까 봐 선수 치듯 관계를 끊어버리고는 고립의 불안을 술로 달랬다. 우울한 자아를 숨기고 겉으로는 아무렇지 않은 듯 태연하게 굴며 남들의 위로를 차단했다. 회복하고 정신을 차려보니 내게 손을 내밀던 사람들은 저만치 멀어져 있다.

어쩌면 의사의 말대로 나라는 사람 자체가 관계를 맺고 유지하며 상호 교감하는 데에 소질이 없는 타입인지도 모르겠다. 하지만 내가 술에 빠질 수 밖에 없는 유전적 요인과 환경을 두루 타고났어도 결국에는 중독에서 빠져나왔듯, 외톨이의 천성을 가졌다 해도 타인과 더불어 살아가는 삶의 방식을 익히려 애를 쓴다면 달라질 수 있지 않을까? '살아간다'는 의미에는 그런 종류의 '이어짐'이 포함되어 있다.

그러므로 내가 쓴 글은 술에 빠진 사람의 이야기인 한편 혼자됨을 택한 사람의 수기다. 알코올이라는 투명한 막에 갇힌 채 누구와의 접촉도 거부하고 깊이깊이 빠져 들어가던 추락의 감각이 아직도 생생하다. 세상 모든 술꾼들 역시 마찬가지일 거다. 자발적으로 고립을 택해 술로 빠져든 것인지, 사람들과의 관계가 끊어져 술로 빠져든 것인지는 각각의 사정일지라도 결국에는 누군가와 이어지는 감각이 이들을 새롭게 살게 한다. 술로부터 건져 올리는 구원이된다.

병원을 다녀온 다음 날, 남편과 한강공원으로 가서 길고 긴 산책을 했다. 얼마 전 내린 폭설로 길 위로 단단히 눌어붙은 눈 위를 천천히 걸었다. 시리도록 푸른 하늘 아래 강물 위로는 얇은 판 모양으로 깨진 유빙이 둥둥 떠다녔다. 한가로운 풍경에 마음이 느긋하게 풀렸다.

남편 회사의 인사이동 소식, 내 친구의 신변잡기, 집 근처의 부동산 개발 등등 평범하기 짝이 없는 대화를 나누며 하염없이 걷다가 문득 이렇게 오래 대화를 나누는 게 거의 몇 달만이라는 걸 깨달았다. 평소 집에서는 각자 스마트폰이나 붙잡고 있으니 같이 있어도 같이 있는 게 아니었다. 그래서인지 오늘의 대화도 가끔 어색하게 끊겼고 한참 만에 이어지곤 했다.

그 순간 느꼈다. 한참이나 감정교류와 소통이 없던 가족과의 관계를 회복하기 위해 손을 내미는 행위가 금주보다도 훨씬 어렵다는 것을. 어디서부터 풀어나가야 할지 감조차 잡히지 않는다. 어쩌면 이건 중독으로부터의 탈출보다 훨씬 시간이 오래 걸리며 험난한 과정이 될지도 모른다. 내가 고립을 택함으로써 상대방 역시 마음을 거둬들인 지 오래이기 때문에, 어떻게 그에게서 다시 신뢰를 얻고 마음의 문을 열어야 하는지 짐작조차 되지 않는다. 그런 생각을 하며 앞서 걸어가는 남편의 등을 물끄러미 바라봤다.

오랜만에 풀린 날씨 덕분에 공원은 산책을 나온 사람들로 붐볐다. 시커먼 패딩을 껴입은 사람들이 한데 모여 앞으로 앞으로 걸어가는 모습이 뒤에서 보니 마치 펭귄 떼 같다. 흐름을 멈추고 고요하게 얼어붙은 한강과 바쁘게 걷는 인파의 행렬이 대조되어 보인다.

술에 빠져 사는 인생은 머무름이다. 한 곳에 고여 정체되다가 결국 썩어버린다. 시간의 흐름 위에 올라타 앞으로 나아가는 삶을 살다 보면 어제의 괴로움은 오늘의 일상과 내일에 대한 기대로 털어버릴 수 있다. 하지만 중독자는 나아가길 거부한 채 그저 과거에 주저앉아 멈춘 채 켜켜이 쌓인 후회와 낙심, 자책의 벽에 갇혀서 한 발도 내디디지 못한다. 그래서 작년 피폐했던 봄의 몇 개월은 내게 없었던 시간이나 마찬가지다. 하지만 올해는 다를 것이다. 괴로운 시간을 그저 '견뎌내기' 위해 술을 삼키던 작년과 달리 이제는 제대로 '살아낼' 테니까.

가끔은 중독의 시절 느낀 술에 대한 강렬한 충동을 되새겨보곤 한다. 그것은 사랑 같기도 했고 죽음 같기도 했다. 열망에 들끓어 술병을 열고 처음 몇 잔을 연달아 집어삼킬 때 둥실 떠오르는 듯한 나른한 도취감에 취하다가, 문득 약효가 다하면 자괴감이 파놓은 절망의 나락으로 추락한다. 결국은 작은 자살로 결말이 날 황홀한 연애였다.

그 시절 나의 음주가 해서는 안 될 사랑을 끝끝내 해버리며 금기를 어긴 괴로움에 매일같이 마음 한구석이 죽어가는 느낌이었다면, 지금은 건강한 거리감을 유지하는 일상적인 연애를 하며 생활의 안정을 찾은 것과 비슷하다.

다만 술에 대한 사랑, 그 자체를 포기한다면 삶은 무채색에 불과하리라는 생각으로 단주 대신 절주를 택했다. 중독의 나락을 다녀온 데다 천성이 충동과 유혹에 약한 내가 술을 포기하지 않는 것은 평생에 걸쳐 줄타기를 하듯 어려운 일이 될지도 모른다. 하지만 산다는 게 원래 그런 것 아니던가. 대상이 무엇이든 간에 욕망의 고삐를 단단히 잡고 때로는 느슨하게, 때로는 바짝 조이면서 균형 있는 삶을 꾸려가는 것.

그리하여 이 글은 단주 아닌 절주라는 결말을 선택한 최초의 중독자 수기가 될지도 모른다. 지각 있고 상식적인 선에서 술을 사랑하되, 그보다 내 삶을 더 사랑하며 살아가야지. 그것이 중독에 마침표를 찍는 나의 다짐이었다.

하지만 인생 전체를 통틀어 보자면 술을 줄이는 것만이 내 삶의 최종 목표는 아니기에 마침표 뒤에 또 다른 물음표가 이어진다. 어떻게 살아갈 것인가? 무엇을 할 것인가? 어떤 사람이 될 것인가? 나 자신을 다시 사랑하려면 어떻게 해야 할까?

돌아보면 나는 이런 질문들의 무게가 버거워 술병 안으로 기어들어가는 식으로 끝없이 도피해왔다. 삶을 직면할 자신이 없으니 술에 취한 채 냉소만을 흘린 것이다. 중독은 두려움이라는 감정에서 발현된 병증이었다. 내 비루한 현실, 나약한 자아를 직시하는 게 무서워서 자꾸 외면하며 술이 있는 쪽으로만 고개를 돌렸다. 기

껏 한 시도들이 실패로 끝나고 말까 봐 인생을 주도적으로 꾸려나
갈 생각을 하지 못했고, 세상의 비웃음을 살까 봐 겁이 나 상처도
좌절도 겪지 않는 안전한 방식, 그러니까 '멈춰선 채 아무것도 하지
않는' 쪽을 택했다. 그렇게 공허하게 흐르는 시간을 견디다 못해 무
한정 술을 탐하면서 내 인생은 완전히 멈췄고, 정체되어 고이고 썩
어버렸다.

　중독에서 탈출해 명료한 정신을 되찾은 지금 나는 저 중요한
질문들을 다시 마주하려 한다. 두렵지 않다면 거짓말이다. 한결 나
아졌다고는 하지만 중독자 신세를 면한 것 외에 내 현실은 변한 것
이 없으니까. 중독의 후유증으로 잔뜩 연약해진 내 자아가 저 질문
들의 답을 찾아가기 위한 여정을 견뎌낼 수 있을지 모르겠다. 그 과
정에서 느껴야 할 수치심과 패배감, 조급함을 감내할 수 있을지도
자신 없다. 하지만 해보는 거다. 해야 한다. 여기에서 뒷걸음질치면
다시 중독의 늪에 발을 들여야 하기에 일종의 배수의 진을 친 상황
이다. 내게는 전진 이외에는 남은 선택지가 없다.

　내가 중독에서 빠져나오게 해준 가장 강한 동력은 다름 아닌
글쓰기였다. 이 병이 무엇으로부터 연유했는지 총체적, 다각적으로
사유하고 탐구하는 과정에서 나는 이것을 진정 나의 문제로 받아
들일 수 있었다. 수면 위로 끄집어내어 햇빛 아래 명명백백히 원인
과 결과를 드러냄으로써 이 병은 더 이상 모호하게 은폐된 비밀이

나 막연한 외부의 그 무언가가 아닌, 내 안에 도사린 또렷한 실체로서 인식됐다. 정체를 파악한 것은 더 이상 내게 두려움을 주지 못할 뿐더러 나로부터 오롯이 분리시킬 수 있는 대상이 된다. 그런 '인지'의 방식으로 나는 중독을 이겨냈다.

이제는 '인지의 대상'을 '나'로 바꿔야 할 차례인 것 같다. 나의 가치관과 기쁨, 나의 좌절과 슬픔, 괴로움을 세심하게 살펴보려 한다. 중독자로 살아가던 기간 동안은 내면 가장 깊은 곳에서 자기혐오가 일렁이고 있었기에 자학하듯 폭음하며 스스로를 해치기를 반복했고, 그 상흔에 지쳐 주저앉아 끝없이 고립된 생활을 이어갔다. 하지만 그 악순환의 굴레는 끊어졌다 회복의 전기를 맞이한 지금부터는 술에 취해 방치해온 나 자신을 소중하게 돌보고, 사랑하며, 믿어보려 한다. 스스로에게 전하는 다독임을 동력 삼아 굳게 닫힌 문을 열고 세상 속으로 걸어 나가는 것이야 말로 중독의 끝이며 새로운 시작이다.

주

42쪽 "그 보상을 줄 수 있는 대상 쪽으로 간다."데이비드 A. 케슬러, 이순영 옮김, 『과식의 종말』(문예출판사, 2010), 313쪽.

42쪽 "사람들의 관심을 끌고 행동을 유발한다." 위의 책, 131쪽.

44쪽 "조건반사에 따라 반응한다." 위의 책, 315~316쪽.

48쪽 "정상 이하로 작동하고 있음을 의미한다." 마이클 쿠하, 김정훈 옮김, 『중독에 빠진 뇌』(해나무, 2014), 130쪽.

72쪽 "원래의 음주 습관으로 돌아가게 된다." 하종은, 『왜 우리는 술에 빠지는 걸까』(소울메이트, 2014), 130~131쪽.

72쪽 "술을 줄였을 때 금단 증상은 심해진다." 위의 책, 133쪽.

73쪽 "얼마든지 가능하다는 것이다." 다니엘 슈라이버, 이덕임 옮김, 『어느 애주가의 고백』(스노우폭스북스, 2018), 165쪽.

73쪽 "한때 음주의 원인이었던 갈등과 느낌에 대처하는 것이다." 위의 책,

167쪽.

77쪽 "헤로인 남용 행위를 유발하던 환경에서 벗어날 수 있었던 것" 애덤
알터, 홍지수 옮김, 『멈추지 못하는 사람들』(부키, 2019), 129~130쪽.

79쪽 "유혹에 저항하면서 갈등은 더 커진다." 데이비드 A. 케슬러, 앞의 책,
498쪽.

127쪽 "알코올사용장애를 겪는 사람의 비율은 12.2퍼센트" 보건복지부,
『2016 정신질환 실태조사』.

168쪽 "계속해서 원하고 추구하는 행동이 지속될 수 있다." 정영철, 「갈망
감의 신경생물학적 기전과 항갈망제의 임상적 사용」, 대한신경정신
의학회, 《신경정신의학》 제58권 제3호(2019년 8월), 168쪽.

184쪽 "청소년 2명 중 1명이 위험음주 행태를 보이는 것으로 조사됐다." 보
건복지부, 『청소년건강행태조사 제15차(2019)』.

191쪽 "1970년대의 한 연구" Donald W. Goodwin, Fini Schulsinger,
Leif Hermansen, 'Alcohol Problems in Adoptees Raised Apart
From Alcoholic Biological Parents', Arch Gen Psychiatry, Vol.28
no.2(1973).

191쪽 "1985년 다른 연구" Remi J. Cadoret, Thomas W. O'Gorman, Ed
Troughton, 'Alcoholism and Antisocial Personality: Interrelati
onships, Genetic and Environmental Factors', Arch Gen Psych
iatry Vol.42 no.2(1985).

196쪽 "아니무스의 노예로 살고 있는 것으로 보인다." 장 바우어, 정애자,
이재갑 옮김, 『알코올중독과 여성』(학지사, 2012), 146쪽.

196쪽 "그녀들은 때로 남성과 동일시된다." 위의 책, 212쪽.

209쪽 "정상 이하로 작동되고 있음을 의미한다." 마이클 쿠하, 앞의 책, 130쪽.

246쪽 "불안이 가장 낮았던 기성세대 여성들과도 큰 차이를 보인다." 마경희 외, 「청년 관점의 '젠더갈등' 진단과 포용국가를 위한 정책적 대응 방안 연구」, 한국여성정책연구원(2020).

249쪽 "여성은 49.3퍼센트나 우울 증상이 있었다." 조성진 외, 「알코올의존 고의심군의 사회인구학적 특성 및 위험요인 분석」, 대한신경정신의학회, 《신경정신의학》 제37권 제6호(1998).

272쪽 "알게 되었기 때문에 더 이상 숙취를 겪지 않는다." 쇼너시 비숍 스톨, 임지연 옮김, 『술의 인문학』(오아시스, 2019), 178쪽.

284쪽 "술에 취해 질척질척 흘러 들어간다." 캐럴라인 냅, 고정아 옮김, 『드링킹』(나무처럼, 2009), 112쪽.

316쪽 "아마도 술과 종교 등이 어느 정도의 해답이었던 것으로 보인다." 고영삼, 「술의 소비문화 : 넘치는 술, 주본주의 사회」, 박재환 외, 『술의 사회학』(한울, 1999), 73쪽.

317쪽 "그 어느 쪽으로나 요인이 될 수 있게 된다." 한태선, 「음주의 사회문화적 의미: 공동체 문화를 중심으로」, 한국보건사회연구원 정책연구 자료(1998).

320쪽 "강력한 연관이 있는 것으로 보인다." 다니엘 튜더, 노정태 옮김, 『기적을 이룬 나라, 기쁨을 잃은 나라』(문학동네, 2013), 323쪽.

324쪽 "치료 필요성에 대한 인식이 낮음을 시사한다." 이해국, 「알코올 사

용장애의 역학과 예방 정책」, 대한신경정신의학회,《신경정신의학》

    제58권 제3호(2019).

333쪽 "같은 단서들을 보면 같은 방식으로 반응하는 것" 데이비드 A. 케슬

    러, 앞의 책, 152쪽.

334쪽 "나의 행동은 의도가 사라진 습관 지향적인 행동이 된다." 위의 책,

    153쪽.

취한 날도 이유는 있어서

어느 알코올중독자의 회복을 향한 지적 여정

1판 1쇄 펴냄 2021년 11월 5일
1판 2쇄 펴냄 2021년 12월 17일

지은이 박미소

편집 최예원 조은
미술 김낙훈 한나은
전자책 이미화
마케팅 정대용 허진호 김채훈 홍수현
이지원 이지혜
홍보 이시윤 박그림
저작권 남유선 김다정 송지영
제작 임지헌 김한수 임수아 권혁진
관리 박경희 김하림 김지현

펴낸이 박상준
펴낸곳 반비

출판등록 1997. 3. 24.(제16-1444호)
(06027) 서울시 강남구 도산대로1길 62
강남출판문화센터
대표전화 515-2000 팩시밀리 515-2007
편집부 517-4263 팩시밀리 514-2329

글 ⓒ 박미소, 2021. Printed in Seoul, Korea.
ISBN 979-11-91187-96-0 (03180)

반비는 민음사출판그룹의 인문 · 교양 브랜드입니다.

만든 사람들
책임편집 최예원
디자인 한나은
조판 강준선
그림 키박